JN437500

원감국사집
圓鑑國師集

동국대학교 한국불교전서역주사업단
단 장 | 박인성
편집부 | 김종진, 이대형, 백진순, 박상준, 이인혜, 박인석

* 한국불교전서역주 사업은 문화체육관광부의 지원으로
동국대학교 불교문화연구원에서 추진하는 사업입니다.

한글본 한국불교전서 고려 2
원감국사집

2010년 6월 10일 초판 1쇄 발행
2010년 8월 30일 초판 2쇄 발행

지은이 충지
옮긴이 이상현
펴낸이 오영교
펴낸곳 동국대학교출판부

주소 100-715 서울시 중구 필동 3가 26
전화 02-2260-3482~3
팩스 02-2268-7851
Home page http://www.dgpress.co.kr
E-mail book@dongguk.edu
출판등록 제2-163(1973. 6. 28)
편집디자인 꽃살무늬
인쇄처 서진인쇄

ISBN 978-89-7801-274-4 93220

값 25,000원

한글본 한국불교전서 고려 2

원감국사집
圓鑑國師集

충지沖止
이상현 옮김

동국대학교출판부

한글본 한국불교전서를 펴내며

『한국불교전서韓國佛敎全書』(전14책, 동국대학교출판부)는 1700년 역사를 지닌 한국 불교사상의 정수를 담은 책으로서 한국의 사상과 문화의 보고이다. 전서는 삼국시대부터 1900년대 초에 이르기까지 한국에서 찬술된 불교문헌을 집대성한 것으로서 국내외 연구자들에게 한국의 사상과 역사 및 문화를 연구하는 데 활용도가 매우 큰 것으로 인정받고 있다.

이렇듯 정성 들여 수집하고 간행한 전서의 모든 문헌을 이 시대의 언어감각에 맞게 번역하고 이를 간행하여 일반 독자들에게 제공하는 것은 우리 세대의 시대적 과제라 할 수 있다. 이는 한국 문화의 우수성을 우리 스스로 확인하고 이를 바탕으로 새로운 문화를 창조하는 데 필요한 것으로서 우리 시대에 수행해야 하는 문화적 사명임이 분명하다.

이에 동국대학교 불교문화연구원에서는 『한국불교전서』를 역주하여 『한글본 한국불교전서』를 펴내는 바이다. 이를 통해 오랜 세월 동안 묻혀 왔던 보배와 같은 문헌들과 위대한 사상가들이 새롭게 조명되고 일반 독자들에게도 널리 읽히는 계기가 되기를 기대한다. 또한 이를 통해 한국 문화의 우수성을 재발견하고 우리 시대에 새로운 호흡을 불어넣는 가치관을 제시하는 데 밑거름이 될 것으로 기대한다.

사업의 진행과 역서의 출간에 도움을 준 문화체육관광부와 동국대학교 관계자 여러분께 심심한 감사를 드리며, 전서의 번역과 한글본의 완간이 마무리될 때까지 지속적인 성원이 있기를 당부드린다. 아울러 여러 가지 어려운 상황 속에서도 사명감을 가지고 동참해 주신 역자 여러분께 재삼 감사드린다.

2010. 6.

동국대학교 불교문화연구원장 박인성

원감국사집圓鑑國師集 해제

이 종 찬
동국대학교 문과대학 국어국문학과 명예교수

1. 개요

『원감국사집圓鑑國師集』은 고려 후기 조계종 제6세인 원감 국사 충지冲止의 시문집이다. 이 번역서는 『원감록圓鑑錄』과 『복암화상잡저宓庵和尙雜著』를 대본으로 하였다. 국사의 문집이 처음 편집될 당시에는 '조계 원감 국사어록曹溪圓鑑國師語錄'이었던 것으로 보인다. 문집은 국사가 입적한 지 5년 후인 1297년(고려 충렬왕 23년)에 간행되었고 1447년(조선 세종 29년)에 중간되었다. 국내에는 전하지 않다가, 1916년에 일본에 있는 중간본을 최남선崔南善이 발견하여 국내로 유입되어 송광사에서 보완 간행하게 되었다.

2. 저자

원감 국사 충지(冲止, 1226~1292년)에 대한 사적은 그의 비명이 남아 있어 대략 살필 수 있다. 국사의 이름은 법환法桓이었는데, 뒤에 충지라 개

명하였고, 복암宓庵이라 자호하였다. 속성은 위魏씨이니, 아버지 소紹는 호부 원외랑이었고, 어머니는 이부 원외랑인 송자옥宋子沃의 따님이다.

이처럼 부계나 모계가 모두 당시의 사대부였으니 충지는 쉽게 학문에 접할 수가 있었다. 9세에 취학하여 경經·사史·자子의 모든 학문을 섭렵하여 19세에 장원으로 등과하였다. 이어 사신으로 일본에 가서 문명文名으로 국위를 떨치기도 하였다. 그러나 어려서부터 세속을 떠날 뜻이 있어 29세에 원오 국사圓悟國師 천영天英에게 수계하였다. 이어 남쪽의 여러 강석에 두루 참여하여 총림의 중망을 받았지만, 주지로 머물기를 계속 사양하였다. 그러다 41세 때에 원오 국사의 권유와 조정의 명령에 의하여 김해현 감로사甘露寺의 주지가 되었다. 그때 어느 스님이 소감의 시를 청하니 다음과 같이 지었고, 이 시는 사람들에게 널리 회자되었다.

> 봄날 계원에 핀 꽃은 春日花開桂苑中
> 그윽한 향기 소림의 바람에도 날리지 않네 暗香不動少林風
> 오늘 아침 열매 익어 감로 이슬에 젖으니 今朝果熟霑甘露
> 무한한 사람과 하늘에 맛은 똑같다 無限人天一味同

61세에는 원오 국사가 입적하여 대중들이 법석 잇기를 간청하니 조정에서 원외랑 김호담金浩淡을 보내어 강당을 열게 하였다. 이렇게 해서 수선사의 제6세주가 되었다. 수선사주 7년 동안에 보조의 선풍을 더욱 빛냈으며 특히 몽고에게 사전寺田이 몰수된 것을 직접 「복토전표復土田表」를 올려 회수한 일은 당시 경영 위기에 있던 사찰의 운영을 정상화한 쾌거일 뿐만 아니라 국가적 주체의 회복이었다 할 것이다.

67세 되던 1292년 1월 10일 새벽, 머리를 감고 옷을 갈아입고는 임종을 예견하고 게를 남겼으니 다음과 같다.

지나온 햇수 예순하고 일곱 해　　閱過行年六十七
오늘 아침에야 만사가 끝났구나　　及到今朝萬事畢
고향으로 돌아가는 길 평탄하니　　故鄕歸路坦然平
앞길은 분명히 실수 없겠지　　路頭分明曾未失
손에 남은 것 겨우 지팡이 하나　　手中纔有一枝笻
그래도 도중에는 다리 덜 피곤하겠지　　且喜途中脚不倦

3. 서지 사항

현재 전하는 원감 국사의 시문집인『해동 조계 제6세 원감국사가송海東曹溪第六世圓鑑國師歌頌』은 대사가 입적한 지 5년 후인 1297년(충렬왕 23년)에 제자 진경眞冏이 편집하여 필사한 것을 그 후 1447년(세종 29년)에 나주羅州에서 간행한 것이다. 그러나 이것이 국내에는 전하지 않았는데 1916년에 육당六堂 최남선崔南善이 일본에서 우리의 역사 자료를 수집하다가 우연히 도쿠토미 소호德富蘇峯에게서 얻어 국내로 전하게 되었다. 이것을 송광사松廣寺로 보내니, 설월雪月 스님이 임석진林錫珍에게 보충 수집하게 하여 1920년 송광사에서 활자본으로 간행하였다. 본 저본인『한국불교전서韓國佛敎全書』(동국대학교출판부) 제6책에 수록한『해동 조계 제6세 원감국사가송』은 이 송광사의 활자본을 저본으로 한 것이다.

최남선이 입수한『원감국사가송』의 일본판은 일본에서 중간했던 것으로 보인다. 말미의 발문에 "시연보경신사월 천향산하사문소명발우낙양대은헌(旹延寶庚申四月淺香山下沙門小蓂跋于洛陽大隱軒)"이라 하였으니, 연보延寶는 일본 왕 영원靈元의 연호로 경신년은 1680년(조선 숙종 6년)이다. 이런 일본이 간행한『원감국사가송』을 송광사에서 중간하게 된 경위는 이능화李能和의 서문과「원감국사어록 중간서」와 다송 보정茶松寶鼎 선사의 발문에 자세히 기록되어 있다.

원집은 시 324편이고, 송광사의 보유편에 시 5편, 문 5편, 소疏 46편, 표表 5편이 있고 부록으로 「조계산 제6세 증시 원감국사비명曹溪山第六世贈諡圓鑑國師碑銘」이 있다. 보유편의 시문은 중간할 때 임석진林錫珍이 『동문선東文選』에서 수집한 것이다.

『복암화상잡저宓庵和尙雜著』는 『한국불교전서』 제11책에 수록되어 있는데 간행년대 미상인 민영규 소장본이다. 64편이 실려 있는데 56편은 『원감국사가송』과 겹친다.

4. 내용과 성격

『원감국사가송』은 1297년의 초간본과 1447년의 중간본의 경우, 제목과 같이 가송으로만 구성되어 있었고, 1920년 활자본으로 간행하면서 『동문선』에 수록된 문文을 보완하였다.

1) 담박한 선취적禪趣的 시

원감 국사는 재가 시절에 유가적 경전을 다 섭렵하고 과거에 응시하여 장원으로 급제했듯이 출가의 결의가 남달랐던 것으로 보인다. 그래서인지 시문에 있어서도 불교적 이념이나 사유에 얽매임이 없이 하나의 시인으로서의 서정을 읊은 것이 많다.

깊은 골에 숨어 있는 절	寺藏深谷裏
누대는 작은 시내 누르고 서 있다	樓壓小溪西
숲은 아지랑이에 싸여 컴컴하고	灌木和煙暗

대숲은 비를 맞아 휘었구나　　叢篁冒雨低
처마 끝 거미는 그물을 짜고　　簷頭蛛作網
담장 밑 제비는 진흙 개어 물었다　　墻下燕啣泥
깊은 낮잠 해질 무렵 깨어나니　　晝睡晩初覺
숲 까마귀 다투어 집에 든다　　林鴉爭返棲

「한중우서閑中偶書」란 시이다. 한가로운 정경을 노래한 것이다. '깊은 골에 숨어 있는 절'이라 하여 절의 경치임을 알지 그렇지 않다면 그저 조용한 산가山家의 경치이다 '누압樓壓'의 壓자는 전편을 조용히 누르고 있다. 안개에 뒤섞여 컴컴한 관목灌木의 숲, 비에 젖어 늘어진 대숲, 처마에 그물 짜는 거미, 집 지으려 진흙을 공굴리는 제비, 있는 그대로의 소탈한 풍경일 뿐 특별한 것이 없지만, 어딘지 모르게 선경禪境을 느끼게 한다. 결구에 가서야 자신을 드러내지만 역시 '아지랑이에 싸여 컴컴하듯이(和煙暗)' 암중모색이다. 졸다가 깨어 보니 잘 자리 찾는 까마귀들의 다툼이 보인다는 것이다. 자신의 한가로움을 드러내기는 하였지만 안개에 가린 물외한인은 시편 저쪽에 숨어 있다. 시의 오묘한 술수란 드러내지 않으면서도 드러냄에 있다면 이 한 편의 시는 이러한 솜씨를 완벽하게 구사한 시라 하겠다.

산빛 끌어들이려 발 올리고　　卷箔引山色
대통 이어 시냇물 소리 나누어 갖다　　連筒分澗聲
아무도 찾는 이 없는 이 아침　　終朝少人到
제 이름만 불러대는 뻐꾸기의 울음　　杜宇自呼名

「한중잡영閑中雜詠」이란 시이다. 발을 걷어서 산빛을 끌어들이고, 대통으로 시냇물 소리를 나누어 갖는다. '引山色' '分澗聲'의 대구도 절묘하려니

와, 끌다(引), 나누다(分)의 동사는 눈동자를 찍는 묘수라 하겠다. 시에는 시의 눈동자가 되는 시안詩眼이 있다 하는데 이 시안은 동사의 적절한 인용에 있다. 대립되는 사물을 어떻게 연결하느냐 할 때 거기에 절핍한 동사가 활용되기 때문이다. 한 편의 시가 한 글자에 의하여 개안開眼되는 것이다.

발과 산빛, 대통과 물소리, 그 자체는 아무 연관이 없는 개체이다. 질서 없이 흩어진 자연물이다. 이것을 끌다(引), 나누다(分)의 동사로 연결시킨다. 다시 말하면 무질서의 질서화이다. 시는 언어의 질서화이다.

전련과 결련도 묘하다. 오는 사람 없는 정적 그대로이다. '杜宇自呼名'이라 하니, 이렇듯 제 이름만 부르기가 사물 밖의 스스로 한가함이다. 모든 사물이 있는 그대로의 진여眞如이다.

2) 현실의 냉혹한 비판

비명에서 밝혔듯이 원감 국사는 책임 있는 자리에 나아가려 하지 않았다. 41세에 비로소 감로사의 주지가 되었고, 61세에 수선사주修禪社主가 되었다. 그가 불가에 입문하기 이전에 세속의 관직을 가졌었기에 철저하게 수련하려는 뜻이었을 것이다. 그러나 일단 직책에 나아가게 되면 멸사滅私의 희생으로 직분에 충실하였다.

국사의 현실 인식이 냉혹한 점은 일반 시문에서도 두드러지게 나타난다. 정신적 지도자로서 민생의 괴로움을 간과할 수 없으며 궁극적으로는 자신의 책무라고 인식했던 것이다.

농사일 곧 때가 되었으니	農事須及時
때를 놓치면 다시 할 수 없어	失時無復爲
농사철 그리 많은 시간 없으니	農時苦無幾

봄 여름 만나는 기간이네	春夏交爲期
(중략)	
동정東征 일을 급하게 서두르니	征東事甚急
농사일은 누가 다시 생각하게 되나	農事誰復思
(중략)	
잣때기 땅도 개간을 못하니	尺地不墾闢
백성의 생명 어디에 의탁하나	民命何以資
백성에겐 묵은 곡식도 없으니	民戶無宿粮
태반은 굶주림에 벌써 울고 있네	太半早啼飢
더군다나 농사일 때를 놓쳤으니	況復失農業
남김없이 죽어 가는 꼴 보아야 하네	當觀死無遺
슬프다 나는 무엇하고 있나	嗟予亦何者
부질없이 눈물만 주르르 흘린다	有淚空漣洏

「민농흑양사월단일 우중작憫農黑羊四月旦日雨中作」이란 시이다. 4월 초하루 비 오는 것을 보고 지은 시이다. 모내기에 적절한 단비이다. 의당히 권농勸農이나 희농喜農이어야 한다. 그런데 농사일을 민망히 여겨야 하는 처지이다. 원은 1차의 일본 동정東征의 준비로 우리 공인工人 3만 5천 명과 대소선박 9백 척, 2차 동정에는 공인은 물론 군량미 11만 섬, 전함 9백 척을 마련하게 하였다.

흑양黑羊은 임신년으로 1272년이니 그 해에도 그 다음 해에도 전함을 만들게 한 일이 여러 차례 있었다. 이런 인력동원으로 농사를 못 짓는 안타까움을 여실하게 보여 주면서, 스님의 신분으로 민생의 괴로움을 풀어 주지 못하는 아픔을 이어간다. 이 시의 말미는 하느님은 알아주기를 바라는 간절한 애원으로 끝을 맺는다.

이밖에 「영남간고상이십사운嶺南艱苦狀二十四韻」이란 시가 있다. 제목이 보여 주듯이 영남지방의 어려운 실상을 여실하게 보여 준다. '이십사운'이라 하였으니 24운 487구의 장편이다. 부제에 '경진년조동정전함시작庚辰年造東征戰艦時作'이라 하여 전선의 제조를 이유로 하여 우리를 괴롭힘이 극에 달했던 때이다. 경진년은 1280년 충렬왕 6년으로, 8월에는 왕이 원에 가서 일본 정벌의 계획을 알리고, 11월에는 동정의 준비가 완료되었음을 알렸다. 이런 상황에서 10월에는 좌우의 창고가 고갈되었다는 기록도 있다.

이밖에도 신랄한 사회 고발적 시가 더 있으니, 국사의 이러한 시정신은 문학사에나 사회사의 측면에서 다시 고려되어야 할 점이다. 당시 집권층의 사대부들은 민중의 삶을 외면한 채, 전 국토를 외민족의 전화 속에 두고 한 줄기의 물줄기를 경계로 하여 강화도를 '강도江都'라 하고 최씨崔氏의 전정專政을 찬양이나 하고 있었다.

이러한 상황에서 외족이 넘나드는 육지에서 끝내 버티면서, 그들의 불의에 저항하기도 하고 회유도 하면서, 민중과 고락을 함께한 이들 몇몇의 고승대덕이야말로 당시 사회의 바른 지식인이요 민중의 지주였다 할 것이다.

3) 문장보국文章報國을 실현한 산문

원감 국사는 장원급제한 이후에 승려가 되었기 때문에 소疏나 표表 등 여러 문체를 자유롭게 구사하였다. 이런 문장 실력이 원나라의 외교적 문서에서 발휘되곤 하였는데 원나라의 지배를 받던 시절이므로 원 황제의 장수를 기리는 글들을 많이 쓰게 되었다. 한편 고려 왕의 장수와 복을 기리는 글도 많은데 그 내용들을 살펴보면 원나라를 빈번하게 왕래할 수밖에 없었던 왕의 고단함과 이에 대한 신민臣民들의 걱정을 읽을 수도 있다.

당시는 원의 고려에 대한 횡포가 극심하던 때였다. 총독부를 두고 세금과 노비 등을 수탈하였고, 일본을 정복한다는 구실로 전함의 축조에 백성들을 동원하여, 민생이 극도로 위축되어 있었다. 세금의 수탈은 사찰의 전답까지도 징수하게 되었는데, 대사는 원의 황제에게 표를 올려 조계산曹溪山 수선사修禪社(현재 송광사)의 토전土田을 돌려달라고 청하였다. 「상대원황제표上大元皇帝表」가 그것이다. 원감 국사의 표문으로 수선사의 전답이 다시 내려지고, 원의 황제는 국사의 인품에 감복되어 그를 불러들여 크게 대접하고, 많은 예물까지 내려 주었다. 이에 대한 감사의 글로 쓴 것이 「상대원황제사사복토전표上大元皇帝謝賜復土田表」와 「대원황제축수재소大元皇帝祝壽齋疏」이다. 이런 표문들을 볼 때 교린의 표문이 결코 사대의 비하가 아닌 자주국으로서의 주권적 언사의 관행이었음도 분명히 이해해야 한다. 문장보국文章報國이란 이런 점을 두고 말한 것이다.

당시 불교계와 왕실과의 관계를 보여 주는 대목은 「축성소祝聖疏」에서 "제불諸佛이 인행因行을 닦는 비원悲願은 만물을 이롭게 함에 있고, 노승이 도를 연설하는 공력은 오직 임금님을 축수祝壽하기 위함입니다."라고 하거나, 이어지는 「우(又)」【와룡입원영선사행臥龍入院英禪師行】에서 "승가僧伽의 직분은 임금을 축수祝壽하는 데에 있다."는 등의 표현이다. 「감로사기사년동안거원문甘露社己巳年冬安居願文」에서는 "대범 하늘을 머리에 이고 땅을 발로 밟으며 남의 신하가 된 자가 임금을 사랑하고 나라에 충성하는 마음이야 승려나 속인이나 무슨 차이가 있겠습니까."라고 하였다. 나라가 어려울 때 승려들이 힘을 발휘한 것은 신라시대 원광 법사가 임금의 명으로 당나라에 보내는 「걸병표乞兵表」를 짓는 것으로부터 조선시대 임진왜란 때 휴정 등이 승병을 조직한 것으로 이어지거니와, 원감 국사의 표현도 호국불교의 면모를 보여 주는 대목이라 할 것이다.

5. 가치

『원감국사집』이 고려 말엽의 국사로서의 승려의 시문집이기는 하나, 이는 당대를 대표할 한 사람의 시문집으로 문학사에 남을 만한 문집이다. 승려로서 선취적禪趣的 시품이 돋보임도 중요하지만, 외침으로 곤궁한 당시 사회상을 적나라하게 드러낸 고뇌상이 사회의 전면에서 민중을 계도해야 할 사대부보다 앞서 있다는 점도 문학사의 한 장을 장식할 만하다 하겠다.

또 하나 주목되는 것은 이 가송집이 국내에서는 멸실되었다가 일본에서 17세기에 중간되고 그 중간본이 20세기 초에 우리에게 전해졌다는 서지학적 경로도 매우 희귀한 사례가 된다는 점이다. 이 또한 국사의 법력의 후광이기도 하지만, 시가 문학의 우월성이 이미 외국에서 인정되었다는 방증에서도 다시 한 번 더 경하할 일이다.

참고자료

『圓鑑國師語錄』, 羅州牧開刊 필사본, 1447. 동국대학교 소장.

『海東曹溪第六世圓鑑國師歌頌』, 松廣寺刊 활자본, 1920.

『東文選』

이종찬, 「冲止의 禪俗不二的 禪詩」, 『韓國佛家詩文學史論』, 1993.

차례

해동 조계 제6세 원감국사가송

원감시圓鑑詩 보유補遺

문편文篇

소편疏篇

표편表篇

부록附錄

복암화상잡저 보유

첨부

일러두기

1 『한글본 한국불교전서』는 문화체육관광부의 지원을 받아 동국대학교 불교문화연구원에서 수행하고 있는 '한국불교전서 역주' 사업의 결과물을 출간한 것이다.
2 이 책은 『한국불교전서』(동국대학교출판부 간행) 제6책의 『해동 조계 제6세 원감국사가송海東曹溪第六世圓鑑國師歌頌』과 제11책의 『해동 조계 복암화상잡저海東曹溪宓庵和尙雜著』를 저본으로 하여 번역하였다.
3 시 제목이 길 경우 처음 몇 구절만 큰 글씨로 하고 나머지는 작게 표시하였다.
4 차례에서는 시 제목이 길 경우 처음 몇 구절만 보이고 나머지는 말줄임표로 생략하였다.

원감국사어록 중간 서문
圓鑑國師語錄 重刊 序文

우리 해동 불교는 전진前秦의 승려인 순도順道와 아도阿道가 구마라집鳩摩羅什의 삼론종三論宗을 고구려에 전한 때로부터 비롯되니, 이는 눈 속에서 매화가 그 향기를 발한 것과 같다고 하겠다. 그 뒤 신라와 고려 시대에 와서는 전해지지 않은 종파가 없었으니, 이는 온갖 꽃이 요란하게 그 색깔을 자랑한 것과 같다고 하겠다.

화쟁 국사(和諍國師 : 元曉)의 해동종海東宗은 잡화(雜花 : 華嚴)의 뜻을 밝힌 것이요, 보조 국사(普照國師 : 知訥)의 조계종은 염화(拈花 : 禪)의 법을 제시한 것이다. 이 양가兩家는 모두 독창적으로 자신의 종지宗旨를 수립하여 제가諸家를 회통하였으니, 이는 우담발화[1]가 때가 되었을 때 한 번 꽃을 피운 것과 같다고 하겠다.

조계종은 옛날 승평부昇平府【지금의 순천부順天府】의 송광사松廣寺에서 창시되었다. 송광사에 수선사修禪社가 있는데 그 수선사의 법주法主가 마음과 마음으로 서로 인가印可하여 수십 세世를 전해 내려왔다. 그동안 국사國師의 칭호를 받은 자가 16인이요, 조사祖師의 칭호를 받은 자가 또한 16

1 우담발화優曇鉢花 : 인도의 상서로운 꽃 이름이다. 불교 전설에 의하면, 3천 년에 한 번 꽃이 피는데, 그때 전륜성왕轉輪聖王이 이 세상에 나오거나 부처가 출현하여 설법을 한다고 한다.

인이나 되었으므로, 예로부터 명승名僧이 이 사원에 머무는 것을 영광으로 알았다. 그래서 송광사가 홀로 승보僧寶 종찰宗刹이라는 아름다운 이름을 얻게 된 것이다.【통도사通度寺는 부처의 유골과 가사를 보관하고 있기 때문에 불보佛寶 종찰이라고 부르고, 해인사海印寺는 고려대장경의 판본板本을 보관하고 있기 때문에 법보法寶 종찰이라고 부른다. 여기에 승보 종찰인 송광사를 합쳐서 조선의 삼보 종찰이라고 한다.】

그렇다면 송광사가 중하게 여김을 받는 것은 승보 종찰이기 때문이요, 승보가 중하게 여김을 받는 것은 위대한 업적을 남겼기 때문인데, 탄식할 만한 것은 송광사의 승보가 기록을 일실逸失한 것이 많다고 하는 점이다.

지금 설월 선사雪月禪師가 이 사원의 주지를 맡으면서 거의 10년 동안 유적을 찾아 잃어버린 기록을 보충하려고 노력하였다. 그래서 내가 『조선불교통사』를 지을 때에도 그의 도움을 많이 받았다. 그런 중에도 미진한 점이 있었으니, 예를 들면 수선사修禪社의 제6세 법주法主인 원감 국사圓鑑國師의 문집과 어록이 있다는 사실만 『문헌비고文獻備考』에 실려 있을 뿐이요,【『원감집圓鑑集』 1권과 『원감국사어록圓鑑國師語錄』 1권은 고려 승려 충지冲止가 지은 것이다. 그의 호號는 원감圓鑑이요, 속성俗姓은 위씨魏氏요, 이름은 원개元凱이다. 고종 무신년에 등과登科하여 관직이 한림翰林에 이르렀으며, 그 뒤에 승려가 되었다. 일찍이 시를 짓기를 '누가 알리요 계족산 속의 노승이, 옛날 용두회[2] 자리의 빈객이었음을.(誰知鷄足山中老 曾是龍頭座上賓)'이라고 하였다.】 그 글을 실제로 얻어 볼 수는 없다는 것이었다.

그 뒤 병진년(1916년)에 육당(六堂 : 崔南善) 최군崔君이 일본에 노닐면서 사료를 찾던 중에 우연히 도쿠토미 소호德富蘇峯에게서 『원감국사어록圓鑑國師語錄』을 얻었으므로 그 연기緣起를 지어 『동도역서기東都繹書記』에 올렸다. 송광사의 해은 상인海隱上人이 그 기록을 보고는 매우 기뻐하였다. 무

2 용두회龍頭會 : 고려 때 문과 장원급제자들의 모임을 말한다.

오년(1918년). 여름에 서울에 있는 육당 최군을 방문해서는 그것을 빌려서 옮겨적고 돌아와서 그 기록을 송광사에 기부하였다. 설월雪月 선사가 이 기록을 얻고 나서, 다시 진珍 상인上人【임석진林錫珍】으로 하여금 제서諸書에 산견散見되는 원감 국사의 시와 글을 수집하게 하고는, 이를 합쳐 편집한 뒤에 장차 간행하려고 하면서 나에게 머리말을 써 달라고 부탁하였다.

내가 생각건대, 위魏 한림翰林은 일찍이 일본에 사신으로 건너가서 나라를 빛내고 명성을 떨쳤으며, 그 뒤에 홍진紅塵을 벗어나 승려가 되어 선업善業을 닦았다. 그리고 그가 남긴 법어法語도 이 땅에서 잃어버렸다가 일본에서 되찾아서 지금 『원감록圓鑑錄』이 세상에 행해지게 되었다. 여기에는 원감 국사가 농현弄現한 정신이 깃들어 있고, 육당 거사가 외호外護한 정신이 깃들어 있고, 설월 선사가 주지住持한 정신이 깃들어 있다. 따라서 이 기록 역시 장차 정신계에 크게 기여하여, 많은 정신을 하나의 정신으로 귀일시키고, 하나의 정신이 많은 정신으로 확산될 것을 알겠다. 근화향槿花鄕을 개발하고 연지회蓮池會를 장엄莊嚴하는 것도 바로 이 하나의 정신일 뿐이다. 그래서 내가 기꺼이 서문을 쓰게 되었다.

불기佛紀 2945년 기미년(1919년) 12월 8일

상현 거사尙玄居士 이능화李能和는 쓰다

조계 원감국사어록 서문
曹溪 圓鑑國師語錄 序文

원감 국사圓鑑國師는 회당晦堂[1] 화상에게서 무애변재無碍辯才를 얻어, 감로甘露에서 조계曹溪에 이르기까지 세 곳의 도량에서 기틀에 응해 설법하며 학인學人을 제접提接하고 중생을 이롭게 하였다. 혹 상당上堂을 하고 시중示衆을 하고 가송歌頌을 할 때면, 선교禪敎와 유석儒釋을 막론하고 종횡으로 구사하여 어두운 구석 없이 환히 밝혔다.

그 교설敎說이 천차만별로 끝도 없이 펼쳐졌으나 그 뜻은 하나였으니, 비유하자면 봄빛이 만물에 퍼짐에 하나의 꽃이나 풀도 모두 봄 기운을 띠고, 바다가 강물을 두루 받아들임에 하나의 실개천이나 물방울도 모두 바다 기운을 머금고 있는 것과 같다고 하겠다. 그럼에도 불구하고 하나의 꽃이나 풀에서 봄을 느끼지 못하거나, 하나의 실개천이나 물방울을 통해서 바다를 알지 못한다면, 이는 보는 자의 허물이다.

대덕大德 원년(1297년), 충렬왕 23년 정유년 12월　일에

몽암 노인蒙菴老人 명우 불갈明友不渴은 쓰다

1 회당晦堂 : 수선사修禪社 5세世인 원오 국사圓悟國師 천영天英의 당호堂號이다.

해동 조계 제6세 원감국사가송

海東 曹溪 第6世 圓鑑國師歌頌

시자侍者가 기록하다

유거
幽居

복잡한 세상 밖에 둥지를 틀고　棲息紛華外
푸른 산속에서 자유롭게 노니네　優游紫翠間
솔 회랑은 봄에 더욱 고요하고　松廊春更靜
대쪽 문은 대낮에도 닫혔어라　竹戶晝猶關
처마가 짧아서 먼저 달을 맞고　檐短先邀月
담장이 낮아서 산이 다 보이네　牆低不礙山
비 온 뒤에 시냇물은 급히 흐르고　雨餘溪水急
바람이 자니 산 구름이 한가해라　風定嶺雲閑
깊은 골짜기에 사슴이 엎드리고　谷密鹿攸伏
빽빽한 숲에는 새들이 돌아오네　林稠禽自還
한가로이 아침저녁 보내노니　翛然度晨暝
게으른 몸에게는 적격이라오　聊以養疎頑

우연히 짓다
偶書

종일토록 분망한 세상 사람들	世人終日競犇忙
전의와 등아[1]는 비교가 되지 않네	羶蟻燈蛾莫可方
앉은 채로 편안하면 어찌 배 밑바닥 새는 것을 알리오	坐穩那知船底漏
길이 멀어야 나무 그늘 시원함을 아낀다오	途長猶愛樹陰凉
팽상[2]이 달라도 끝내 누가 남으리요	彭殤縱異終誰在
안척[3]이 다르지만 죽는 것은 똑같은걸	顔跖雖殊竟等亡
그보다는 종산의 일 없는 사나이가	爭似鍾山無事漢
소와 양이 밟든 말든 노숙함이 나으리[4]	露眠不管踐牛羊

1 전의羶蟻와 등아燈蛾 : 누린내를 좇는 개미와 등불에 뛰어드는 나방이라는 뜻이다. 참고로 『장자莊子』 「서무귀徐無鬼」에 "개미는 양 고기를 좋아하여 모여든다. 양 고기는 누린내가 나기 때문이다.(蟻慕羊肉 羊肉羶也)"라는 말이 나온다.

2 팽상彭殤 : 팽은 상고 시대 선인仙人으로 8백 세의 장수를 누렸다는 팽조彭祖를 가리키고, 상은 19세 이하에 죽은 소년을 가리킨다. 참고로 『장자莊子』 「제물론齊物論」에 "요절한 소년보다 더 장수한 이가 없고, 팽조가 요절했다고 할 수도 있다.(莫壽乎殤子 而彭祖爲夭)"라는 말이 나온다.

3 안척顔跖 : 공자가 가장 아꼈던 제자 안회顔回와, 9천여 명의 도적 떼를 이끌고 천하를 횡행했다는 도척盜跖을 말한다. 사마천司馬遷이 『사기史記』 「백이열전伯夷列傳」에서, 안회와 같은 선인善人은 비참하게 살다가 일찍 죽고, 도척과 같은 악인은 천하를 횡행하며 오래 살다가 죽었다고 전제하고는, "그렇다면 도대체 하늘의 도라고 하는 것이 과연 옳은 것인가, 그른 것인가.(儻所謂天道 是邪非邪)"라고 개탄한 대목이 나온다.

4 그보다는 …… 나으리 : 참고로 송宋나라 승려 각범覺範의 시에 "소와 양이 밟든 말든 들에서 노숙하나니, 나는 종산의 일 없는 중이라오.(露眠不管牛羊踐 我是鍾山無事僧)"라는 구절이 나온다. 『석문문자선石門文字禪』 권15 「칠언절구七言絶句」 〈합묘재合妙齋〉.

병인년(1266년) 여름에 처음 감로사에 들어가서 함께 기거하는 스님들에게 보이다

丙寅夏月初入甘露示同袍

친히 전한 한 줄기 조계산의 물이요	親傳一脉曹溪水
방울져 가득 모인 감로사의 장이라	點作十分甘露漿
천리에 은근히 와서 널리 뿌림은	千里殷勤來普洒
화택[5]을 청량하게 바꿔 보려고	要令火宅變淸凉
청량하게 바뀐 대지 위에서	變淸凉大地
누가 또 열기에 들뜨겠는가	何人更熱忙

5 화택火宅 : 각종 미혹에 빠져 고통받는 중생의 세계를 불난 집에 비유한 것이다. 『법화경法華經』 권2에 삼계화택三界火宅의 비유가 나온다.

산을 유람하고 돌아오다 삼랑루를 지나며 배 안에서 짓다
遊山迴過三郎樓舟中作

지팡이 짚고 오로봉 앞 길을 돌아	杖迴五老峰前路
배 타고 지나는 삼랑루 아래 물가	舟過三郎樓下灣
물새는 사람과 친해 피하지도 않고	沙鳥馴人不驚避
돛 스쳐 날아갔다 또다시 돌아오네	掠帆飛過又飛還

박 안렴【항】이 밀성 삼랑루에 제한 시에 차운하다
次朴按廉【恒】題密城三郎樓詩韻

호수 위의 푸른 산, 푸른 산 위의 누각	湖上靑山山上樓
아름다운 그 이름 물과 함께 흐르네	美名長與水同流
모래톱 주막은 달팽이집처럼 늘어서고	傍洲沙店排蝸殼
물결 좇는 돛배 위엔 익조[6]가 춤을 추네	逐浪風船舞鷁頭
뽕밭에 내 짙은데 천리 멀리 해 저물고	桑柘煙深千里暮
연꽃도 시들어 강은 가을빛 완연하네	芰荷華老一江秋
낙하 고목[7]은 오히려 진부한 표현이라	落霞孤鶩猶陳語
새 시 지어서 멋진 유람 기록하노라	故作新詩記勝遊

6 익조鷁鳥 : 백로와 비슷한 모양의 큰 새인데, 풍랑을 잘 견뎌낸다 하여 뱃머리에 이 새의 형상을 새겨서 걸어 놓았다고 한다.

7 낙하落霞 고목孤鶩 : 강가의 저녁 경치를 절묘하게 묘사하여 예로부터 사람들의 입에 오르내리는 표현인데, 당唐나라 왕발王勃의 〈등왕각서滕王閣序〉에 "지는 노을은 짝 잃은 따오기와 나란히 떠 있고, 가을 강물은 끝없는 하늘과 하나의 색이로다.(落霞與孤鶩齊飛 秋水共長天一色)"라는 명구가 나온다.

한가한 생활을 자축하며

閑中自慶

날마다 산을 보지만 보아도 부족하고	日日看山看不足
때때로 물소리 듣지만 들어도 싫지 않네	時時聽水聽無厭
자연히 눈과 귀가 모두 맑고 쾌하나니	自然耳目皆淸快
그 소리와 빛 속에서 담박함을 기르노라	聲色中間好養恬

지원 9년(1272년) 3월에 처음 정혜사에 들어가서 시를 지어 승려들에게 보이다

至元九年壬申三月 初入定惠作 偈示同梵

계족봉 앞에 서 있는 오래된 도량　鷄足峰前古道場
지금 오니 푸른 산빛 특별히 빛나누나　今來山翠別生光
맑은 시내 속에 광장설이 있는 걸[8]　廣長自有淸溪舌
어찌 꼭 재잘재잘 다시 뇌까리리요　何必喃喃更擧揚

8 맑은 …… 있는 걸 : 참고로 소식蘇軾의 시에 "시냇물 소리는 바로 부처의 광장설이요, 산빛 또한 청정한 법신法身이라 아니 하리.(溪聲便是廣長舌 山色豈非淸淨身)"라는 표현이 나온다. 『소동파시집蘇東坡詩集』 권23 〈증동림총장로贈東林總長老〉. 광장설廣長舌은 부처의 이른바 32가지 대인상大人相 가운데 하나로, 얼굴을 다 덮고 머리까지 올라간다는 긴 혀를 말하는데, 설법을 뛰어나게 잘함을 말한다. 장광설長廣舌이라고도 한다.

자인 화상에게 올린 시【병서】

上慈忍和尙詩【幷序】

계봉鷄峯의 사원이 너무 심하게 퇴락하긴 했지만, 산과 물의 경치가 다른 곳보다 훨씬 뛰어나니 참으로 좋은 도량이다. 어제 화상이 몸소 문도를 이끌고 사원을 찾아오셔서 황공한 심정을 금할 수가 없기에, 삼가 졸시 2수를 지어 조실祖室에 증정하려니 그지없이 떨리는 마음을 가눌 수가 없다.

어린 새 날개 달고 솟구치게 하였으니	哺鷇終敎揷翼騫
사랑하는 노파심 더 말할 게 있으랴	老婆深愛更休論
은근히 계봉 아래 전송해 주시다니	殷勤送到鷄峯下
뼈가 가루 된들 이 은혜 어찌 갚을까	粉骨如何報此恩

누각이 첩첩이 서 있는 오래된 범궁	樓閣重重古梵宮
계산의 형승이 이 세상에서 최고로다	溪山形勝甲寰中
내가 자리 이은 것은 참으로 과분한 일	我來繼席誠非分
당년의 국로의 풍도 더럽힐까 두려워라	恐忝當年國老風

대중을 이끌고 고사리를 캐고 돌아와서 승려들에게 보이다

率衆採蕨 迴示同梵

바구니 들고 새벽에 푸른 산 나갔다가	提籃曉出碧崔嵬
숲속에서 한가로이 야채 뜯고 돌아왔소	林下閑挑野菜來
이 속의 무한한 뜻 알고 싶으시오	欲識箇中無限意
백운이 때로 저녁 새와 함께 돌아온다오	白雲時與暮禽迴

한가한 중에 우연히 짓다
閑中偶書

1천 봉우리 속에 들어 있는 절간 寺在千峰裏
그윽한 경지를 쉽게 이름할 수 없네 幽深未易名
창을 열면 바로 산색이요 開窓便山色
문을 닫으면 또 냇물 소리라 閉戶亦溪聲
골짜기가 깊어서 맑은 날도 어둡고 谷密晴猶暗
누각이 높아서 밤에 절로 환하다오 樓高夜自明
궤석에선 대 바람이 일어나고 竹風生几席
처마 기둥에는 솔 이슬이 돋네 松露滴檐楹
고요한 경계 속에 거처는 안온하고 境靜棲遲穩
한가한 몸이라 행동거지도 편하다오 身閑擧止輕
피곤하면 때로 누워서 쉬고 困來時偃息
실컷 자고 나선 슬슬 걷기도 하네 睡足或經行
번뇌가 다해서 희로애락도 없고 累盡無欣慼
손이 드물어 송영할 일도 없다네 賓稀少送迎
배고프면 산나물이 넉넉하고 飢餘林蔌軟
목마르면 맑은 샘물이 있다오 渴有石泉淸
쇠하고 병든 몸 편안하면 그저 그만 秖是安衰疾
원래 도심道心 기르려 함이 아닐세 元非養道情
이 속의 정취가 어찌 한정이 있겠소만 箇中何限意
사람들과 평하는 것은 절대 금기라오 切忌與人評

여름날에 규봉 인 선백을 생각하며
夏日懷圭峰印禪伯

한번 규봉 위에 누운 뒤로	一臥圭峯上
지금 세월이 많이 흘렀네	于今歲月移
조각구름 따라 걸음 옮기고	片雲隨步武
외로운 학 벗 삼아 소요하시리	孤鶴伴棲遲
무쇠 등은 오랠수록 더욱 튼튼해지고	鐵脊久彌硬
얼음 자태는 늙어도 쇠하지 않으시네	氷姿老不衰
서늘한 가을날이 언제나 올까	秋凉何日至
얼른 가서 함께 지내고 싶네	吾欲往從之

안렴사 박 시랑【항】에게 부치다

寄按廉朴侍郎【恒】

내가 황산에 머물 때에는	我住黃山中
공이 마침 동쪽을 순유하였고	值公巡游東
내가 노암으로 옮겼을 때는	我移歸老菴
공이 마침 강남을 다스렸다네	適公按江南
바쁘고 한가한 두 길이 워낙 달라	閑忙兩殊途
한번 만나기도 정말 어려운데	會合誠難圖
가는 곳마다 서로들 보았으니	處處得相眄
인연이 참으로 얕지 않소이다	因緣固不淺
더구나 또 10년 이전부터	況復十年前
아는 이가 셀 수도 없겠지만	相識知幾千
공이여 한번 손가락을 꼽아 보소	請公試屈指
나와 같은 교분이 누가 있었는지	交分孰予比
바라건대 옛 우정을 생각하셔서	願公念舊故
언제까지 곁에서 보호해 주셨으면	終始作外護

가을날에 아침 일찍 조계산을 떠나 계봉에 돌아와서 짓다

秋日 早發曹溪 迴至鷄峰 有作

천암만학을 아침 일찍 떠났나니	早發千岩萬壑中
숲 뚫고 물 건너며 길이 끝도 없네	穿林渡水路無窮
미투리는 하얀 된서리 밟고 지나고	麻鞋踏破濃霜白
지팡이는 날리는 단풍잎 헤치고 가네	竹杖行分亂葉紅
재에 오르니 새벽 별 아직 깜박깜박	上嶺殘星猶耿耿
산을 나오니 아침 해 어느새 두둥실	出山初日已曈曈
계봉에 돌아오자 날이 어두워지면서	却迴鷄嶠天將暮
은은히 종소리가 허공중에 퍼지네	隱隱鐘聲響半空

지난번 도자 혜초가 돌아오는 편에, 자인慈忍 화상和尙이 주신 납의 한 벌을 받았으므로, 황공하면서도 감격스러운 심정을 금할 수 없기에, 삼가 시 한 수를 지어 멀리 조실祖室에 증정하며 한번 보시게 했다

昨者 道者惠超迴 伏蒙法賜衲衣一領 不勝驚惶感戴之至 謹成荒句 遙呈籌室 伏冀賜覽

법신[9]이 자인의 방에서 내려왔나니	法信降從慈忍室
산문을 빛낸 은총이 뜻밖에 놀라워라	忽驚殊寵耀山門
꼼꼼한 바느질 솜씨 볼수록 더욱 좋고	裁縫細密看逾好
만든 품도 넉넉해서 입으면 따뜻해라	製量寬襜着便溫
심노의 일곱 근[10]이 어찌 견줄 수 있으리오	諗老七斤何足擬
음광의 세 가지 일[11]을 감히 함께 논하노라	飮光三事敢同論
몸에 걸치자 새삼 두 어깨가 무겁나니	披來特地雙肩重
온몸이 은혜로 뒤덮인 것을 깨닫겠노라	斗覺渾身是大恩

9 법신法信 : 법을 전하는 신물信物이라는 뜻으로, 불교에서 보통 가사와 발우 등을 지칭한다.

10 심노諗老의 일곱 근 : 종심從諗 선사의 7근 장삼七斤衫. 당唐나라의 고승 조주 종심趙州從諗 선사에게 어떤 승려가 "만법이 하나로 돌아간다고 하는데, 그 하나는 어디로 돌아가는 것인가.(萬法歸一 一歸何處)"라고 물으니, 조주가 "내가 청주에 있을 적에 베장삼 한 벌을 만들었는데, 그 무게가 일곱 근이더라.(我在青州 作一領布衫 重七斤)"라고 답한 화두가 『벽암록碧巖錄』 제45칙에 나온다.

11 음광飮光의 세 가지 일 : 석가모니 부처님이 수제자 가섭迦葉에게 세 곳에서 마음을 전해 주었다는 삼처전심三處傳心을 말한다. 참고로 삼처전심은 영산靈山에서의 염화미소拈花微笑와 다자탑多子塔에서의 분반좌分半座와 쌍림수하雙林樹下에서의 관중출족棺中出足을 말한다. 음광은 범어梵語 Kāśyapa의 의역으로, 가섭迦葉을 가리킨다.

한가한 중에 흥을 풀며[12]

閑中遣興

성격이 원래 고독을 좋아하여	野性便幽獨
푸른 산에 기대어 살아간다네	栖遲寄翠微
광음 속에 눈처럼 하얀 머리칼	光陰雙雪鬢
생계는 하나의 하의[13]뿐이라오	活計一霞衣
비를 맞으며 솔을 옮겨 심었나니	帶雨移松栽
구름과 어울려 사립문을 가리네	和雲掩竹扉
산꽃은 수놓은 장막처럼 간들거리고	山華輕綉幕
뜰의 잣나무는 비단 휘장을 드리웠네	庭栢當羅幃
향로의 가는 연기 조용히 마주하며	靜對爐煙細
섬돌에 번지는 이끼 한가로이 바라보네	閑看磴蘚肥
사람들이여 나에게 와서 묻지를 마오	人來休問我
일찌감치 세상과 서로 결별했으니까	早與世相違

12 한가한 …… 풀며 : 원문에는 제목이 閑中遣으로 되어 있는데, 遣 뒤에 興을 첨가해서 번역하였다.

13 하의霞衣 : 꿰맬 필요가 없이 구름과 노을(雲霞)로 지은 옷이라는 뜻으로, 보통 은자隱者나 선인仙人을 형용할 때 쓰는 표현이다.

차운하여 감로사 장로에게 답시를 받들어 올리다
次韻奉答甘露長老

상서로운 봉황이 불시에 출현하여	瑞鳳不時出
나면서부터 구포[14]를 갖췄는데	厥苞生有九
반드시 높은 오동나무에 깃드나니	寄栖必高梧
제비와 참새가 어떻게 벗이 되리오	燕雀豈其友
알록달록하게 오색이 찬란하여	參差五彩明
모든 새들의 으뜸이 되었는데	而爲衆禽首
홀연히 굴산 꼭대기에서	忽從崛山頂
협강 어구로 내려왔도다	飛下莢江口
난새와 학도 끝내 서로 따르면서	鸞鶴竟相隨
하늘 높이 솟구칠 뜻 자부하나니	雲霄意自負
계봉의 일개 늙은 닭이	鷄峰一老鷄
그 뒤를 감히 따를 생각하리오	敢望逐其後
가련해라 비바람도 시절을 아는 터에	自憐風雨解知時
새벽에 울며 억지로 목어 소리만 따르니	晨鳴强趁木魚吼

14 구포九苞 : 봉황의 아홉 가지 특징을 말하는데, 흔히 봉황의 별명으로 쓰인다. 봉황의 출현은 태평성대의 상서로운 조짐으로 간주되었다. 원문에는 '厥包生有九'로 되어 있는데, 包를 苞로 바로잡아 번역하였다.

산에서 지내는 늦봄의 즉흥시
山居暮春即事

석 달의 봄날도 저물어 가는 시절　節屬三春暮
온화한 바람 속에 물색도 가지런　風和物色齊
꾀꼬리는 골짜기에서 막 나오고　早鶯初出谷
제비는 벌써 진흙을 입에 물었네　新燕已啣泥
구름은 산 병풍을 어둡게 뒤덮고　雲羃山屛暗
연기는 나무 장막을 낮게 감싸네　煙籠樹幄低
산야의 꽃은 빨갛게 흐드러지고　巖華紅馥馥
뜨락의 풀은 푸르게 무성하여라　庭草碧萋萋
비가 개자 비둘기는 짝을 부르고[15]　雨歇鳩呼婦
깊은 숲에선 사슴이 새끼를 기르네　林深鹿養麛
잠에서 깨어나 천천히 걷노라니　睡餘聊散步
저녁 해가 작은 창 서쪽에 있네　日在小窓西

15 비가 …… 부르고 : 하늘이 흐려지면서 비가 내릴 조짐이 보이면, 비둘기 수컷이 암컷을 둥지 밖으로 내쫓고, 하늘이 맑아지면 다시 불러들인다고 한다. 그래서 "하늘이 비를 내리려 하면 비둘기가 암컷을 내쫓는다.(天將雨 鳩逐婦)"라는 속담이 있게 되었다고 한다.

봄을 아쉬워하며

惜春

불 같은 살구꽃이 가지에 붙자마자	杏火纔着枝
눈 같은 매화가 벌써 땅을 쓰나니	梅雪已掃地
봄바람이 얼마나 가겠는가	春風能幾時
극구[16]라 고삐를 맬 수도 없네	隙駒不受轡
늙고 병들고 쇠약해지는 것이	老病與衰羸
밤낮으로 완연히 눈에 보이는데	看看日夜至
평소 마음으로 기약한 일 중에	平昔心所期
어느 것 하나도 이룬 것이 없네	百事無一遂
생각이 여기에 이를 때마다	每念至於斯
나를 초췌하게 만들곤 하니	使我成顑頷
그보다는 온갖 걱정 떨쳐 버리고	不如百不思
잠이나 자는 것이 훨씬 나으리라	聊打一場睡

16 극구隙駒 : 틈새를 지나는 망아지라는 뜻으로, 세월이 순식간에 지나가는 것을 비유하는 표현이다. 『장자莊子』「지북유知北游」의 "천지간의 인생이란 마치 하얀 망아지가 담장의 틈 사이를 지나가는 것처럼 순간일 따름이다.(人生天地之間 若白駒之過隙 忽然而已)"라는 말에서 비롯된 것이다.

법형 묵공이 나의 거처가 외롭고 쓸쓸하다는 말을 듣고서 글을 보내 위로해 주었기에 내가 우스개로 단가를 지어서 답하였다
法兄默公 聞予門庭單丁枯淡 以書見慰 戲作短歌以答之

계봉이 적막하다고	鷄峯寂寞兮
전해진 것은 잘못이니	傳者之訛
생활이 넉넉해서	活計現威兮
궁핍하지 않다오	不同小小
상골봉 앞에는	象骨峯前兮
먹을 것이 없지 않고	粥飯無虧
마구당 아래에는	馬駒堂下兮
염장도 부족하지 않네	鹽醬不少
맑은 냇물이 감싸 주고	淸溪兮盤迴
푸른 산이 에워쌌으며	碧嶂兮繚繞
바람 부는 창가는 시원하고	風櫺兮虛凉
물가의 누각은 그윽하다오	水閣兮窅篠
앉거나 혹 누워서	或坐或臥兮
태초에 정신을 노닐고	神遊物初
홀로 부르고 화답하며	獨唱獨和兮
세상 밖 흥취를 누린다네	趣逸天表
담연히 꾀하는 일이 없이	湛然無營兮
일미의 경지를 즐기고	一味自娛
고요히 생각을 잊고서	闃爾忘懷兮
모든 인연을 쉬었나니	萬緣都了
흥망도 나를 범하지 못하고	興亡兮莫我干

영욕도 나를 흔들지 못한다오	榮辱兮莫我擾
오리와 학도 한 꾸러미이니	鳧鶴一貫兮
어느 것이 짧고 길다 할 것이며[17]	孰短孰長
팽상도 수명이 같으니	彭殤同壽兮
누가 장수하고 요절했다 할까[18]	誰壽誰夭
저고리 하나로 추위와 더위를 겪고	一帔兮閱寒暑
바리때 하나로 아침과 저녁 보내나니	一鉢兮度昏曉
멍청하고 어리석으며	憨痴痴兮
누추하고 졸렬하기 그지없는	百醜千拙
이 몸이 무엇과 비슷하다 할까	予誰之似兮
갈대에 둥지 튼 지친 새 한 마리[19]	栖芦倦鳥

17 오리와 …… 것이며 :『장자莊子』「산목山木」에 "오리는 다리가 비록 짧지만 이어 주면 걱정하고, 학은 다리가 비록 길지만 잘라 주면 슬퍼한다.(鳧脛雖短 續之則憂 鶴脛雖長 斷之則悲)"라는 말이 나온다.

18 팽상彭殤도 …… 할까 : 36쪽 주 2 참조.

19 갈대에 …… 한 마리 : 참고로 길주吉州 조산潮山 연종延宗 선사가 산에 얼마나 주석住錫했느냐는 승려의 질문을 받고는, "우둔한 새는 갈대에 둥지를 틀고, 피곤한 물고기는 못가에 머문다.(鈍鳥棲蘆 困魚止濼)"라고 대답한 고사가 전한다.『오등회원五燈會元』 권7「설봉존선사법사雪峰存禪師法嗣」.

차운하여 규봉 인 선백에게 답하다

次韻答圭峯印禪伯

청색이 쪽에서 나와 쪽보다도 푸르니	靑從藍出勝於藍
식견이 남보다 뛰어나 지남을 이었어라	見過多公續指南
봉황이 나래 치니 뭇 새가 모두 놀라고	衆鳥共驚鸞翽翽
범이 노려보니 여우가 다투어 피하누나	群狐爭避虎耽耽
붓 끝에서 구름 이는 것이 한가함 속에 읊조림이라면	筆頭雲起閑中詠
주미[20]에서 바람 이는 것은 격외의 담론일세	麈尾風生格外談
도의 명예 시의 명성이 천하를 치달리니	道譽詩名走天下
송월의 암자에 눕는 데 방해가 될는지도	恐妨松月臥孤庵

20 주미麈尾 : 고라니의 꼬리털을 매단 불자拂子를 가리키는데, 위진魏晉시대 때 사람들이 항상 손에 쥐고서 청담淸談을 펼쳤으며, 나중에는 불교의 승려들도 설법할 때에 많이 애용하였다.『세설신어世說新語』「용지容止」.

차운하여 난송 선사 인공에게 답하다
次韻答蘭松禪師印公

계산의 가장 깊은 곳에	鷄山最深處
높이 누워 분화를 멀리하노라	高臥遠紛華
거울 속엔 원래 티끌이 없고	鏡裏元無翳
호리병 안에는 집이 있도다[21]	壺中自有家
텅 빈 뜨락에는 솔방울이 뚝뚝	庭空松子落
고요한 방에는 향 연기 꼬불꼬불	室靜篆煙斜
어떻게 기갈을 면하느냐면	何以療飢渴
나물 무침에 진한 차 한 잔	香蔬與釅茶

21 호리병 …… 있도다 : 후한後漢의 술사術士 비장방費長房이 시장에서 약을 파는 선인仙人 호공壺公을 따라 그의 호리병 속으로 들어갔더니, 그 안에 일월日月이 걸려 있고 신선 세계가 펼쳐져 있었는데, 그 고대광실 안에서 맛좋은 술과 음식을 실컷 먹고 나왔다는 전설이 전한다. 『후한서後漢書』 권82 「비장방전費長房傳」, 『신선전神仙傳』 「호공壺公」.

안렴사 김 시어에게 부친 시 【병서】

寄按廉金侍御詩【幷序】

제형 학사각하提刑學士閣下가 안비按轡[22]할 즈음에 먼저 산속의 나를 찾아 주어 감격스러운 심정을 가눌 수 없기에, 억지로 거친 시를 지어 행차에 기증하면서 다시 방문해 줄 것을 청하였다.

주군이 다투어 우러르며 후여를 원망하는데[23]	州郡爭瞻怨後予
안렴사께서 노승의 거처를 먼저 찾아 주셨네	廉公先訪老僧居
밤새워 도란도란 충분히 얘기했다지만	通宵軟語雖云足
종일토록 속마음은 털어놓지 못하였네	積日幽懷尙未攄
고상한 노래는 귓가에 방불하게 맴돌고	髣髴高吟猶在耳
맑은 꿈은 은근히 수레를 절로 따라가네	殷勤淸夢自隨車
조만간 행차하여 다시 들러 주셨으면	一麾早晩重相過
달맞이 책상 바람 창가 이미 소제했으니까	月榻風櫺已掃除

22 안비按轡 : 말고삐를 잡는다는 말로, 지방 장관으로 부임하는 것을 가리킨다. 남비攬轡라고도 한다. 후한後漢의 범방范滂이 기주 자사冀州刺史로 부임할 즈음에, "수레에 올라 말고삐를 잡으면서 천하를 맑게 변화시키겠다는 개연한 뜻(登車攬轡 慨然有澄淸天下之志)"을 보였는데, 범방이 기주에 이르자 탐관오리들이 지레 겁을 먹고는 인끈을 자진해서 풀어놓고 달아났다는 고사가 전한다. 『후한서後漢書』「범방전范滂傳」.

23 주군州郡이 …… 원망하는데 : 고을 백성들이 신임 안렴사按廉使의 부임을 잔뜩 기대하면서 빨리 와 주기를 바라고 있다는 말이다. 후여後予는 뒤로 미룬다면서 아쉬워하는 말인데, 상商나라 탕왕湯王이 동쪽으로 가면 서이西夷가 원망하고, 남쪽으로 가면 북적北狄이 원망하면서 "어째서 유독 우리만 뒤로 미루는가.(奚獨後予)"라고 탄식했다는 『서경書經』「중훼지고仲虺之誥」의 고사에서 나온 것이다.

다시 앞의 운을 써서 김 제형에게 부치다

復用前韻寄金提刑

한 축의 시가 와서 홀연히 나를 흥기시키니	一軸詩來忽起予
광채가 산속을 찬란하게 비치누나	十分光彩耀山居
등심에 기대어 맺힌 감정이라면	感情已借燈心結
필설을 빙자해 토로한 그리움이라	戀意空憑筆舌攄
책상에 쌓인 문서는 휴식을 방해하고	堆案簿書妨宴寢
길 가득 깃발들로 행차가 시끄러우리	滿街旌旆鬧征車
그보다는 한가한 날 노승 찾아 얘기하며	何如暇日尋僧話
세상 먼지 모조리 털어 버림이 어떠할지	萬種塵緣盡屏除

분간사分揀使 김 시랑【훤】에게 우스개로 답하다 · 2수
戲答分揀金侍郎【晅】· 二首

부절符節 쥔 행차 소식 영외에서 처음 듣고	嶺外初聞杖節行
몇 번이나 꿈 속에서 먼 길을 따랐던가	幾迴魂夢役長程
시랑께선 어찌하여 우체부 하나 아끼시오	使君何惜一郵吏
산승만 박정한 것 같지는 않소이다	不獨山僧似薄情

예전에 관동으로 만 리 길 행차할 때[24]	昔向關東萬里行
멀리 늙은 눈물 귀로에 뿌렸지요	遙將老淚洒歸程
이번에 다시 본다면 정말 꿈 같은 일	此迴重見眞如夢
수레 멈추고 옛 정을 얘기함이 어떠리오	何害停車話舊情

24 예전에 …… 때 : 김훤이 원元나라에 사신으로 갈 때라는 말이다. 관동關東은 함곡관函谷關 동쪽으로, 중원中原을 가리킨다.

운흥 법주 대이를 곡하다
哭雲興法主大怡

운흥 당상의 우리 왕 노사는	雲興堂上王老師
조실의 동량이요 고하의 뗏목	祖室修梁苦河筏
빛나는 안광은 바위 아래 벼락이요[25]	眼光爛爛巖下電
점잖은 자태는 별들 속의 달이었네	風儀皎皎星中月
묘년에 멀리 날아 속진을 떠났나니	妙年遐擧便出塵
명홍[26]과 같아서 잡을 수가 없었다네	有似冥鴻不可弋
강동과 영남의 산과 물 사이를	江東嶺南山水間
지팡이 하나로 구름처럼 다녔나니	一杖雲行遍遊歷
만년에 차례로 세 도량에 머문 것도	晩年歷坐三道場
대중의 뜻이었지 원해서가 아니었네	蓋屑就耳非所欲
외모가 아니라 진정으로 남을 대했고	待人以誠不以貌
자기 행동은 진솔하게 꾸미지 않았으며	行己眞率勿邊幅
진실 아닌 말은 한 마디도 없었고	一言不曾涉非實
상주물[27]은 사사로이 소유하지 않았다네	一芥不私常住物
작건 크건 고락을 대중과 함께 하면서	精麁甘苦與衆同
몸이 혀가 되어 불사를 역설하였으며	常說佛事身爲舌
선열에 잠겨 묘함을 깊이 체득했고	潜神禪悅深得妙
여사로 하는 시문도 극치에 이르렀네	餘事篇章亦臻極

25 빛나는 …… 벼락이요 : 진晉나라 왕융王戎의 눈빛이 형형한 것을 배해裵楷가 보고서 "눈빛이 빛나는 것이 마치 바위에 벼락이 내려꽂히는 것 같았다.(眼爛爛巖下電)"라고 형용한 고사가 전한다. 『세설신어世說新語』「용지容止」.

26 명홍冥鴻 : 까마득히 하늘 위로 치솟아 사라지는 기러기라는 뜻이다.

27 상주물常住物 : 절에 속하는 토지와 기물器物 따위의 재산을 통틀어 이르는 말이다.

납자들은 그를 자모慈母처럼 사랑하여	衲子愛之猶愛母
어디나 대나무가 빽빽이 서 있듯 하였고	所至森森如立竹
공경과 사서들도 그 풍도를 듣고서	公卿士庶聞其風
다투어 공경하며 예배하려 하였다네	競欲膝行親禮足
자비의 은혜 펼친 30년 동안	慈雲法雨三十年
얼마나 많은 중생이 복을 받았던가	多少含生賴其福
나는 멀리 친척의 인연이 있을뿐더러	顧予曾忝葭莩親
이른 나이에 뵙고서 가르침도 받았으며	又復早年資目擊
선원에서 여름철에 안거할 적에	支提九夏檀那秋
다시 뒤따르며 시봉도 하였다네	再得相隨侍甁錫
스님은 운흥에 나는 감로에 있으면서	師住雲興我甘露
때때로 왕래하며 말씀도 많이 나눴는데	來往時時奉談劇
내가 계족봉으로 거처를 옮긴 뒤로는	自我移栖鷄足峯
그리움 풀지 못한 채 동쪽 하늘만 바라봤네	東望懸懸不能釋
매양 한가한 틈이 나면 한번 달려가서	每欲乘閑一馳往
담소하며 속마음을 토로하려 하였는데	偕笑從容話心曲
시대도 어렵고 심사도 많이 어긋나서	時艱心事苦多乖
뜻만 간절할 뿐 10년을 머뭇거렸다네	十載因循徒極目
어제 사람이 와서 부음을 전할 적에	昨有人來傳訃音
나도 몰래 심장이 찢어질 듯하였나니	不覺使我心肝裂
고하를 못 건넜는데 배가 가라앉고	苦河未濟船筏沉
조실이 기우는데 동량이 부러졌네	祖室將欹棟梁折
어찌 알았으랴 혼탁한 세상 싫어서	何期遽厭濁惡世
하루아침에 피안으로 훌쩍 떠날 줄	一朝命理新州楫
아 칠중[28]은 장차 어디에 의지할까	嗟哉七衆將疇依
인천이 모두 눈물을 흘리게 하네	空使人天共垂泣

물어보세 웃어야 하고 곡하면 안 되는지[29] 借問合笑不合哭
금보산 꼭대기에 두둥실 뜬 달님이여 金寶山頭孤月白
【금보산은 운흥산의 이름이다.】

28 칠중七衆 : 부처를 따르는 일곱 부류의 제자라는 뜻으로, 비구·비구니·식차마나式叉摩那·사미·사미니·우바새優婆塞·우바이優婆夷를 가리키는데, 이 중에서 우바새와 우바이는 재가인在家人이고, 나머지는 모두 출가인出家人이다.

29 웃어야 …… 안 되는지 : 당唐나라 남전 보원南泉普願 선사가 입적入寂했을 때 그 법사法嗣인 선주관찰사宣州觀察使 육긍陸亘이 제사를 올리다가 껄껄 웃었다. 원주院主가 사제師弟 사이에 무슨 짓이냐고 꾸짖자, 육긍이 다시 큰소리로 곡을 하였다. 뒤에 장경대안長慶大安 스님이 이 말을 듣고는 "대부는 웃어야지 곡을 해선 안 된다.(大夫合笑不合哭)"라고 평하였는데, 이에 대한 내용이 『벽암록碧巖錄』 제12칙 「동산마삼근洞山麻三斤」에 나온다.

혼자 장난삼아 짓다
自戱

나는 어려서부터 병이 많았는데	予曾少多病
지금은 또 쇠한 나이에 이르렀네	今又到衰年
부처님 예배도 게으른 터에	佛尙慵瞻禮
불경을 어찌 소리 높이 욀까	經奚要諷宣
밥상을 대하면 배불리 먹고	逢餐輒飽送
어두워지면 실컷 잠잔다네	値晩卽橫眠
조사의 뜻[30]일랑 묻지 마오	休問祖師意
원래 선은 알지 못하니까	從來不會禪

30 조사祖師의 뜻 : 달마達磨가 서쪽 인도에서 중국에 건너 와 불법佛法을 전한 진의眞意가 무엇인지를 묻는 선종禪宗의 화두話頭 조사서래의祖師西來意를 가리키는데, 당唐나라의 조주 종심趙州從諗 선사에게 어떤 승려가 이 화두를 거론하여 묻자, "뜰 앞의 잣나무(庭前柏樹子)"라고 대답했던 유명한 일화가 전한다. 『연등회요聯燈會要』 권6 「조주종심趙州從諗」.

평양 수재守宰로 새로 임명된 아우【문개】가 고을의 치소治所에 부임할 즈음에 먼저 산중을 찾아왔다. 이 날 저녁에 마침 비가 왔는데, 10여 년 동안 헤어진 정을 서로 이야기하다 보니, 새벽이 되는 줄도 깨닫지 못하였다. 그리고 소설당[31]이 자유에게 준 시 중에서 인용한 위 소주의 "어느 때나 비바람 치는 밤에, 다시 이렇게 침상을 마주해 잘까"라는 시구[32]가 기억나기에, 절구 한 수를 지어 주었다

舍弟平陽新守【文愷】將抵州治 先到山中 是夕會有雨 相與話盡十餘年睽離之意 不覺至天明 因記蘇雪堂贈子由詩中 所引韋蘇州 何時風雨夜 復此對床眠之句 作一絕以贈之

그대와 이별한 지 어언 13년	與君相別十三年
낙북과 강남에서 서로 묘연했지	洛北江南兩杳然
어찌 알았으랴 계봉의 비바람 치는 밤에	那料鷄峯風雨夜
백발로 지금 다시 침상을 마주해 잘 줄을	白頭今復對床眠

31 소설당蘇雪堂 : 설당은 소식蘇軾의 별칭이다. 그가 황주黃州로 유배된 뒤에 그곳에 설당이라는 초가집을 짓고 살았기 때문에 붙여진 이름이다.

32 위 소주韋蘇州 …… 시구 : 위 소주는 소주 자사蘇州刺史를 지낸 당나라의 시인 위응물韋應物을 가리킨다. 그의 문집인 『위소주집韋蘇州集』 권3에 '시전진원상示全眞元常'이라는 제목으로 이 시가 수록되어 있는데, 본문에 인용된 원문과는 조금 다르다. 이 시를 소개하면 다음과 같다. "나는 고을의 절부節符를 사양하며 떠났고, 그대는 바깥 일에 끌려다니는 처지. 어찌 알았으랴 눈보라 치는 이 밤에, 다시 이렇게 침상을 맞대고 누워 잘 줄을.(余辭郡符去 爾爲外事牽 寧知風雪夜 復此對床眠)."

막내 동생인 중추원 당후관堂後官【선】이 앞의 시를 듣고 차운하여 보냈기에, 다시 그 운을 써서 답하였다
季弟樞院堂後【璇】聞前詩 次韻見寄 復用其韻答之

세상 난리가 거년보다 금년이 더하니	世亂今年勝去年
사방 어느 곳인들 시끄럽지 않으리오	四方何處不騷然
언덕에 올라 속절없이 바라보나니	陟岡謾自勞相望
함께 침상 마주하고 잘 길이 없어서	蓋被無因得共眠

전 동각 사인 우공이 또한 차운하여 시를 부쳤기에, 그 운을 써서 답하였다

前東閣舍人于公 亦次韻寄示 用其韻答之

출처를 달리해 헤어진 지 어언 20년	出處睽離二十年
서호에서 만난 것이 어찌 우연이리오	西湖會合豈徒然
계족봉 앞 절간으로 돌아온 뒤로	揭來鷄足峯前寺
당시 침상 마주하고 자던 일 추억하오	空憶當時對榻眠

【공이 양주梁州를 다스릴 적에 내가 감로사에 있었으므로 서로 왕래하며 어울렸는데, 공이 황산강黃山江을 가리켜 서호西湖라고 하였다.】

서호에서 헤어진 지 몇 년이 지났건만	西湖一別幾經年
전일에 남긴 자취 아직도 완연해라	往日遺蹤尙宛然
듣건대 그동안 인간 세상 변했다니	聞道邇來人事變
풍진 속에 편히 잠들 곳도 없으리	風塵無地可安眠

계령으로 옮겨 온 3년의 세월 동안	移棲鷄嶺度三年
하늘 끝을 얼마나 창연히 바라보았던가	目斷天涯幾悵然
다행히 차 연기 나부끼는 선탑이 있는데	幸有茶煙禪榻在
하얀 귀밑머리 어느 날 와서 잠들는지[33]	鬢絲何日一來眠

연진[34]이 땅을 휩쓴 지 벌써 몇 년째	煙塵匝地已多年

33 다행히 …… 잠들는지 : 참고로 당唐나라 시인 두목杜牧이 늙어서 절간에서 지내며 지은 시에 "오늘은 하얀 귀밑머리 선탑 가에서 지내나니, 차 연기가 꽃 지는 바람에 가벼이 나부끼네.(今日鬢絲禪榻畔 茶煙輕颺落花風)"라는 구절이 나온다. 『번천시집樊川詩集』 권3 〈제선원題禪院〉.

34 연진 : 봉화烽火 연기와 전장에 이는 먼지를 말함.

절간은 그래도 평화로워 기뻐라 自喜僧家獨晏然
산중의 한가한 기미 알고 싶으시오? 欲識山中閑氣味
배고프면 밥 먹고 피곤하면 잔다오 飢斯飯了困斯眠

시냇가에서 흐르는 세월 탄식하리오[35] 臨川不用嘆流年
뒤바뀌면서 옮겨 가는 것은 이치인걸 代謝推移理固然
어떻게 또 옛날처럼 신나게 읊을 수야 那復狂吟似當日
늙은 누에는 지금 벌써 석 잠을 잤는걸 老蠶今已過三眠

---

35 시냇가에서 …… 탄식하리오 : 공자孔子가 시냇가(川上)에서 "흘러가는 것이 이와 같구나. 밤이고 낮이고 멈추는 법이 없도다.(逝者如斯夫 不舍晝夜)"라고 탄식한 말이 『논어論語』「자한子罕」에 보인다.

한가한 중에 우연히 짓다 · 2수

閑中偶書 · 二首

절은 깊은 골짜기 속에 숨어 있고 寺藏深谷裏
누각은 작은 시내 서쪽에 우뚝 섰네 樓壓小溪西
연기 속에 어두운 떨기 나무요 灌木和烟暗
비 맞고 고개 숙인 대숲이로세 叢篁冒雨低
처마 끝엔 거미가 그물을 치고 簷頭蛛作網
담 아래엔 제비가 진흙을 물었네 墻下燕啣泥
낮에 잠들어 저녁에 막 깨어나니 晝睡晚初覺
까마귀가 다투어 둥지로 돌아오네 林鴉爭返棲

평생토록 고독을 좋아하여 平生嗜幽獨
깊은 산골에 쇠한 몸 기댔네 窮谷寄衰羸
땅이 외지니 꽃이 늦게 피고 地僻花開晚
산이 높으니 해가 더디게 뜨네 山高日出遲
계속 뻗어 나오는 파초의 새 순이요 蕉心抽不盡
언제나 사자후를 토하는 계설[36]이라 溪舌吼無時
이 낙을 아는 이 얼마나 될까 此樂少人會
무심히 혼자서 즐길 뿐일세 嗒然空自怡

---

36 계설溪舌 : 부처의 광장설廣長舌과 같은 시냇물 소리.

규봉 인공이 월헌 강 박사에게 준 시운에 차하다 · 4수

次圭峯印公贈月軒康博士詩韻 · 四首

대숲에 중을 불러 차를 함께 마시고	竹間茗椀呼僧共
솔 아래 바둑 두며 돌을 먼저 몇 점 놓네	松下碁枰遣客饒
세한의 높은 절조[37] 원래 지녔으니	自有歲寒高節在
도리가 어떻게 화려함을 다투리오[38]	不將桃李鬪芳條

깊고 조용한 동네에 낮잠이 편안하고	巷深人靜晝眠穩
벼 익고 고기 살지는 추흥이 넉넉해라	稻熟魚肥秋興饒
단지 재명이 이 즐거움 방해할는지도	只恐才名妨此樂
사림이 인재를 놔두려 하지 않을 테니	士林應不棄長條

서책이 책상에 쌓였을 뿐 세연은 적고	簡篇堆案世緣少
난옥이 뜰에 가득하여 봄빛이 무르익네	蘭玉滿庭春色饒
곤궁하게 한 하늘의 뜻이 있으리니	天遣窮愁知有意
그대에게 세 가닥 빙설[39] 쪼게 하려고	要君氷雪琢三條

37 세한歲寒의 높은 절조 : 추운 겨울에도 변치 않는 소나무처럼 자신의 신념을 꿋꿋이 지켜 나가는 것을 뜻하는 말로, 『논어論語』「자한子罕」의 "날씨가 추워진 다음에야 송백이 제일 늦게 시든다는 것을 알게 된다.(歲寒然後知松栢之後雕)"라는 말에서 유래한 것이다.

38 도리桃李가 …… 다투리요 : 참고로 이백李白의 시에 "꽃 피었다 반드시 일찍 떨어지니, 복사꽃 오얏꽃은 소나무만 못하다오.(開花必早落 桃李不如松)"라는 말이 나온다. 『이태백시집李太白詩集』 권2 〈공후요箜篌謠〉.

39 세 가닥 빙설氷雪 : 당나라 시인 두목杜牧의 "오늘 그대 찾은 것도 뜻이 있나니, 세 가닥 빙설을 혼자 와서 보려고.(今日訪君還有意 三條氷雪獨來看)"라는 표현 중에서 취한 것이다. 『전당시全唐詩』 권521 〈설청방조하가서소서雪晴訪趙嘏街西所居〉.

좌중에 술 단지만 가득 채워져 있다면　座中但使淸樽凸
거울 속의 백발을 걱정할 것 있으리요　鏡裏何憂白髮饒
하나의 일도 없이 북창 아래 누웠나니[40]　高臥北窓無一事
문 앞의 오류[41]도 저절로 1천 그루라오　門前五柳自千條

40 북창北窓 아래 누웠나니 : 진晉나라 도연명陶淵明의 〈여자엄등소與子儼等疏〉에 나오는 "오뉴월 중에 북창北窓 아래에 누워 있으면 서늘한 바람이 이따금씩 스쳐 지나가곤 하는데, 그럴 때면 내가 태곳적 희황羲皇 시대의 사람이 아닌가 하는 생각이 들기도 한다.(五六月中 北窓下臥 遇凉風暫至 自謂是羲皇上人)"라는 말을 차용한 것이다.

41 문 앞의 오류五柳 : 도연명陶淵明이 지은 〈오류선생전五柳先生傳〉에 "집 옆에 버드나무 다섯 그루가 있기에 이를 호로 삼았다.(宅邊有五柳樹 因以爲號焉)"라는 말이 나오는데, 그 뒤로 고상한 은사隱士를 가리킬 때 쓰는 표현이 되었다.

내가 처음 출가하고 나서 다시는 서울에 들어가지 않겠다고 다짐하였다. 그런데 금년 【을해년 : 1275년】 3월에 삼가 조서를 받드니 서울로 올라오라는 내용이었다. 이는 전혀 생각하지 않았던 일이라서, 처음에는 가지 않으려고 하였으나, 관가의 독촉을 받고 거부할 수가 없어서 마침내 역마를 타고 길에 올랐다가, 웅천에 왔을 때 사람을 보내 진정陳情하며 병을 핑계로 굳게 사양하였다. 그리고는 서원에 왔는데, 서원의 목백 상서 농서 공은 바로 나의 평생의 벗이었다. 그가 나를 보고 반가워하더니 급히 고을의 관리에게 명하여 경내의 화정사를 깨끗이 치우게 하고는 나를 그곳에 머물게 하였다. 그 뜻이 너무도 간절해서 어길 수가 없기에 내가 보따리를 풀고 석장錫杖을 걸어 놓고서 그곳에서 여름철 결제結制를 하게 되었다. 아, 내가 처음 계봉을 떠날 때에는 서원의 화정사에서 여름을 보내게 될 줄은 전혀 생각하지도 못하였다. 그런데 지금 그만 이렇게 되고 말았으니, 사람이 어떤 행동을 취하든 간에 결코 자신이 결정할 수 있는 것이 아니요, 그렇게 만드는 어떤 것이 반드시 있을 것이라는 생각이 들기도 하였다. 맹가가 그 일은 인력으로 할 수 있는 것이 아니라고 말한 것[42]이 지금 와서 더욱 실감나기에, 절구 한 수를 지어서 하늘의 뜻에 답하였다

予自始出家 誓不復蹈京師 越今年【乙亥年也】三月 伏蒙下詔 徵赴上都 事出非意 初欲無行 被官家敦逼 辭不獲已 遂乘傳上道 行至熊川 馳介抗書 牢辭以微疾 乃抵西原 西原牧伯尙書隴西公 是予平生友也 見之欣然 遽命州吏 洒掃州之華井寺 勉留之 其意勤至 不可違 因解包掛錫 而結夏焉 噫 方初發鷄峯也 曾不意度夏於西原華井寺 今其乃爾 凡人之一行一止 固不可自裁 而殆必有使之者歟 孟軻所謂行止非人之所能爲 乃今益信之矣 因作一絕 以答天意云

옷깃 떨치고 발걸음 드높이 속세를 떠나　　　拂衣高步謝塵區

42 맹가孟軻가 …… 것 : 요堯와 순舜과 우禹가 각각 왕위를 물려준 것은 하늘의 뜻이 작용한 것이지 인력으로 될 일이 아니라고 맹자孟子가 말한 내용이 『맹자』「만장 상萬章上」에 자세히 나온다.

구름 낀 산속에 붙박은 지 어언 20년	膠膝雲山二十秋
조서로 급히 부른 뜻을 이제야 알았나니	下詔急徵今始覺
하늘이 나를 옮겨 청주[43]에 있게 하려고	蓋天移我著淸州

43 청주淸州 : 서원西原은 청주의 옛 이름이다.

원흥사 임정에서 노닐다

遊元興寺林亭

산 가득 송백이 울창하게 우거진 곳　滿山松栢鬱蒼蒼
그 속에 자리잡은 고선의 수석 별장　中有高禪水石莊
지팡이 짚고 와서 노니는 뜻이 있나니　一杖來遊良有意
정자의 한가한 맛 함께 음미해 보려고　小亭閑味要同當

왕암에 와서 묵으며, 청유한 그 경지가 사랑스럽기에, 시 한 수를 짓다

抵宿王巖 愛其境地淸幽 因書拙語

소란 피해 고요 찾아 왕암에 오니	避喧求靜到王巖
눈 가득 그윽한 경치 형언할 수 없네	滿眼幽奇未易談
바위 위의 외로운 솔은 소허[44]와 유사하고	石上松孤類巢許
문 앞의 늙은 삼나무[45]는 팽담[46]과 비슷하네	門前杉老似彭聃
천 겹의 산 색은 깊으면서도 얕고	千重岳色深還淺
한 줄기 샘물은 차면서도 달콤하네	一派泉流冷且甘
십육 나한이 석장을 머물렀던 곳	二八應眞曾駐錫
잠깐 와서 감실을 함께 함이 기쁘네	暫來聊喜得同龕

44 소허巢許 : 요堯 임금 때의 은자隱者인 소부巢父와 허유許由의 병칭이다.
45 삼杉나무 : 버드나무(柳)로 된 판본도 있다.
46 팽담彭聃 : 장수長壽한 사람의 대명사로 꼽히는 팽조彭祖와 노담老聃의 병칭이다.

서원 목백 상서 이공이 전송하며 포천 자씨원까지 왔다. 헤어질 즈음에 울적한 마음을 금할 수 없기에, 억지로 변변찮은 시를 지어서 좌우에 봉정하였다 · 2수

西原牧伯尙書李公 送至布川慈氏院 臨別之際 不勝悒悒 强綴蕪辭 奉呈左右 · 二首

도가 없어진 지금 누구와 쇠를 자르리오[47]	道喪人誰肯斷金
갈수록 깊어지는 공의 은애가 고마워라	感公恩愛久彌深
미륵보살 청련의 눈이 보는 앞에서	仰憑慈氏靑蓮眼
나의 평생의 일편단심을 보증하노라	質我平生一片心

한망의 형세가 달라서 모이기 정말 힘든데	閑忙相聚勢誠難
세상일도 연래에 상황이 점점 어려워지네	世故年來況漸艱
이번에 떠나면 다시 만나기 쉽지 않으리니	此去重逢應未易
헤어지며 눈물을 흘리지 않을 수 있으리오	臨分可免涕潺湲

47 도가 …… 자르리요 : 세상이 혼탁해서 진정한 우정을 맺을 사람이 없다는 말이다. 『주역周易』「계사전 상繫辭傳上」에 "두 사람이 마음을 같이하면 쇠도 자를 수 있고, 그런 사람들의 말에서는 난초 향기가 풍겨 나온다.(二人同心 其利斷金 同心之言 其臭如蘭)"라는 말이 나온다.

서원 이 상서【오】에게 부치다

寄西原李尙書【敖】

화정에서 도란도란 얘기하던 추억이여	相從語軟思華井
포천까지 멀리 전송해 준 그 은덕이여	遠送恩深記布川
이별의 아쉬움이 뼛속까지 스며들어	別恨感情渾入骨
사람 만나 얘기하다 눈물 줄줄 흘렸소	逢人說着便潸然

지원 13년(1276년) 12월에 요청을 받고 다시 서원에 와서 현암사에 우거하며 목백 상서 이공에게 봉정하다

至元十三年十二月 受請重到西原 寓居玄巖蘭若 奉呈牧伯尙書李公

거년에 화정의 자그마한 암자에서	去年華井小軒中
아침저녁으로 함께 웃고 얘기했지	旦夕相從笑語同
이별의 눈물 마르기 전에 다시 여기 온 건	別淚未乾重到此
단지 우리 공과 같은 은애가 드물기 때문에	只緣恩愛少如公

밤에 대설이 내렸는데도 전혀 알지 못하다가 새벽에 일어나서 성 안을 바라보며 한 수 짓다
夜大雪 都不覺知 曉起望城中 有作

밤 깊어 달이 비치는 줄만 알았지　　但認更深月照來
정원에 눈이 쌓이는 줄은 몰랐네　　不知庭院雪成堆
새벽에 일어나서 성 안을 바라보니　　平明起向城中望
1만 나무에 매화가 밤 사이에 피었네　　萬樹梅花一夜開

전 서원 반자[48] 이 직강【행짐】에게 부치다
寄前西原半刺李直講【行佚】

예전에 노닐던 상당[49]에 다시 와서	重來上黨曾遊地
세밑을 지나 그대로 새 봄의 열흘	度臘仍經十日春
송악 기슭 솔밭은 예전과 똑같은데	松麓栢林渾似舊
좌중엔 지난해의 사람 줄어들었네	座中唯少去年人

48 반자半刺 : 도호부都護府의 통판通判, 즉 판관判官의 별칭이다.
49 상당上黨 : 서원西原과 함께 청주淸州의 옛 이름이다.

차운하여 노 교서에게 답하다
次韻 答盧校書

그윽한 절간은 오솔길 모습이 바뀌고	蓮坊窅篠移雙徑
썰렁한 정자는 비 오는 냇가에 어렴풋	臺榭虛凉髣雨川
여름날의 우리 유람 벌써 과거의 자취	九夏同遊已陳迹
고개 돌리는 곳마다 모두가 애달파라	一迴廻首一悽然

천안부수 한 낭중【규】에게 부치다

寄天安府守韓郎中【珪】

그대 머리 새까맣고 내 수염 안 났을 때	君鬢靑靑我未鬚
몇 년이나 어울리며 함께 노닐었던가	幾年相逐共相娛
금일 바쁨이 다르다고 말하지 마오	莫言今日閑忙異
우정이 어찌 복장 따라 달라지리오	交道寧隨象服殊

꽃이 애석해서 부른 노래
惜花吟

섣달 26일에 처음 성에 들어와서	臘月念六初入郭
순식간에 봄날이 벌써 일흔하고 사흘	轉頭春已七十有三日
거년과 금년이 흐르는 물과 같고	去年今年同逝川
어제와 오늘이 역말보다도 빠르네	昨日今日甚奔馹
어제 꽃을 보니 꽃이 처음 피더니	昨日看花花始開
오늘 꽃을 보니 꽃이 지려 하는구나	今日看花花欲落
꽃 피고 지는 것이야 아까울 게 없지만	花開花落不容惜
봄이 오고 가는 것은 누가 붙잡으리오	春至春皈誰把捉
세인은 단지 꽃이 피고 지는 것만을 볼 뿐	世人但見花開落
자기 신세가 꽃과 같은 줄은 알지 못하네	不知身與花相若
그대는 보지 못하는가	君不見
아침에 거울 앞에서 홍안을 자랑하다가	朝臨明鏡誇紅顔
저녁에 상여에 실려 북망으로 가는 것을	暮向北邙催紼翣
믿을지어다, 꽃이 피고 꽃이 질 때	須信花開花落時
분명히 무상의 법문을 설하는 것을	分明說箇無常法

정축년(1277년) 3월 13일에 진각사에서 노닐다

丁丑三月十三日遊眞覺寺

서원의 목백과 서기로 말하면	西原牧伯與書記
똑같이 어질면서 마음이 하나	賢相敵兮心不二
3년의 인정仁政에 고을이 편안하여	仁風三載邑居寧
종일토록 관아는 일 없이 한가하네	竟日官閒無一事
지금은 청명이라 가장 좋은 시절	時方淸明最佳節
꽃들이 다투어 교태를 부리는 때	百紫千紅爭嫵媚
뜻 맞는 선비와 승려 손을 맞잡고서	試携儒釋同道人
기린봉 아래 절로 놀러 나왔다네	遊到麒麟峯下寺
질화로와 돌냄비를 손에 들고서	瓴爐石銚自提挈
조심조심 한 걸음씩 산 위에 올라	側足行行上層翠
나물 삶고 차 달이며 기쁨을 만끽하고	烹蔬煑茗有餘歡
산과 물을 보며 한없이 사색에 잠겼네	眺水看山無限思
원래 네 가지 일을 함께 하기 어려우니[50]	由來四事固難并
이와 같은 환락을 어찌 쉽게 이루리오	似此一歡那易致
노래하고 담소하며 유유자적하였을 뿐	淸吟雅笑但自適
서산에 붉은 해가 지는 줄은 몰랐다오	不覺西峯紅日墜
돌아와서 문 닫고 놀던 일 회상하니	皈來閉閣想前遊
한단의 베개 위의 꿈[51]과 흡사한지라	恍然一枕邯鄲睡

50 원래 …… 어려우니 : 진晉나라 사영운謝靈運의 〈의업중시서擬鄴中詩序〉에 "아침저녁으로 즐기면서 최고의 환락을 추구한다 하더라도, 천하의 양신과 미경과 상심과 낙사 이 네 가지를 동시에 맛보기는 어려운 일이다.(朝遊夕讌 究歡愉之極 天下良辰美景賞心樂事 四者難并)"라는 말이 나온다.

51 한단邯鄲의 …… 꿈 : 조趙나라 수도인 한단邯鄲의 객점客店에서 노생盧生이 도사 여옹呂翁의 베개를 베고 잠을 잠깐 자는 사이에 한평생의 부귀영화를 모두 누렸다는 허망

훗날 이 멋진 일이 잊힐지도 몰라	他年勝事恐堙沒
이렇게 시를 지어 기록해 두노매라	故作此詩聊自識

한 꿈을 말하는데, 인간 세상의 영욕榮辱이 한바탕 꿈처럼 부질없는 것을 비유하는 말로 쓰인다.

현암사에서 자리를 파하고 돌아올 즈음에 시 한 수를 남기다

罷玄巖席 將還 留一偈

한 조각 한가한 구름 매인 곳 없이	一片閑雲蕩勿依
표연히 남북으로 바람이 부는 대로	飄然南北信風飛
전에는 화정의 우물가에 머물렀고	昔來華井井邊住
지금은 현암의 바위 아래 돌아왔네	今向玄巖巖下皈
현암은 바위가 얕아 거할 곳이 못 되어	玄巖巖淺竟非所
문득 계봉 향해 산속으로 떠나노라	却向雞峯峯裏去
계봉이 어느 곳에 있냐고 묻는다면	若問雞峯在何許
아, 푸르디푸르고 어둡디어두운 곳[52]	嗚那青青黯黯處

52 아 …… 곳 : 당나라 소산 환보韶山寰普 선사가 “소산의 길은 어느 곳으로 향해 가는가.(韶山路向甚麼處去)”라는 질문을 받고는, “아, 푸르디푸르고 어둡디어두운 곳으로 가노라.(嗚那青青黯黯處去)”라고 답변한 일화가 전한다. 『오등회원五燈會元』 권6 「협산회선사법사 낙경소산환보선사夾山會禪師法嗣 洛京韶山寰普禪師」. 원문에는 명나鳴那로 되어 있는데, 이는 오나嗚那의 잘못이다. 오나嗚那는 총림에서 대화할 때 흔히 쓰는 감탄사로 烏那 · 嗚哪 · 嗚伊라고도 한다.

서원의 도속이 성을 나와 울면서 전송하기에 감격하여 짓다

西原道俗出城泣送 感而有作

대도의 전별에 뜻이 편치 않은 것은	大都餞客意難平
예전부터 끈끈한 정이 얽혔기 때문	爲有從前繾綣情
무슨 일로 성 가득 승려와 속인들이	底事滿城緇與白
일시에 눈물 뿌리며 나를 보내는가	一時揮涕送吾行

서원을 떠나 회덕에 이르러, 서원 성 밖의 이별을 추억하는 시를 지어서, 목백 영각에 부치다

發西原至懷德 追記西原城外之別 作詩 寄牧伯鈴閣

연기 짙고 바람 따스한 길고 긴 한낮	烟濃風澹日遲遲
잔풀 돋은 다리 옆에 버들개지 날리네	細草橋邊柳絮飛
불 꺼진 재라 온기 없다 누가 말하는가	誰道死灰無復煖
헤어지며 눈물로 옷깃을 적셨는걸	臨分未免涕霑衣

비 내리는 회덕 여관에서
懷德旅舍雨中

시골집 연상케 하는 쓸쓸한 여관	蕭條旅館似村家
사람 드물어 조용한 오래된 고을	縣古人稀語不譁
해 긴 동쪽 마루에서 봄 잠을 실컷 자고	日永東軒春睡足
배꽃 때리는 성긴 빗방울 앉아서 보네	坐看疎雨打梨花

3월 24일에 천호산 개태사에 와서 묵으며

三月二十四日抵宿天護山開泰寺

【충남 연산군에 있다.】

1년에 세 번이나 천호산을 지난다고	一年三過天護山
천호산 속 흰 구름이 말을 걸어 오네	天護山中白雲白
백운은 산중의 한가함을 자부하며	白雲自負山中閒
산 앞을 지나는 먼 길손을 비웃겠지	應笑山前遠行客
백운이여 나를 부디 비웃지 마시기를	寄語白雲毋笑我
나의 걸음은 가도 불가도 없으니까[53]	我行無可無不可
어찌 알겠는가 좋은 산수에 터를 잡고	安知不卜好林壑
돌아와서 그대와 서로 수작하는지를	歸來與子相酬酢

53 가可도 불가不可도 없으니까 : 꼭 이렇게 해야만 한다는 것도 없고, 꼭 이렇게 해서는 안 된다는 것도 없다는 뜻으로, 하나에 집착하는 완고한 태도를 버리고 융통자재한 중용의 자세를 취하는 것을 말한다. 『논어論語』「미자微子」에, 공자孔子가 일민逸民에 대해 평가하면서 "나는 이들과 달라서 가한 것도 없고 불가한 것도 없다.(我則異於是 無可無不可)"라고 자평한 대목이 나온다.

우연히 진나라 사람 곽문의 전傳을 보다가, 그가 신세를 도외시하고 산수 사이에서 마음껏 즐긴 것이 부럽기에, 나의 회포를 서술하여 28운의 시를 지었다

偶閱晋人郭文傳 愛其能外身世 放情於山水間 因叙鄙懷 成二十八韻

내가 듣건대 옛날 곽문은	吾聞昔郭文
어릴 적부터 산수를 좋아하여	少小愛山水
화산 북쪽을 차례로 유람하고	遊歷華山陰
깊은 산골로 들어간 뒤에	深入窮谷裏
나무에 기대어 오두막을 엮고	斬木倚於樹
거적을 덮어 거처로 삼았다네	覆苫作居止
배고픔과 추위를 걱정하지 않고	不虞飢與寒
산수의 아름다움만 좋아하면서	但喜山水美
고독하게 그 속에 들어앉아	孑介處其中
10여 년 세월을 보냈더라네	坐閱十餘祀
언젠가 범이 집에 들어왔는데[54]	于時虎入室
사람을 꽤나 많이도 해쳤건만	害人頗多矣
곽문은 그 낙을 그만두지 않고	而文樂不徹
편안히 생사에 초연하였다네	安然傲生死
곽문은 속세의 사람인데도	文也是俗士
출세 생각이 그와 같았는데	逸想尙如彼
슬프게도 불도를 닦는 사람이	嗟哉浮圖人

54 언젠가 …… 들어왔는데 : 범이 입을 벌리고 곽문에게 다가오자, 곽문이 그 입 안을 살펴보니 목구멍에 뼈가 걸려 있었으므로 손을 집어넣어 빼 주었는데, 그 뒤에 범이 사슴을 물고 와서 그 집 앞에 놔두고 갔다는 이야기가 『진서晉書』「곽문전郭文傳」에 나온다.

오히려 그렇게 하지 못한단 말인가	宜尒反不尒
배부름과 따뜻함만 도모하고	圖飽復圖煖
계속 놀러 다니기를 좋아하며	遊獵意不已
정신없이 한평생을 보내면서도	營營度一生
끝내 부끄러워할 줄을 모르누나	竟不知愧恥
돌아보면 나는 본디 서생으로	顧予本書生
어려서부터 궐리[55]에 노닐면서	稚齒遊闕里
금방의 첫 자리에 이름을 올리고[56]	名題金牓魁
한림학사의 반열에 끼었다네	迹厠玉堂士
당시에 품었던 관직의 뜻이	當時靑紫意
어찌 지푸라기 줍는 것일 뿐이겠는가마는[57]	豈止拾芥耳
하루아침에 혼자 머물길 사모하여	一朝慕獨住
헌 신짝 내버리듯 벼슬을 그만두고	弃官如弊屣
곧장 산수 사이에 처하여	便欲山水間
처음부터 끝까지 소요하려 하였다네	翱翔一終始
하지만 업장의 뿌리가 깊어	爭奈障根深
업력의 부림을 면치 못한 나머지	難逃業力使
몇 번이나 총림의 주인이 되어	累爲叢席主

55 궐리闕里 : 산동성山東省 곡부현曲阜縣에 있는 공자孔子의 고향인데, 여기서는 유교儒敎의 뜻으로 쓰였다.

56 금방金牓의 …… 올리고 : 과거에서 장원급제했다는 말이다. 금방은 대과大科 급제자 명단을 발표하는 게시판을 말한다.

57 당시에 …… 뿐이었겠는가마는 : 마치 땅 위의 지푸라기를 줍는 것처럼 높은 관직을 쉽게 얻어 출세할 수 있었으리라는 말이다. 『한서漢書』「하후승전夏侯勝傳」에, 선비가 경술經術에 밝지 못한 것이 흠이지, 만약 경술에 밝기만 하다면, "존귀한 관직을 얻는 것은 마치 땅에 떨어진 지푸라기를 줍는 것처럼 쉬울 것이다.(其取靑紫如俛拾地芥耳)"라는 말이 나온다. 한漢나라 때에는 공후公侯와 구경九卿이 각각 자수紫綬와 청수靑綬를 찼다고 한다.

날마다 사람들과 어울렸다네	日與衆人比
듣지 못할 것을 귀로 듣고	聞其不堪聞
보기 싫은 것을 눈으로 보며	視所不欲視
고개 숙인 채 참고 견딘 것이	低頭長隱忍
귀머거리나 소경과 같았다네	如聾瞽相似
초심을 잃은 것을 생각하면	居然喪初心
부끄러워 이마에 땀이 흐르는데	念此輒顙泚
과거의 잘못은 어쩔 수 없다 해도	旣往雖難追
앞으로는 잘할 수도 있지 않겠나	來者猶可企
요즘 듣건대 경치 좋은 산 속에	近聞好山中
숫돌처럼 평평한 곳이 있는데	有地平如砥
땅이 기름지고 샘물이 맑은 데다	土肥泉又甘
궁벽져서 속진을 벗어났다니	窮僻遠塵累
앞으로 여기에 띠집을 엮고	逝將結茅茨
쇠한 여생을 부칠 생각이라	於焉寄衰齒
숲 속의 노루와 함께 서식하고	捿息共林麞
못 가의 꿩과 함께 마시면서	飮啄同澤雉
살아서는 여기에서 즐기다가	生兮樂於斯
죽어서는 여기에 묻힐 것이니	死兮埋於此
이 말에 어찌 꾸밈이 있으리오	此言如有飾
하늘이 멀어도 귀는 가까운걸	天遙耳即邇

한가한 중에 우연히 짓다

閒中偶書

땅이 외지니 그 누가 찾아 주리오	地僻人誰肯見尋
늘그막에 오직 병마가 침노할 뿐	老來唯有病相侵
팔이 저려서 손에게 글자를 써 달라 하고	臂酸倩客煩書字
눈이 어두워 아이 불러 옷을 기우게 하네	目暗呼童代衽針
생계가 서툴러 발 돌보는 해바라기[58]는 못되지만	計拙未成葵衛足
마음은 편해서 속 빈 대나무에 부끄럽지 않아라	神安無愧竹虛心
작은 난간에 잠이 깨니 솔 그늘이 옮겨졌는데	小軒睡起松陰轉
얼굴을 스치는 맑은 바람의 값이 만금이로세	洒面淸風直萬金

58 발 돌보는 해바라기 : 춘추시대 제齊나라 경극慶克이 영공靈公의 모부인母夫人인 성맹자聲孟子와 간통하는 것을 포장자鮑莊子가 알고는 국무자國武子에게 말하니, 국무자가 경극을 꾸짖었다. 이에 경극이 성맹자에게 고자질하니, 성맹자가 영공에게 포장자를 참소하여 발을 베는 형벌에 처하게 하였다. 이에 대해서 공자孔子가 "포장자는 해바라기보다도 자기를 보호할 줄을 모른다. 해바라기는 그래도 자기의 발을 돌볼 줄을 아는데.(鮑莊子之知不如葵 葵猶能衛其足)"라고 평하였는데, 두예杜預의 주註에 "해바라기는 잎과 꽃이 해를 향하게 하여 햇빛이 자기의 뿌리에 닿지 않게 한다."라고 하였다. 『춘추좌씨전春秋左氏傳』 성공成公 17년.

무인년(1278년) 11월 6일에 대중을 이끌고 산을 나와 그 다음 날에 장경을 나누어 메고 돌아오면서 계송을 짓다

戊寅十一月六日 率衆出山 明日分負藏經迴 有偈

어제 아침 해 뜰 때 푸른 산그늘에서 내려와	昨趂晨曦下翠微
오늘 저녁 해 질 때 솔 사립에 들어가네	今隨夕照入松扉
두 어깨 무겁다 괴이하게 생각 마오	諸人莫恠雙肩重
용궁의 대장경을 짊어지고 오는걸	擔得龍宮海藏歸

조계산의 누교를 지나다가 원주 신공이 개축하여 중건한 것을 보고는 감탄을 금할 수 없기에 한 수를 지어 찬미하였다
過曹溪樓橋 見院主信公 修葺起廢 不勝嘉歎 作句以美之

비와 바람에 퇴락한 지 몇 년이런가	雨側風欹度幾年
오늘 다시 윤환[59]한 모습을 보니 기뻐라	今朝喜復見輪奐
공중에 지어 놓은 누각은 봉황이 나는 듯	架空飛閣鸞鳳擧
계곡에 걸친 다리는 무지개가 이어진 듯	跨谷長橋螮蝀連
십 리의 솔 그늘은 땅에 짙게 가득하고	十里松陰濃滿地
천 겹의 산빛은 하늘에 푸르게 떠 있네	千重岳色翠浮天
신공이 중건한 아름다운 명성이여	信公起廢佳聲在
흐르는 물과 함께 만고토록 전하리라	應與溪流萬古傳

59 윤환輪奐 : 규모가 크고 아름답다는 뜻으로, 건축 공사가 완성된 것을 축하할 때의 상투적인 표현이다. 진晉나라 헌문자憲文子가 저택을 신축하여 준공하자 대부들이 가서 축하하였는데, 이때 장로張老가 말하기를 "규모가 크고 화려하여 아름답도다. 제사 때에도 여기에서 음악을 연주하고, 상사喪事 때에도 여기에서 곡읍哭泣을 하고, 연회 때에도 여기에서 국빈國賓과 종족을 모아 즐기리로다.(美哉輪焉 美哉奐焉 歌於斯 哭於斯 聚國族於斯)"라고 하니, 헌문자가 장로의 말을 되풀이하며 그렇게 되기를 바란다면서 두 번 절하고 머리를 조아리자, 군자들이 축사와 답사를 모두 잘했다고 칭찬한 고사가 전한다. 『예기禮記』「단궁 하檀弓下」.

정혜사 현판의 운에 차운하다

次定慧板上韻

【순천군 북쪽 계족산雞足山에 있다.】

바리때가 처음 북봉에 머물렀나니　鉼盂初向北峯留
쇠하고 병든 지금 유람도 이미 지쳤네　衰病如今已倦遊
바위에 쏟는 냇물은 옥처럼 부서지고　落石犇川淸碎玉
구름에 든 석벽은 싸늘히 가을을 가네　入雲層翠冷磨秋
천산의 달 바라보는 흥취 빼어나고　登臨興逸千巖月
만학의 물에 돌아가는 늙은이 기쁨이 넉넉해라　歸老歡餘萬壑流
적막한 산속의 집에 무엇이 있으리오　寂寞山家無所有
객이 오면 난간의 그윽함 선물할 밖에　客來唯餉小軒幽

또
又

좋은 산 어느 곳인들 머물지 못하랴만	好山何處不堪留
이곳의 유람만큼 맑은 흥치 또 있을까	淸勝那如此院遊
백전과 송랑은 모두 그림 속의 풍경이요	柏殿松廊渾似畵
풍령과 수각에선 가을 기운이 우러나네	風欞水閣自生秋
나무꾼의 오솔길은 절벽을 가로지르고	採樵小徑橫蒼壁
우물 긷는 사다리는 냇물 위에 걸쳐 있네	汲井危梯跨碧流
온 세상이 전쟁통인데 나 홀로 무사하니	四海干戈獨無事
그윽한 거처에 사는 것이 얼마나 기쁜지	邇來偏喜卜居幽

방문한 김 시랑【훤】에게 차운하여 답하다

次韻答採訪金侍郎【晅】

일휘[60]께서 어느 날 또 찾아 주실까
눈에 가득 영주는 길이 멀어라
비 지난 들판에는 풀빛이 살아나고
얼음 녹은 골은 냇물을 흘려 보내네
함께 즐겁게 지내야 할 좋은 계절에
외진 산에 홀로 앉아 시름하다니 원
그래도 때때로 마주 본 듯 기쁜 것은
예전에 지어 벽에 남긴 맑은 시구들

一麾何日更尋幽
極目瀛洲道里悠
雨過郊原還草色
氷消巖谷放溪流
正宜佳節同行樂
空歎窮山獨坐愁
唯喜時時如對面
舊題淸句壁間留

---

60 일휘一麾 : 일휘출수一麾出守의 준말로, 지방 장관을 가리키는 말이다. 남조 송南朝宋의 안연지顔延之가 오군영五君詠을 지으면서, 진晉나라 완함阮咸에 대해 "몇 번 추천받아도 벼슬자리 못 얻다가, 순욱荀勖이 손 한 번 내저음에 수령으로 나갔도다.(屢薦不入官 一麾乃出手)"라고 읊은 고사에서 유래한 것이다. 『문선文選』 권21 「오군영완시평五君詠阮始平」.

벽자 운의 시에 화답하여 삼장의 장실에 올리다
和碧字韻詩 寄呈三藏丈室

우리 스님은 옛날 신선 같은 선비라 我師古儒仙
시상이 어려서부터 비범하여 襟韻少拔俗
천 수의 시를 지어 노래하면서 吟成千首詩
만종의 봉록[61]은 가볍게 여겼어라 輕彼萬鍾祿
스스로 광릉산[62]을 아꼈나니 自靳廣陵散
누가 양춘곡[63]에 창화했으리오 誰和陽春曲
당시에 유림의 인사들이 當時儒林士
태창[64]의 곡식보다 많았지만 多於太倉粟
맑은 자태가 홀로 뛰어나서 淸姿獨照人
서리 속의 국화처럼 교교했다오 皎皎霜中菊
인간 세상은 덧없음을 깨닫고 人世悟浮休

61 만종萬鍾의 봉록俸祿 : 경상卿相과 같은 고관대작의 봉록을 말한다. 1종鍾은 6곡斛 4두斗이다.

62 광릉산廣陵散 : 삼국三國시대 위魏나라 혜강嵆康이 연주했던 금곡琴曲 이름으로, 다시 들을 수 없는 절향絶響의 뜻으로 쓰인다. 혜강이 평소에 이 곡을 잘 연주하였으나, 이를 숨겨 두고 남에게 전수傳授하지 않았는데, 뒤에 참소讒訴를 입어 해를 당할 적에 형장刑場에 임하여 그 곡을 한 번 타고 나서 말하기를 "광릉산이 이제는 끊어지게 되었구나.(廣陵散於今絶矣)"라고 탄식했던 고사에서 유래한 것이다. 『진서晉書』「혜강전嵆康傳」.

63 양춘곡陽春曲 : 전국시대 초楚나라에서 백설곡白雪曲과 함께 가장 고아高雅한 가곡으로 꼽히던 노래로, 뛰어난 시문을 비유할 때 쓰는 말이다. 초나라 송옥宋玉의 대초왕문對楚王問에, 어떤 나그네가 하리下里와 파인巴人의 노래를 부르니 수천 명이 따라 불렀고, 양아陽阿와 해로薤露의 노래를 부르니 몇 백 명이 따라 불렀는데, "양춘곡과 백설곡은 얼마나 고상한지 온 나라를 통틀어도 이 노래를 이어서 창화唱和할 자가 수십 명에 지나지 않는다.(其爲陽春白雪 國中屬而和者 不過數十人)"라는 말이 나온다.

64 태창太倉 : 서울에 있는 거대한 곡물 창고의 이름이다.

공명은 지족[65]할 줄을 알아서　　功名知止足
초연히 곧장 속세를 떠났으니　　超然徑謝去
유고를 누가 채록했으리오　　遺藁誰採錄
좋은 산속을 유람하고　　遊歷好山中
맑은 샘물 떠 마시면서　　淸泉自挹掬
길이 세상과 동떨어진 채　　永言與世隔
사슴과 뒤섞여 살았다오　　蹤跡混麋鹿
홀연히 인천의 추대를 받은 것도　　人天忽推出
어찌 스님이 원한 것이었으리오　　此豈師所欲
인을 행함에 사양하지 않은 것이니[66]　　當仁故不讓
처신에 구속을 받음이 없었다오　　行藏無局束
그런데 나는 또 얼마나 다행인지　　而予亦何幸
청고의 은혜[67]를 일찍이 받았나니　　靑顧謬曾辱
우리 스님을 얼른 찾아뵙고서　　甚欲詣堂下
항상 귀한 말씀을 새기고 싶었지요　　微言常佩服
하지만 오래도록 미적거리면서　　因循久未遂
후회하고 부끄러워하였나니　　時復慙且恧
어떡하면 이 몸을 이끌고 가서　　何當掣身去

65 지족止足 : 끝없이 욕심을 부리는 대신에, 그만둘 줄을 알고 만족할 줄을 알아야 한다는 뜻으로, 『도덕경道德經』 44장의 "만족할 줄을 알면 욕되지 않고, 그만둘 줄을 알면 위태롭지 않게 된다.(知足不辱 知止不殆)"라는 말에서 나온 것이다.

66 인을 행함에 …… 것이니 : 『논어論語』 「위령공衛靈公」의 "인을 행해야 할 때에는 스승에게도 사양하지 않는 법이다.(當仁不讓於師)"라는 공자孔子의 말을 인용한 것이다.

67 청고靑顧의 은혜 : 청안靑眼으로 돌아보는 은혜라는 말로, 특별히 다정하게 보살핌을 받았다는 말이다. 삼국시대 위魏나라 완적阮籍이 속된 사람을 만나면 백안白眼, 즉 흰 눈자위를 드러내어 경멸하는 뜻을 보이고, 의기투합意氣投合하는 사람을 만나면 청안靑眼, 즉 검은 눈동자로 대하여 반가운 뜻을 드러낸 고사가 전한다. 『세설신어世說新語』 「간오簡傲」.

마음껏 소원을 풀 수 있을는지	得與願相適
감히 귀빈의 대우를 기대하리오	不敢期上賓
그저 하객의 자리에 끼워 주시면	庶可齒下客
곧장 구름이 용을 따르는 것[68]처럼	便爲雲從龍
어디나 높은 자취를 뒤따를 텐데	處處逐高迹
단지 부끄러운 것은 푸른 쑥대가	但愧青蒿枝
외람되게 큰 솔에 기대는 것이라오[69]	濫倚長松碧

68 구름이 …… 것 : 동류同類끼리 상응하여 서로 의기투합하는 것을 비유한 말이다. 『주역周易』「건괘乾卦 문언文言」의 "같은 소리끼리 서로 응하고, 같은 기운끼리 서로 구한다. 그래서 물은 습한 곳으로 흐르고, 불은 건조한 곳으로 나아가며, 구름은 용을 따르고, 바람은 범을 따르는 것이다.(同聲相應 同氣相求 水流濕 火就燥 雲從龍 風從虎)"라는 말에서 나온 것이다.

69 단지 …… 것이라오 : 참고로 당唐나라 한유韓愈의 시에 "푸른 쑥대가 큰 솔에 기대는 것을 스스로 부끄러워한다.(自慚青蒿倚長松)"라는 말이 나온다. 『한창려집韓昌黎集』 권5 〈취류동야醉留東野〉.

또
又

수양산에 들어가 굶어 죽은 두 사람[70] 首陽二餓夫
탐욕에 다투는 시속을 비루하게 여겼나니 貪競鄙時俗
혼탁함을 멀리하여 몸을 깨끗이 하고 潔身遠淆漓
작록을 우습게 보며 높이 뛰어올랐네 高蹈傲爵祿
서로 손을 잡고 서산에 올라가서 相携上西山
함께 채미곡을 노래하였나니 共唱採薇曲
목숨을 바쳐 인을 이루려 하면서[71] 殺身欲成仁
의리상 주나라 곡식을 먹지 않았다네 義不食周粟
초나라 택반의 홀로 깨어 있던 사람[72] 楚澤獨醒人
이슬을 마시고 가을 국화를 먹었지[73] 飮露餐秋菊
세상 사람들이 술지게미 먹으면서[74] 嫉彼世上人

---

70 수양산首陽山에 …… 사람 : 은殷나라가 주 무왕周武王에게 멸망당하자 주나라 곡식을 먹지 않겠다면서 서산西山, 즉 수양산首陽山에 들어가 채미가采薇歌를 부르며 고사리만 뜯어 먹다가 굶어 죽은 백이伯夷와 숙제叔齊를 가리킨다.

71 목숨을 …… 하면서 :『논어論語』「위령공衛靈公」에 "지사와 인인은 살기 위해 인을 해치는 일은 있지 않고, 목숨을 바쳐 인을 이루는 일은 있다.(志士仁人 無求生以害仁 有殺身以成仁)"라는 공자孔子의 말이 나온다.

72 초楚나라 …… 사람 : 전국시대 초나라의 충신으로, 모함을 받고 쫓겨난 뒤 멱라수汨羅水에 몸을 던져 죽은 굴원屈原을 가리킨다. 그의 〈어부사漁父辭〉에 "굴원이 쫓겨난 뒤에 강가에서 노닐며 연못에서 읊조리고 다녔다.(屈原旣放 游於江潭 行吟澤畔)"라는 말이 나오고, 또 "온 세상이 모두 혼탁한데 나만 홀로 맑고, 사람들 모두가 취했는데 나만 홀로 깨어 있다.(擧世皆濁我獨淸 衆人皆醉我獨醒)"라는 말이 나온다.

73 이슬을 …… 먹었지 : 굴원이 지은 〈이소離騷〉에 "아침에는 목란에서 떨어지는 이슬을 마시고, 저녁에는 가을 국화의 지는 꽃잎을 먹는다.(朝飮木蘭之墜露兮 夕餐秋菊之落英)"는 구절이 나온다.

74 세상 사람들이 술지게미 먹으면서 : 굴원의 〈어부사漁父辭〉에 "세상 사람들이 모두 흐리다면 어찌하여 함께 진흙을 휘저어서 흙탕물을 일으키지 않으며, 여러 사람들이 모두 취했다면 어찌하여 함께 술지게미를 먹거나 박주를 마시지 않고서, 무슨 까닭으로

만족할 줄 모르는 것을 미워했나니	餔糟不知足
분개한 심정을 이소의 글에 부치고	壯憤寄離騷
간독에도 기록들을 남겨 전했다네	簡牘有遺錄
가을 물가의 난초를 캐고 캐어도	幾悲秋渚蘭
한 움큼도 안 되는 걸 얼마나 슬퍼하였던가	采采不盈掬
차라리 죽어 고기 뱃속에 장사 지낼지언정[75]	寧甘死葬魚
어떻게 지록의 세상[76]에서 살려고 했겠는가	豈肯生指鹿
훌륭하도다 저 세 사람이여	賢哉彼三子
좋아함이 세상과 전혀 달라서	與世殊嗜欲
천고에 절조를 우뚝 세우며	抗節隻千古
끝내 구속을 받지 않았나니	終不受羈束
자취를 살피면 혹 다를지라도	考迹雖或異
몸을 욕되지 않게 함은 똑같도다	同是身不辱
아, 나는야 매우 늦게 태어나서	嗟予生苦晚
듣고는 공연히 탄복할 따름이나	聞之空歎服
다행히 세상을 도망쳐 나왔으니	幸曾逃世來
나도 그다지 부끄러울 것은 없네	予亦無甚恧
응당 총림에서 다시 빠져 나와	當復脫叢林

깊이 생각하고 고상하게 행동하여 스스로 추방을 당하게 한단 말인가.(世人皆濁 何不淈其泥 而揚其波 衆人皆醉 何不餔其糟 而歠其醨 何故深思高擧 自令放爲)"라는 말이 나온다.

75 차라리 …… 장사 지낼지언정 : 굴원의 〈어부사〉에 "차라리 소상강 강물에 뛰어들어 고기의 뱃속에 장사 지낼지언정, 어찌 희디흰 결백한 몸으로 세속의 먼지를 뒤집어쓰겠는가.(寧赴湘流 葬於江魚之腹中 安能以皓皓之白 蒙世俗之塵埃乎)"라는 말이 나온다.

76 지록指鹿의 세상 : 시비是非와 흑백이 뒤바뀐 혼란한 세상이라는 말이다. 진秦나라의 환관宦官 출신 승상丞相인 조고趙高가 신하들의 마음을 떠보기 위하여 이세 황제二世皇帝에게 사슴을 말이라고 속여 바친 지록위마指鹿爲馬의 고사에서 유래한 것이다. 『사기史記』「진시황본기秦始皇本紀」.

애오라지 내 뜻대로 살아갈지니	聊以適吾適
띠집 지어 청산을 마주하고서	結茅對靑山
주고받으며 주인과 객이 되리라	酬酢成主客
끝내 세상을 붙좇는 무리들은	遂令趨世流
감히 종적을 찾지 못하겠지만	不敢討蹤跡
스님이 한번 찾아와 주시면	師能一訪來
푸른 두 눈동자 마주하리라	相對兩眸碧

절구
絕句

숲이 무성해 새 소리 즐겁고	林茂鳥聲樂
골이 깊어 사람 일 드물어라	谷深人事稀
폭포 소리에 꿈속에서 깨어나	夢迴寒瀑落
조각구름 나는 것을 바라보노라	目送斷雲飛

다시 앞 운을 차운하여 방문한 김 시랑【훤】에게 답하다

復次前韻 答採訪金侍郎【晅】

1천 산 그림자 속에 그윽한 초당　　千峯影裏小堂幽
긴 대낮에 적요하게 홀로 앉았네　　獨坐寥寥白日悠
상자 가득한 시들을 몇 번이나 보았던가　　滿篋新詩經幾閱
등불 아래 대화하며 옛 유람을 추억하네　　一燈淸話憶曾遊
만나서 즐거움을 잠시 누렸다고 해서　　却因有限逢時樂
이별 뒤의 한없는 시름 맛보다니 원　　剩得無窮別後愁
송악에서 다시 만날 약속 저버리지 마오　　莫負松巒重會約
좋은 시절은 사람을 기다리지 않으니까　　良辰應不爲人留

빗속에 홀로 앉아
雨中獨坐

적막한 산당이라 빗소리 더욱 그윽한데 寂寞山堂雨更幽
홀로 읊는 나의 유유한 마음을 누가 알까 獨吟誰會我心悠
성긴 숲은 여러 새들을 포용하지 못하니 林踈未敢容羣羽
얕은 바다가 어찌 뭇 흐름을 용납하리오 海淺那能納衆流
수리는 새장에 갇혀 곤욕을 당하고 逸翮投籠徒受困
준마는 구유에 묶여 시름에 잠겼네 飛蹄繫皀不勝愁
어떡하면 몸 편안한 땅을 얻어서 何當卜得安身地
조그마한 초당에 행장을 머물거나 一繭茆庵杖屨留

한가한 중에 우연히 짓다 · 2수

閑中偶書 · 二首

찾아오는 사람 없는 오래된 절간	古寺無人到
숲이 깊어서 날이 더욱 길어라	林深日更長
여린 이끼는 섬돌에 막 올라오고	嫩苔初上砌
새 대나무는 담을 넘어서려 하네	新竹欲過墻

비에 젖은 파초의 푸른 잎이요	雨浥芭蕉綠
바람이 전하는 작약의 향기로세	風傳芍藥香
앉아 있기 따분해서 산보를 하니	坐慵聊散步
소매 속에 서늘함이 넘쳐나누나	襟袂有餘凉

또

又

한거하니 마음이 절로 쾌적하고 閑居心自適
홀로 앉으니 선미禪味 더욱 장해라 獨坐味尤長
노송은 높은 누각에 이어지고 古柏連高閣
들꽃은 낮은 담장을 뒤덮었네 幽花覆短墻

자기 찻잔에는 우유처럼 하얀 차요 甆甌茶乳白
비자 궤 안에는 꼬불꼬불 향 연기라 榧机篆烟香
비 그친 고요한 산당에서 雨歇山堂靜
난간에 기대니 서늘한 저물녘 좋아라 臨軒快晚凉

듣건대, 금녕의 최 태수【알】가 사직하고 서울에 갔는데, 주상이 고을 백성들의 소망이라면서 다시 고을로 돌아가 다스리게 했다고 하기에 시를 지어 부쳤다

聞金寧崔太守【謁】引罷如京 主上以州人之望 勅還州治 作句寄之

문서 더미 속의 고을 원 되기 따분해서	簿書叢裏倦爲州
사직하고 서울 가서 임금님을 뵈었더니	引罷朝天覲冕旒
주상은 중망 빌려 와치하라 당부하고[77]	主上欲煩重臥治
이민은 1년만 더 빌려 달라 애원했네[78]	吏民爭借一年留
대궐을 하직하고 깃발을 되돌려서	却辭金馬迴前旆
예전의 동어부銅魚符[79]를 다시 찼나니	還帶銅魚佩舊符
상상컨대 수레 타고 성읍에 들어가는 날	想見朱轓入城日
부로들이 길 메우고 눈물 금치 못하리라	塡街父老淚難收

77 주상主上은 …… 당부하고 : 한 무제漢武帝 때 동해 태수東海太守 급암汲黯이 병이 많아 누워서 다스렸는데도(臥治) 동해가 크게 안정되었다. 그 뒤에 회양 태수淮陽太守로 임명하자 급암이 극구 사양하니, 무제가 "나는 단지 그대의 중망을 빌리려 하는 것일 뿐이니, 그대는 병을 치료하며 누워서 다스리기만 하면 될 것이다.(吾徒得君之重 臥而治之)"라고 설득하여 부임하게 한 고사가 전한다. 『사기史記』「급암전汲黯傳」.

78 이민吏民은 …… 애원했네 : 후한後漢 광무제光武帝 때 구순寇恂이 하내河內·영천潁川·여남汝南의 태수를 연임連任하며 선정을 베풀다가 여남 태수를 그만두고 조정에 들어와서 집금오執金吾에 임명되었는데, 광무제를 따라 영천에 가서 도적의 항복을 받을 적에 고을 사람들이 길을 막고 구순을 빌려달라고 간청하자 1년 동안 머물면서 백성들을 위로하게 한 고사가 전한다. 『후한서後漢書』「구순전寇恂傳」.

79 동어부銅魚符 : 지방 수령이 차는 관인官印을 말한다.

차운하여 채방사採訪使 김 시랑에게 답하다
次韻答採訪金侍郎

멀리 바라보니 먼 산에 어리는 길 먼지　　遙望行塵映遠山
급히 말에 채찍질하여 여울을 건너네　　急鞭羸馬渡犇灘
만류하려니 시절이 급한 것이 한스러워　　挽留又恨時還促
마주 보고 얘기해도 마음이 편치 않네　　晤語猶含意未安
공연히 울먹이며 손 잡고 작별 못한 채　　握手難分空飮泣
얼굴 펴고 억지로 웃지만 기쁠 리 있나　　開顏强笑不成歡
헤어진 뒤 가슴속에 쌓인 회포를　　別來多少胸中蘊
귀인에게 말하려니 코끝이 시큰하네　　說着令人鼻帶酸

규봉 인 선백을 생각하며

有懷圭峯印禪伯

말처럼 달리는 세월을 붙잡을 수 없나니
모이면 다시 흩어지는 걸 어찌 하리오
향초와 잡초가 옛날엔 뒤섞여 있었는데
준마와 둔마가 오늘은 우리를 달리했네
눈 들어 부질없이 멀리 바라볼 뿐
잠시라도 회포 풀며 노닐 길이 없네
다른 날 서로 만나면 깜짝 놀라겠지
봄 이래로 귀밑머리 반쯤 희끗해졌으니

光景駸駸不可攀
那堪聚散似循環
薰蕕昔日曾同器
駑驥今朝却異閑
瞻望徒勞長極目
游從無計暫開顏
他時相見應驚愕
衰鬢春來半已斑

굉소 선인이 산중을 찾아와 지어 준 시에 뒤이어 화답하다
追和宏紹禪人訪到山中見贈之什

닭이 앉는 홰에는 봉황이 머물지 않고 雞桀元非丹鳳留
둔마의 우리에는 기린이 놀지 않는데 駑閑不是瑞麟遊
가랑비 속에 하룻밤 침상을 함께하고 豈圖微雨同床夜
산골의 서늘한 가을 맞을 줄 어찌 알았으랴 正值新凉別洞秋
성긴 발 높이 걷으면 보이나니 푸른 산들 高捲踈簾看疊翠
난간에 조용히 기대면 들리나니 여울물 소리 靜憑危檻聽犇流
그동안 맑은 경치 함께 맛볼 사람 없어 邇來淸景無人共
온종일 적요하게 고독을 즐겼더라오 竟日寥寥守獨幽

운흥의 장실에 올리다
寄呈雲興丈室

세상이 어지러워 소식도 점점 뜸해지니	世亂音書亦漸稀
다시 모시고 말씀 나눌 기약도 어려워라	再陪淸論固難期
단지 사문의 일척안[80] 안목을 가지고서	只將一隻沙門眼
조석으로 그리운 생각 조금 달랠 뿐	小慰朝昏眷眷思

80 일척안一隻眼 : 비범한 식견.

백운암의 검 선객이 게송 세 수를 기증하며 최근 고요함 속에서 얻은 경지를 조금 보여 주었는데, 읽는 동안에 감탄을 금할 수 없기에 차운하여 답하였다 · 4수

白雲菴儉禪客 寄示伽陁三首 略露近日靜中所得 讀之不勝嘉歎 次韻答之 · 四首

흉금이 텅 비어 막힘이 없으니	胸次十虛何廓落
눈앞의 일물이 절로 영통해라	目前一物自靈通
지금부터 조계의 길 독보하리니	從今獨步曹溪路
제방이 발 아래 무릎을 꿇으리라	當見諸方立下風

구름과 이내 호흡하며 기량을 보이고	呼吸雲烟呈伎倆
물 긷고 나무하며 신통을 드러내네	運搬柴水逞神通
상왕이 밟는 길은 나귀의 일이 아니거니[81]	象王蹴踏非驢事
그대 말고 누가 조사의 가풍을 이으리오	除子誰能繼祖風

바보처럼 몰래 은밀하게 행하면서	潛行密用兀如愚
한 조각 몸과 마음 흔들리지 말지니	一片身心蕩不抅
생각마다 이처럼 상속해 나간다면	念念但能相續去
조옹이 밟은 길을 그대로 밟으리라	祖翁前轍別無殊

대우[82]와 같은 청백한 가풍이여	清白家風似大愚

81 상왕象王이 …… 아니거니 : 참고로 『유마경維摩經』「부사의품不思議品」에 "용상이 밟고 다니는 것은 나귀가 할 수 있는 일이 아니다.(龍象蹴踏 非驢所堪)"라는 말이 나온다. 상왕이나 용상은 덕이 높은 고승高僧을 비유한 말이다.

82 대우大愚 : 송대宋代 임제종臨濟宗의 승려인 대우 수지大愚守芝.

텅 빈 마음에 외물이 범접하랴 中虛外物莫吾拘
그대여 모쪼록 불일을 빛내시라 洗光佛日君當勉
근기가 비범함을 알고 있으니까 知有根機與衆殊

김 찰방이 작별할 때 준 시에 차운하여 답하다
次韻答金察訪臨別見贈

사군은 나라의 일을 끝마치고 使君王事畢
깃발 돌려 대궐로 나아가면서 返旆赴宣室
천리 길 지루하게 역마를 타고 千里倦乘軺
구중궁궐 임금님 뵙기 바쁜지라 九霄忙覲日
평양의 2월 저녁에 平陽二月暮
행장을 추슬러 급히 떠났다네 征鞍苦催發
나는 어버이 찾아뵈려 하면서 我方欲歸寧
중도에 다시 만나기로 하였는데 中路期再謁
혹시라도 길이 서로 어긋나서 且恐或相違
마음을 전달하지 못할까 하여 寸情終未達
행장을 급히 꾸려 서둘러 떠나 促裝行併日
정신없이 그 뒤를 좇아가다가 波波急追至
마침 공이 우정에서 휴식하기에 適公憩郵亭
마침내 돌아가는 고삐를 잡았다네 遂得挽歸轡
서로 이끌고 산골 마을에 이르러 相將到山村
대숲 사이 절간에서 함께 묵고는 共宿竹間寺
다음 날 아침에 작별하려 하니 明朝欲分離
어찌 눈물이 나오지 않으리오 未免無從涕
아녀자처럼 서글픈 생각에 잠겨 仍懷兒女悲
장부의 뜻은 모두 잃어버린 채 喪盡丈夫志
울적하게 홀로 떠나게 되었으니 悒悒獨歸來
이 한이 어찌 끝이 있으리오 此恨何窮已
모쪼록 공은 임금님 잘 뵙고서 願公好朝天

나의 구구한 뜻에 부응하시라　　　　副我區區意

상국 농서 공【존비】이 천금의 자제 두 명을 두었다. 하나는 숙위의 선발에 뽑혀 약관의 나이에 입조하였으며, 하나는 조계의 공문空門에 나아가 10세의 나이에 머리를 깎았다. 상국이 한편으로는 기뻐하고 한편으로는 슬퍼하면서 시를 지어 나에게 부쳤는데, 거듭 읽는 동안에 감탄을 금할 수 없기에, 삼가 원운에 의거하여 화답하는 두 편의 시를 지어서 각하께 올렸다

相國隴西公【尊庇】有二千金之嗣 其一充宿衛之選 弱冠入朝 其一詣曹溪之空 十齡被剃 相國且喜且悲 作詩見寄 伏讀再三 不勝感歎 謹依元韻 和成二篇 寄呈閣下

약관에 의기 품고 용사[83]로 향했나니	弱冠抱義向龍沙
부절 쥐고 양 돌본 것도 대단할 것 없네[84]	伏節看羊未足多
고향 집 눈물 뿌리며 서울을 처음 떠나	淚洒庭闈初去國
오직 사직 생각뿐 곧장 집은 잊었다오	心專社稷便忘家
구름 걸린 진나라 변방에 소식도 끊겼나니	雲橫秦塞音書少
달빛 차가운 연나라 성의 꿈자리 어땠으리	月苦燕城夢寐何
역사적 공명일랑 더 이상 묻지 마오	青史功名休更問
압강에 지금부터 물결 일지 않을 테니	鴨江從此不生波
– 이는 맏아들을 찬미한 것이다.	右美胤子

조계에서 어린 선화를 새로 얻었나니	曹溪新得小禪和
한혈마[85]는 하나로도 이미 충분하다네	汗血神駒一已多

83 용사龍沙 : 황막荒漠한 북변北邊의 요새지를 가리킨다.

84 부절 쥐고 …… 없네 : 한漢나라의 충신인 소무蘇武의 충절도 이보다는 못했을 것이라는 뜻의 표현이다. 한 무제漢武帝 때 흉노에 사신으로 간 소무가 선우單于의 회유와 협박에도 끝까지 굴복하지 않고, 황량한 북해北海 지역에서 항상 한나라의 부절符節을 손에 쥐고 양을 돌보면서 절조를 지켰던 고사가 전한다.『한서漢書』「이광전李廣傳」.

85 한혈마汗血馬 : 흘리는 땀방울이 마치 피처럼 붉은 말이라는 뜻으로, 대원大宛의 준마

숭악의 규공도 초년에 출가했고 嵩嶽珪公初出俗
해창의 안로도 일찍 집을 떠났지 海昌安老早辭家
법기가 결코 우연이 아님을 알겠노니 端知法器非聊爾
마군이 어찌할 수 없음을 또 알겠도다 旋覺魔軍不奈何
만곡의 배에 사람 실어 건네주리니 定作濟人舟萬斛
고해에서 누가 또 풍파에 시달리랴 苦河誰復困風波
– 이는 막내 자제를 찬미한 것이다. 右美季男

【숭악嵩嶽의 규珪 선사는 성이 이씨로, 어린 나이에 출가하였으며, 뒤에 안 국사를 참알參謁하여 즉시 진종眞宗으로 현지玄旨를 돈오하였다. 염관 진국鹽官鎭國 해창원海昌院의 안安 선사는 성이 이씨로, 태어날 때 신령스러운 빛이 방을 비췄다. 또 이승異僧이 그에게 말하기를 "무승당無勝幢을 세워 불일佛日을 다시 빛낼 사람이 어찌 그대가 아니겠는가"라고 하였으므로, 마침내 운종 선사雲宗禪師에 귀의해서 머리를 깎았는데, 대적大寂이 그를 한번 보고 기특하게 여겨 바로 입실을 명하고는 은밀히 왕법王法을 보여 주었다고 한다.】

를 가리키는데, 보통 똑똑한 남의 아들을 비유할 때 쓰는 말이다.

산속의 봄날
山中春日

세상에 무더위가 한창일 때에도	人間炎熱正紛然
얼음골만은 예사로 섣달의 기온	氷谷尋常獨臘天
가령 봄 신령이 세태를 따른다면	若使東君隨世態
온기를 산마루까지 보내 주겠는가	肯敎春暖到山巓

더위 속에 사람에게 보여 주다
暑中示人

물과 산의 빛이 서로 비치고
솔과 대의 그림자 뒤섞였으니
무더위에 곤욕을 당할지라도
어찌 시골 객점을 생각하리오

水色山光相射
松陰竹影交加
猶導困於炎熱
寧思野店村家

안렴사 반공이 산에 와서 재를 지내려다가 죽청까지 왔을 때 폭우로 냇물이 불어나 건널 수 없자 곧장 평양으로 향했다는 말을 듣고는 섭섭한 마음이 들기에 시를 지어 부쳤다

按廉潘公 欲到山設齋 行至竹靑 雨甚川壯不得涉 便向平陽 聞之悔悢作句寄之

뒷날 다시 만나기 참으로 어렵겠기에　　他時重會固難期
등불 돋우며 다정히 얘기하려 하였는데　　甚欲挑燈話所思
가까이 왔다가 도로 천리 멀리 떠나다니　　尺地反成千里隔
이 마음은 오직 저 하늘이 알아주시리　　此心唯有彼蒼知

차운하여 삼장의 장실에 올리다
次韻寄呈三藏丈室

눈길 마주쳤을 때 뜻이 이미 깊었나니	目擊當初意已深
평생 선인의 뜻이 흉금에 가득했네	平生霞棗滿胸襟
짧은 말씀 더 이상 기다릴 것도 없이	不應更待三分話
처음부터 한 조각 마음 온통 맡겨 버렸네	始是全抛一片心
무딘 쇠가 대장간 단련을 어떻게 견디리오	銕鈍未堪爐鞴鍛
곧은 솔이 눈과 서리 침해를 어찌 받으리오	松貞爭受雪霜侵
풍류의 내왕이야 어찌 감당하리오마는	風流來往吾何敢
지금부터 자주 뵙고서 문안을 올리리다	屢造摳衣誓自今

감히 조계의 얕고 깊음을 따지리오	敢向曹溪測淺深
말과 소에 옷만 걸친 둔한 자질인걸	頑資眞箇馬牛襟
남이야 웃건 말건 무슨 상관 있소	不嫌是處供他笑
우리 스님이 알아주니 마냥 기쁜걸	獨喜吾師照此心
이미 토론하며 자주 쓰러졌는데	已縱談鋒頻折倒
다시 글을 보내 자꾸 도전하네	更驅筆陣數來侵
같은 나이 삭발이 어찌 우연이리오	年同剃草寧聊爾
색로[86]의 남은 향기 아직도 새로워라	賾老餘芳尙到今

【스님은 30세 되기 1년 전에 승려가 되었고, 변변찮은 나 역시 외람되게 같은 나이에 그 뒤를 이었다. 그런데 근래에 권효문勸孝文을 보건대, 장로 색長蘆賾공도 29세에 승려가 되었다고 하기에 이렇게 말하였다.】

---

86 색로賾老 : 송宋나라 승려인 종색 자각宗賾慈覺을 가리킨다. 29세에 진주眞州 장로사長蘆寺의 원통 법수圓通法秀에게 나아가 낙발落髮하고 구족계具足戒를 받았다. 원우元祐 연간에 장로사에 머물며 모친을 모시고 와서 승려가 되게 하였으며, 모친이 세상을 떠난 뒤에는 권효문勸孝文 120편을 지어 세간과 출세간의 효도에 대해서 서술하였다. 『불조통기佛祖統紀』 권27, 『석씨계고략釋氏稽古略』 권4.

삼장의 공이 거처를 옮겨 동쪽으로 떠난다는 말을 듣고는 서툰 글솜씨로 절구 세 수를 지어서 올리다

聞三藏之公將移錫東行 作惡語三絕 寄呈

두류산 수석 가운데 좌선하면서　　　　宴坐頭流水石中
10년 동안 은택이 총림에 흡족했는데　　　　十年慈澤洽禪叢
하루아침에 강동의 흥치를 일으키니　　　　一朝忽起江東興
이 산이 벌써 텅 비었다는 말이 들리네　　　　聞說玆山旋已空

풍악에 올라 명승을 모두 돌아보고　　　　陟窮臺嶠楓巒上
경포의 모래밭을 두루 거니시겠지　　　　行遍沙汀鏡浦湄
강동의 산수를 위해 축하하노니　　　　且爲江東山水賀
명년에는 맑은 시를 얻을 테니까　　　　明年方始得淸詩

평시에 날마다 뒤따르지 못했어도　　　　平時縱未日相隨
안부를 쉽게 알 수 있어 흐뭇했는데　　　　尙喜寒暄易得知
이번에 가시면 소식이 점차 뜸할 테니　　　　此去信音應漸少
동쪽 하늘 바라보며 괜히 슬퍼집니다　　　　擧頭東望謾含悲

안렴사 반공이 다시 산중을 방문했기에 시를 지어 봉정하다

按廉潘公再訪山中 作山語奉呈

매년 풍속 살피러 두 번 순시하나니	每歲觀風閱兩番
이보다 맑은 정사를 누가 또 행할까	淸平誰有似高軒
여염은 편히 잠들며 태평을 축하하고	閭閻枕穩聞爭賀
감옥의 뜰은 텅 비어 원망이 없어졌네	囹圄庭空絶滯寃
나라 걱정에 날마다 흰머리 늘어나도	憂國日添鬚髮皓
이따금 중을 찾아 담소를 나눈다오	訪僧時許笑談溫
조정에서 표창하며 부를 것이 확실한데	定看褒詔徵還旆
산중의 우리 대화 부디 잊지 마시기를	莫忘山中對榻論

날이 맑은 것이 기뻐서

喜晴

여름철 석 달 동안 구질구질 내리는 비	夏來三月雨淋漓
천지 사방이 밤낮으로 온통 음침하기만	六合陰陰迷夜旦
오늘 아침 구름 걷히고 공중에 해 떴는데	今朝雲散日昇空
하늘이 아직 뜨겁지 않은 것도 좋아라	且喜靑天猶不爛

농서 상국【존비】이 영광스럽게도 절구 두 수와 인 한 수를 보여 주었다. 절구 중 하나는 일본을 정벌하는 군사들의 위풍당당한 모습을 서술하였고, 하나는 군수 물자를 조달하는 어려움을 서술하였는데, 그것을 받들어 음미하느라 시간 가는 줄을 몰랐다. 이에 삼가 원시에 차운하여 억지로 서툰 글솜씨로 시를 지어서 한 번 웃으시라고 각하께 올렸다 · 4수

伏蒙隴西相國【尊庇】辱示嘉什二絶并引一首 一以敍東征軍容之盛 一以敍支辨軍須之艱 奉玩忘斁 謹次元韻 强成山語 寄呈閣下 以資抵掌云 · 四首

【인에 차운한 시는 다음과 같다.】

"풍진으로 길이 막혀 소식이 뜸해	風塵梗路訊音稀
상부의 안부를 몰라 한스러웠는데	相府寒暄恨未知
다행히 두 곳을 통하는 장강이 있어	賴有長江通兩地
쌍리[87]가 시를 보내니 얼마나 기쁜지요."	喜逢雙鯉送新詩

중국 천자의 호령이 우레처럼 내리심에	天王號令走如雷
제장이 동으로 치달려 막부를 열었도다	諸將東馳幕府開
익조[88] 그린 천 척의 배가 바다를 횡단하면	彩鷁千艘飛截海
가을 되기 전에 개선가 부르며 돌아오리	未秋應奏凱歌來

밤낮으로 우레처럼 물결 치는 동쪽 바다	東溟日夜鼓濤雷
전함이 건너갈 땐 옛 거울[89]처럼 개이리라	兵艦將行古鏡開

---

87 쌍리雙鯉 : 한 쌍의 잉어라는 뜻으로, 남의 글을 받을 때 쓰는 상투적인 표현인데 고악부古樂府에 "손님이 먼 지방에서 와서 나에게 한 쌍의 잉어를 주기에 아이를 불러 잉어를 삶게 하였더니, 뱃속에서 한 자의 흰 비단 편지가 나왔네.(客從遠方來 遺我雙鯉魚 呼童烹鯉魚 中有尺素書)"라는 말이 나오는 데에서 유래한 것이다. 『문선文選』 권27 「고악부古樂府」 〈음마장성굴행飮馬長城窟行〉.

88 익조鷁鳥 : 백로와 비슷한 모양의 큰 새인데, 풍랑을 잘 견뎌낸다 하여 뱃머리에 이 새의 형상을 새겨서 걸어 놓았다고 한다.

89 옛 거울 : 원문인 고경古鏡의 古가 若으로 된 판본도 있다는 원주原註가 붙어 있는데,

하늘이 손을 빌리는 줄 풍백도 잘 알아서[90]	風伯亦知天假手
얼른 서북쪽에서 바람을 돛배에 불어 주리	徑從西北送帆來
우리 상공은 문무를 겸비하셨나니	相公能虎又能文
일찍부터 육도삼략六韜三略에 뛰어났지	妙略英韜早出羣
끝없이 부리는 야욕을 걱정할 것 있으리오	溪壑徵來何足慮
담소하며 진나라 군대를 물리치실 텐데[91]	也應談笑却秦軍
한 시대의 영걸이 다투어 글을 짓지만	一時英傑競爲文
상국의 재화만은 아무도 못 따를걸	相國才華獨不羣
참으로 준일한 두 편의 절구 시여	兩絕新詩眞俊逸
포 참군[92]도 함부로 끼어들지 못하리라	未堪輕比鮑參軍

『동문선東文選』 권20에는 若으로 되어 있다.

90 하늘이 …… 알아서 : 하늘이 고려高麗의 손을 빌려서 일본日本을 정벌하려 한다는 뜻을 바람 귀신도 알 것이라는 말이다. 『서경書經』「이훈伊訓」에, "하늘이 하夏나라 걸왕桀王에게 재앙을 내리기 위하여, 천명을 지닌 우리 상商나라 탕왕湯王의 손을 빌렸다.(皇天降災 假手于我有命)"라는 말이 나온다.

91 담소하며 …… 물리치실 텐데 : 전진前秦의 왕 부견苻堅이 대군을 거느리고 침입하였을 때, 동진東晉의 사안謝安이 조카 사현謝玄을 보내 격파하게 하고는, 자신은 손님과 담소하며 바둑을 한가하게 즐겼던 고사가 전한다. 『진서晉書』「사안전謝安傳」.

92 포 참군鮑參軍 : 남조 송南朝宋의 시인 포조鮑照를 가리킨다. 참고로 두보杜甫의 시에 "청신한 것은 유 개부요, 준일한 것은 포 참군이라.(淸新庾開府 俊逸鮑參軍)"라는 표현이 나온다. 『두소릉시집杜少陵詩集』 권1 〈춘일억이백春日憶李白〉. 유 개부는 북주北周의 유신庾信을 가리킨다.

즉사
即事

반쯤 개고 반쯤 비 오며 음침한 하늘 半晴半雨天陰陰
따스한 듯 차가운 듯 적적한 봄날 似暖似寒春寂寂
문 닫고 멍청히 누워 해 질 녘까지 閉門憨臥到黃昏
창문 벽을 울리는 은은한 종소리 隱隱踈鐘撼窻壁

게송을 지어 스님들께 보이다

作偈 示諸德

1천 봉우리는 우뚝 흰 구름을 뚫고
냇물은 졸졸 푸른 바위에 쏟아지네
자연히 들리고 보임이 매우 분명하니
여러분은 부디 밖에서 찾지 마시도록

千峰突兀攙白雲
一水潺湲瀉蒼石
自然聞見甚分明
爲報諸人休外覔

서툰 솜씨로 회포를 서술하여 단양 상국 각하께 올리다
山語敍懷 寄呈丹陽相國閣下

상공이 정동하는 선박을 감독하느라	相公巡督征東船
3년 동안 역마 타고 바닷가를 누볐나니	三年飛傳窮海堧
잠시라도 추위와 더위 피한 적 있으리오	何曾暫避寒與暑
비와 눈 속에서도 지체할 수 없었어라	雖復雨雪無敢延
아침엔 달빛 밟으며 역마를 치달리고	朝馳每踏驛程月
밤에는 시골 집 들어가 잠을 청하고	夜宿幾投村舍煙
매일 간난신고를 두루 맛보면서도	艱難辛苦日嘗遍
중을 사랑해 가끔 절간 찾아 묵었다오	愛僧時向僧窓眠
나는 예전부터 보살핌을 받았는데	而予自昔辱靑顧
이번에는 더더욱 은혜를 입었나니	此迴益復承恩憐
계족봉의 물가 난간 시원한 달빛 아래	鷄峯水軒凉月下
송광사의 대나무 집 푸른 등불 앞에	松社竹閣靑燈前
서로 바짝 다가앉아 나눈 이야기꽃	相隨促席奉談劇
지금도 역력히 귓가에 맴돈다오	至今歷歷餘耳邊
수레 돌려 행궁으로 떠나신 뒤로	自初迴車赴行殿
몇 번이나 그리며 슬픔에 잠겼던가	幾度想望空悵然
누각 현판에 걸린 시만 바라보며	唯瞻東樓板上墨
조석으로 애타는 마음 위로했나니	小慰旦夕心懸懸
이와 같은 나의 감정과 연정을	我此感情并戀情
공이여 저 창천에 물어 보시라	請公質彼蒼者天

영남의 고달픈 상황을 읊은 24운
嶺南艱苦狀 二十四韻

【경진년(1280년)에 일본을 정벌하는 전함을 만들 때 지었다.】

영남의 힘들고 고달픈 상황을	嶺南艱苦狀
말하려니 눈물이 먼저 나오네	欲說涕將先
양도에서는 군료를 공급하고	兩道供軍料
삼산에서는 전선을 만든다네	三山造戰船
세금은 예전보다 백 배는 되고	征徭曾百倍
부역은 3년 동안 이어졌다네	力役亘三年
성화처럼 급하게 징집하니	星火徵求急
뇌정처럼 호령이 전해지네	雷霆號令傳
사신은 왕래가 끊임이 없고	使臣恒絡繹
경장도 잇따라 나붓거리네	京將又聯翩
팔뚝은 모두 결박당하고	有臂皆遭縛
채찍 맞지 않은 등이 없다네	無腴不受鞭
보내고 맞음이 익숙해지고	尋常迎送慣
운송은 밤낮으로 이어진다네	日夜轉輸連
우마도 온전한 등뼈가 없고	牛馬無完脊
인민은 어깨를 쉴 틈이 없네	人民鮮息肩
꼭두새벽에 칡을 캐러 나가고	凌晨採葛去
달 아래 띠풀 베어 돌아온다네	踏月刈茅還
물 젖은 손이 농토에 말을 치달리고	水手驅農畝
뱃사공이 바닷가를 온통 누비네	梢工卷海壖
뽑힌 사내는 갑주를 걸치고	抽丁擐甲冑
선발된 장정은 창을 메었네	選壯荷戈鋋

늦지 않게 떠나도록 재촉을 하니 但促尋時去
어찌 촌각인들 지체할 수 있으리오 寧容寸刻延
처자는 울부짖으며 땅에 쓰러지고 妻孥啼躃地
부모는 통곡하며 하늘에 호소하네 父母哭號天
이승과 저승의 갈림길에 섰으니 自分幽明隔
목숨이 온전하길 어찌 기약하랴 那期性命全
남아 있는 이는 노인과 어린애뿐 孑遺唯老幼
근근이 살아가며 애를 태우네 强活尙焦煎
고을마다 반절은 도망간 집이요 邑邑半逃戶
마을마다 모두 황폐한 논밭이라 村村皆廢田
어느 집인들 삭막하지 않으며 誰家非索爾
어느 곳인들 시끄럽지 않으리오 何處不騷然
관세를 어떻게 면할 수 있으며 官稅竟難免
군조를 어떻게 줄일 수 있으리오 軍租安可蠲
곤고한 정상이 날로 심해지니 瘡痍唯日甚
병든 백성을 어떻게 구제할까 疲瘵曷由痊
일마다 모두 비통할 따름이니 觸事悉堪慟
민생이 참으로 가련하도다 爲生誠可憐
버티기 어려운 형세인 줄 알지만 雖知勢難保
호소할 길 없으니 어떻게 하나 爭柰訴無緣
하늘처럼 덮어 주는 제왕의 덕이요 帝德靑天覆
태양처럼 내걸린 황제의 밝음이라 皇明白日懸
어리석은 백성이 잠시 참고 기다리면 愚民姑且待
성상의 은택이 반드시 베풀어지리니 聖澤必當宣
머지않아 우리 삼한 땅에서 行見三韓內
집집마다 편히 잠들 수 있으리라 家家奠枕眠

도통사 홍 상국【자번】 막하에 올리다
寄呈都統洪相國幕下【子藩】

역양의 멋진 곳 벽오동이 높아야만	嶧陽佳處碧梧高
구포의 봉황을 불러올 수 있는 법[93]	能致來儀鳳九苞
산골엔 공연히 잡목만 넘쳐나니	幽谷空餘荊棘樹
해마다 산새의 둥지만 볼 수밖에	年年唯見野禽巢

93 역양嶧陽의 …… 법 : 봉황은 오동나무에만 앉는다고 한다. 『장자莊子』 「추수秋水」에 "원추라는 봉황새가 남해를 출발하여 북해로 날아갈 적에 오동나무가 아니면 내려앉지 않고 대나무 열매가 아니면 먹지 않으며 약수가 아니면 마시지 않는다.(夫鵷鶵 發於南海而飛於北海 非梧桐不止 非練實不食 非醴泉不飲)"라는 말이 나온다. 그리고 오동나무 중에서는 중국 연주兗州 추현鄒縣에 있는 역산嶧山의 남쪽 언덕, 즉 역양嶧陽에서 자라는 오동나무가 가장 유명해서, 특산물로 바치기도 하고 최상급의 거문고를 만들기도 했다고 한다. 구포九苞는 봉황의 아홉 가지 특징을 말하는데, 보통 봉황을 비유하는 말로 쓰인다. 원문의 九包는 九苞의 잘못이다.

안집사 권 시어【의】에게 부치다

寄安集權侍御【宜】

절등유편[94]한 뒤로 세월이 많이 흘렀지만	截鐙留鞭歲月移
평양의 옛 은택은 아직도 살 속에 스며드네	平陽舊澤尙淪肌
지금 다시 뵙게 되어 기쁘면서도	今來再謁雖堪喜
금방 또 헤어지려니 너무 슬프기만	暫遇還離最可悲
그리운 뜻 천고토록 다하기 어려운데	戀意難將千古盡
서로 마음으로 이 감정 알아 주었으면	感情唯冀兩心知
공이여 옛 우정을 시종 생각하여	願公終始思前好
언제 어디서나 길이 잊지 말아주오	在在時時永不遺

94 절등유편截鐙留鞭 : 말의 등자鐙子를 떼어 내고 채찍을 잡고서 만류한다는 뜻으로, 지방 장관이 임기를 마치고 떠날 때의 석별의 정을 표현하는 말이다. 당唐나라 풍지馮贄의 『운선잡기雲仙雜記』「절등유편截鐙留鞭」에, 요숭姚崇이 형주목荊州牧의 임기를 마치고 떠날 적에, 백성들이 "말 머리를 붙잡고 말의 등자를 떼어 내고 채찍을 잡고 만류하면서 애틋한 그리움을 표하였다.(撫馬首截鐙留鞭 以表瞻戀)"라는 말이 나온다.

중구일에 꽃을 보며 느낀 감상
重九日 對花有感

병란이 각처에서 일어나	干戈匝地起
사해가 온통 전쟁의 먼지	四海皆煙塵
들들 볶이는 괴로운 백성들	烝民困煎熬
보이는 것마다 슬픈 광경뿐	觸目吁可哀
울적하게 보내는 아침과 저녁	悒悒度晨暝
명절이 온 것을 어떻게 알리오	那知佳節來
진중하여라 동쪽 울의 국화여	珍重東籬菊
은근히 시절 맞춰 피어났구나	殷勤及時開
황금 꽃잎 다투어 아양을 떨며	金葩競媚嫵
나의 회포를 위로해 주려는 듯	似欲慰我懷
억지로 일어나 꽃 아래 찾아가서	强起到花下
떨기 주위를 오래도록 배회하네	遶叢久徘徊
모자 떨어뜨린 용산의 객[95]은	龍山落帽客
백골이 이미 진토가 되고	白骨成塵埃
술 즐기던 팽택의 어르신[96]은	彭澤嗜酒翁
한번 가서 다시 돌아오지 않네	一往不復迴

---

95 모자 …… 객 : 진晉나라 맹가孟嘉를 가리킨다. 그가 중구일에 정서장군征西將軍 환온桓溫이 베푼 용산龍山의 주연酒宴에 참군參軍의 신분으로 참석했다가, 국화주에 취한 나머지 바람에 모자가 날아가는 것도 알아채지 못했던 고사가 있다. 『세설신어世說新語』「식감識鑑」.

96 술 …… 어르신 : 팽택현령彭澤縣令이 된 지 80여 일 만에 〈귀거래사歸去來辭〉를 읊고 전원田園에 은거하며 술을 즐긴 진晉나라 도잠陶潛을 가리킨다. 그는 특히 국화를 좋아했는데, 그의 〈음주飮酒〉 20수首 중의 다섯 번째 시에 나오는 "동쪽 울타리 아래 국화꽃을 따다가 유연히 남산을 바라보노라.(採菊東籬下 悠然見南山)"라는 구절은 길이 인구人口에 회자되는 명구로 전해진다. 『도연명집陶淵明集』 권3.

감상해 줄 사람이 없는데도　　無人肯見賞
꽃은 또한 유연히 피어났어라　　花開亦悠哉
옛날을 애도하고 지금을 슬퍼하노니　　弔古復傷今
그윽한 회포를 달래기 어려워라　　幽懷難自裁

섣달 20일에 폭풍이 하루 종일 불고 간간이 눈발이 날리기에, 문을 닫고 한가로이 지내며 자축하는 심정으로 절구 두 수를 지었다
臘月念日 大風彌日 飛雪間之 閉閣燕居 自慶于懷 因書二絕

하늘 흔드는 삭풍 속에 흩날리는 쌀가루	朔吹掀天糝玉塵
산문은 대낮에 닫혀 찾는 사람도 없는데	巖扉晝掩絕來人
화로를 끼고 앉은 일곱 근의 납의衲衣여	圍爐坐擁七斤衲
산중 생활을 잘 택했다는 생각도 드누나	始信幽居不負身

바람이 집을 흔들고 눈이 처마에 쌓이면	顚風撼屋雪堆檐
날마다 노닐면서 단잠을 즐기기 좋은데	日宴開門睡正甘
아마도 도성 가득 벼슬하는 사람들은	想見滿城朱紫輩
새벽부터 출근하느라 정신이 없으렷다	雞鳴劫劫趂朝參

또
又

창 밖엔 삭풍이 성내어 울부짖고
화로 속엔 빨갛게 불붙은 나무 숯들
밥 먹고는 옷 입은 채 꿈속 나라로
어수룩한 하나의 게으른 노인

窻外朔風號怒
爐中榾柮通紅
食罷和衣打睡
憨憨一箇懶翁

초봄에 열 선백에게 부치다

春初寄悅禪伯

추위와 더위 바뀌는 건 예사로운 일인데	寒暄代謝是尋常
새해 축하하느라 사람들 모두 바쁘기만	人盡奔波賀歲忙
옛것이 가고 새것이 온들 뭐가 기쁘리오	舊去新來何所喜
귀밑에 서리 맞은 머리만 더 늘어났는걸	鬢邊添得一莖霜

동정송
東征頌

황제께서 천하를 통치하심에 皇帝御天下
신공이 방훈[97]보다 뛰어나시어 神功超放勛
덕은 크게 구주九州를 포용하시고 德寬包有截
은택은 끝없이 드넓게 펼쳐졌나니 澤廣被無垠
수레는 모든 길에 치수가 같고 車共千途轍
글은 온 누리에 문자가 같다네[98] 書同九域文
오직 추악한 섬 오랑캐가 唯殘島夷醜
정어의 목숨[99]을 부지하면서 假息鼎魚羣
바다로 막힌 것만을 믿고는 但恃滄溟隔
강역을 분리하려 꾀하는가 하면 仍圖疆埸分
포모[100]를 바치려 하지 않으며 苞茅曾不入
반서[101]도 듣지 않은 체하네 班瑞亦無聞

---

97 방훈放勛 : 지극한 공이라는 뜻으로, 요堯 임금의 이름이다. 방훈放勳이라고도 한다.

98 수레는 …… 같다네 : 세계가 원元나라의 문화권에 속하게 되어 똑같은 교화와 혜택을 받고 있다는 말이다. 『중용中庸』에 "지금 천하가 통일되어 수레는 바퀴의 치수를 똑같이 하고 글은 문자를 똑같이 하고 있다.(今天下車同軌書同文)"는 말이 나온다.

99 정어鼎魚의 목숨 : 매우 위태로운 상황을 비유하는 말이다. 남조 양南朝梁 구지丘遲의 「여진백지서與陳伯之書」에 "지금의 위태로운 상황을 비유하자면, 마치 물고기가 끓는 솥 속에서 노니는 것(魚游于沸鼎之中)과 같고, 제비가 바람에 날아가는 장막 위에다 둥지를 트는 것(燕巢于飛幕之上)과 같다."는 말이 나온다. 『문선文選』 권43.

100 포모苞茅 : 제사용 술을 거를 때 쓰는 청모菁茅인데, 춘추시대 제 환공齊桓公이 "포모를 공물로 바치지 않았다.(爾貢苞茅不入)"는 이유로 초楚나라를 정벌한 고사에서 유래하여, 이후 조공朝貢의 뜻으로 쓰이게 되었다. 『춘추좌씨전春秋左氏傳』 희공僖公 4년.

101 반서班瑞 : 중국 조정에서 일본의 왕을 봉하는 것을 말한다. 『서경書經』 「순전舜典」의 "순 임금이 사방의 제후와 구주九州의 목백牧伯을 만나보고는 여러 제후들에게 서옥瑞玉을 나누어 돌려주었다.(覲四岳羣牧 班瑞于羣后)"라는 말에서 나온 것이다. 서옥은 제후의 신분을 보장하는 신표信標를 뜻한다.

황제가 이에 크게 노하여	帝乃赫斯怒
우리 임금에게 정벌을 명했나니	時乎命我君
1천 척의 거대한 전함과	一千龍鶂舸
10만 명의 용감한 병사로	十萬虎貔軍
부상[102]의 벌판에서 죄를 물으려고	問罪扶桑野
합포[103]의 물가에서 군대를 일으켰네	興師合浦濱
북소리는 바다를 진동하고	鼓鼙轟巨浸
깃발은 구름처럼 휘날리는데	旌旆拂長雲
효장은 모두들 죽음을 맹서하고	驍將皆趨死
영웅은 다투어 공을 세우려 하면서	英雄競立勳
강에선 한신의 배수진을 생각하고[104]	江思韓信背
배는 맹명[105]처럼 불태우려 하니	舟欲孟明焚
월왕을 묶어 오는 것[106]만 대단하리오	係越奚專美
오나라 평정[107]도 대수로울 것이 없네	平吳不足云

102 부상扶桑 : 해가 떠오르는 곳으로, 일본을 가리킨다.

103 합포合浦 : 옛날 경상도 회원현會原縣의 치소治所로, 지금 경남 마산馬山에 있던 포구浦口의 이름이다. 고려 원종元宗 때에는 일본日本 정벌의 발진 기지發進基地가 되었고, 조선시대에는 경상우도 병마절도사慶尙右道兵馬節度使의 본영本營이 되었다.

104 강에선 …… 생각하고 : 퇴로를 미리 끊어 버리고서 강물을 등에 지고 결사적으로 싸울 생각을 한다는 말인데, 한漢나라 한신韓信이 정형구井陘口에서 배수진背水陣을 치고 싸워 조趙나라에 대승을 거둔 고사가 유명하다. 『사기史記』「회음후열전淮陰侯列傳」.

105 맹명孟明 : 춘추시대 진 목공秦穆公의 신하로, 백리해百里奚의 아들이다. 진晉나라와 여러 차례 싸워 패하였으나, 끝내는 진나라를 이기고 제후의 패자霸者가 되게 하였는데, 『춘추좌씨전春秋左氏傳』 문공文公 3년에 "진 목공이 진나라를 공격할 적에, 황하를 건너고 나서 타고 간 배를 불태웠다.(秦伯伐晉 濟河焚舟)"라는 말이 나온다. 배를 불태운 것도 배수진을 친 것처럼 결사의 의지를 군사들에게 보인 것이다.

106 월왕越王을 묶어 오는 것 : 한漢나라 간의대부諫議大夫 종군終軍이 남월南越에 사신으로 나가기를 자청하면서, 긴 밧줄 하나만 주면 남월 왕을 묶어서 궐하闕下에 바치겠다고 한 고사를 말한다. 『한서漢書』 권64 「종군전終軍傳」.

107 오吳나라 평정 : 서진西晉의 용양장군龍驤將軍 왕준王濬이 촉蜀 땅에서 건조한 거대

순식간에 적진을 때려 부수고	斫營應瞬息
아침저녁 사이로 승전보 올리리니	獻捷在朝曛
옥백의 공물을 다투어 바치고	玉帛爭修貢
전쟁의 분란이 모두 해소되리라	干戈盡解紛
대장은 조정의 훈상을 받고	元戎錫圭卣
군졸은 돌아가 농사지을 것이요	戰卒返耕耘
삼척의 칼은 상자 속에 보관하고	快劒匣三尺
백근의 양궁은 활주머니에 간직하리	良弓櫜百斤
사방에 태평가 울려 퍼지고	四方歌浩浩
세상이 온통 희희낙락하며	八表樂欣欣
변방의 봉화烽火도 평온해지고	烽燧收邊警
요새要塞에는 풍진이 사라지리니	風塵絶塞氛
우리 성천자께서 만세토록	當觀聖天子
남훈곡[108] 연주함을 보게 되리라	萬歲奏南薰

한 전함을 이끌고 금릉金陵을 공격하여 오吳나라를 멸망시킨 고사를 말한다. 『진서晉書』 권43 「왕준전王濬傳」.

108 남훈곡南薰曲 : 훈훈한 남쪽 바람의 노래라는 뜻으로, 성군聖君의 덕정德政을 비유하는 말이다. 순舜 임금이 오현금五絃琴을 만들어 「남풍가南風歌」를 지어 부르면서 "훈훈한 남쪽 바람이여, 우리 백성의 수심을 풀어 주기를. 제때에 부는 남풍이여, 우리 백성의 재산을 늘려 주기를.(南風之薰兮 可以解吾民之慍兮 南風之時兮 可以阜吾民之財兮)"이라고 했다는 고사에서 나온 것이다. 『예기禮記』「악기樂記」.

도순문 이 자추【존비】의 행차에 올려, 방문해 주기를 청하다

寄呈都巡問李紫樞行軒以邀見訪【尊庇】

하룻밤 재회의 기쁨 나누고자 하노니 一夕淸歡要再攀
예전에 송악松岳에서 만났다 말하지 마오 莫言前已會松巒
계봉에서 다시 본들 무슨 상관 있으리오 雞峰重見亦何害
진한 먹의 자취 아직도 마르지 않았는걸 濃墨如今尙未乾

【공이 예전에 글을 보내 송악으로 나를 부르면서 말하기를 "송악에서 먼저 서로 만나고, 뒤에 계봉에서 다시 만난다면, 안 될 것이 뭐가 있으리오."라고 했기 때문에 내가 이렇게 말한 것이다.】

보림 입공이 서울로 가려 한다는 말을 듣고 절구를 지어 부치다
聞寶林立公將如京 作句寄之

보림사 숲속의 오동나무 가지에　　寶林林裏有梧枝
둥우리 틀고서 봉황 새끼 길렀는데　　引得營巢瑞鳳兒
봄이 되자 훌쩍 날아가려 한다니　　聞道乘春欲飛去
어느 날 다시 춤사위 보여 줄는지　　不知何日更來儀

병중에 듣건대, 홍 상국이 깃발을 돌려 대궐로 돌아간다고 하기에, 그리워하는 마음을 가누지 못한 채 서툰 시를 억지로 지어 행막에 올렸다

病中聞洪相國返旆歸闕 不勝瞻戀 强成惡語 寄呈行幕

누워서 듣건대 고삐 날려 상경하신다니 臥聞飛轡忽朝天
만 리의 관산이 채찍 하나에 들었어라 萬里關山入一鞭
어떠하면 공의 마음 밝은 달이 되어 安得公心化明月
숲속의 그리는 내 마음 비추게 할까 照予林下苦懸懸

사자수의 공이 강동 백운암으로 거소를 옮긴다는 말을 듣고 감탄하여 짓다

聞師子岫之公 移錫江東白雲庵 歎美而作

주석하는 어려움을 형언할 수 있으리오	主席艱難可勝云
마음에 거슬려 날마다 짜증만 나는 걸	邇來違境日紛紜
부러워라 저 사자산 속의 어르신이여	羡他師子山中老
지팡이 짚고 표연히 백운으로 떠나시니	一杖飄然往白雲

농사일을 걱정하며 계미년(1283년) 4월 초하루에 빗속에서 짓다

憫農 黑羊四月旦日 雨中作

농사는 때에 맞춰야 하니 農事須及時
때를 놓치면 다시 할 수 없네 失時無復爲
농사지을 시기는 얼마 없나니 農時苦無幾
봄과 여름이 교체하는 때라네 春夏交爲期
봄이 가고 벌써 여름이 되니 春盡夏已生
농사일을 지체할 수 없네 農事不可遲
상천도 시절을 잘 알아서 上天解時節
고택을 누차 베풀어 준다네 膏澤方屢施
동쪽 정벌이 매우 급하니 征東事甚急
농사를 누가 또 생각하리오 農事誰復思
사자는 항상 끊이지 않고 使者恒絡繹
동쪽 서쪽으로 말을 달리네 東馳復西馳
마을이 텅 비게 백성을 동원해서 卷民空巷閭
강변으로 강제로 몰고 나가네 長驅向江湄
밤낮으로 산의 나무를 베어 日夜伐山木
전함을 만드느라 힘이 다했네 造艦力已疲
약간의 땅이라도 개간하지 않으면 尺地不墾闢
백성이 어떻게 살아가겠는가 民命何以資
민가엔 비축한 식량이 없어서 民戶無宿粮
태반은 아침부터 배고파 우네 太半早啼飢
더구나 농사일을 또 망쳤으니 況復失農業
하나도 빠짐없이 죽고 말겠네 當觀死無遺

아, 나는 또 무엇하는 사람인가　　嗟予亦何者
눈물만 속절없이 흘러내리네　　有淚空漣洏
슬프다 우리 동방의 백성이여　　哀哉東土民
상천이 슬퍼하지 않을 수 있겠는가　　上天能不悲
어떡하면 장풍이 멀리 불어와서　　安得長風來
피 맺힌 나의 말을 실어다 줄까　　吹我泣血詞
한번 불어 하늘 위에까지 가서　　一吹到天上
대궐 뜨락에서 아뢰게 하여　　披向白玉墀
나의 말 중에 미진한 부분을　　詞中所未盡
상제가 모두 알게 해 줬으면　　盡使上帝知

한 평양【사기】이 최 선사의 죽음을 애도한 시에 차운하여 답하다

次韻答韓平陽【謝奇】哭崔禪師

시간이 다했다 종 울리는 한밤중	漏盡鍾鳴夜正闌
여인숙의 길손 돌아갈 길 바빠라	旅亭行客苦催還
저승길에 임해 한 구절이 분명히 있는데	臨程一句分明在
만나는 사람에게 말해 준들 누가 알까	誰解逢人擧似看

재를 마치고 그냥 우스개 시 한 편을 지어서 인 선백에게 기증하다

齋餘 偶作戲語一篇 寄示印禪伯

계봉의 밥 한 그릇 鷄峯一鉢飯
연하고 거친 것을 어찌 따지리오 麁細何辨白
사람들은 보리를 잡초로 여기지만 人以麥爲草
나는 보리 대신 잡초를 섞는다네 我以草和麥
계봉의 국 한 그릇 鷄峰一盂羹
맛이 어떤지 따지려 하지 마오 滋味休擬議
사람들은 소금 대신 된장을 치지만 人以豉和鹽
나는 소금을 된장으로 여긴다네 我以鹽爲豉
신정인[109]이 10년 동안 何殊神鼎諲
장 없이 먹은 것과 뭐가 다르리오 十年無醬食
대우 지[110]가 죽도 제대로 亦如大愚芝
먹지 못한 것과 또한 같네 粥飯繼不得
단출하고 담박한 생활은 單丁與枯淡
세상에서 견줄 자가 없나니 擧世倫比絕
주인이 그 안에 거처하면서 主人處其中
그 즐거움을 바꾸려 하지 않네 怡然樂不徹

109 신정인神鼎諲 : 송대宋代 위앙종潙仰宗의 승려인 신정 홍인神鼎洪諲을 가리킨다. 일발자족一鉢自足의 청고淸苦한 생활을 즐기며 허름한 목상木床을 사자좌獅子座로 삼아 설법하곤 하였으므로, 고조주古趙州라는 존경을 받았다고 한다. 『선림승보전禪林僧寶傳』 권14.

110 대우 지大愚芝 : 송대宋代 임제종臨濟宗의 승려인 대우 수지大愚守芝를 가리킨다. 황벽 희운黃檗希運의 노파老婆와 대우 수지의 요설饒舌은 학인에 대한 곡진한 가르침으로 선가禪家에서 곧잘 인용된다.

객이 와서 그 이유를 물었지만　賓來問其然
주인이 웃으며 대답하지 않자　主人笑不答
객이 문득 주인을 비웃었나니　賓却笑主人
취향이 맞는 점이 없기 때문이라　趣尙寡所合
도롱뇽이 어떻게 용의 뜻을 알며　蚖哉烏覩龍
참새가 어떻게 고니의 뜻을 알랴　燕雀焉知鵠
객이여 그대는 떠나가거라　賓乎爾且去
그대와는 소망이 같지 않으니　與爾不同欲
그대는 진수성찬 좋아하지만　爾愛飫珍羞
나는 나물과 거친 밥 좋아하고　我愛蔬與糲
그대는 가벼운 가죽 옷 좋아하지만　爾愛服輕裘
나는 베와 칡 옷을 좋아한다네　我愛布與葛
그대는 번화한 일 좋아하지만　爾喜事紛華
나는 궁벽한 곳을 좋아하고　我喜處窮僻
그대는 사람이 따름을 좋아하지만　爾喜人所趨
나는 사람이 배척함을 좋아한다네　我喜人所斥
물은 나의 난간을 돌아 나가고　水樂遶我軒
산은 나의 집을 병풍 쳐 주네　山屛圍我屋
나는 만 그루의 솔이 있고　我有萬株松
나는 천 그루의 대가 있으니　我有千竿竹
왕후의 귀함도 부럽지 않고　貴不羨王侯
금곡[111]의 부유함도 부럽지 않네　富不羨金谷
누웠다 일어났다 내 뜻대로 하며　偃仰適我適
그윽한 고독함을 사랑하노니　於焉樂幽獨

111 금곡金谷 : 진晉나라의 유명한 부자인 석숭石崇의 정원 이름이다.

장씨의 셋째 아들도 알지 못하거늘 曾不識張三
이씨의 넷째 아들을 어찌 알리오 安知有李四
그러니 나 혼자 생활하는 것을 凡我所自養
그대가 어떻게 좋아할 수 있겠는가 何以爾所嗜
객이 듣고 부끄러워 물러나기에 賓聞赧而退
붓을 찾아 대략 글로 지어서 索筆書大略
마음 통하는 벗에게 보여 주노니 寄示同心友
그저 한번 크게 웃어 주었으면 庶以資一噱

우연히 절구 한 수를 짓다
偶書一絶

비 온 뒤의 정원은 고요하기 쓴 것 같고	雨餘庭院靜如掃
바람 지나는 창가는 서늘하기 가을 같네	風過軒窓凉似秋
산 빛과 시냇물 소리 그리고 솔바람 소리	山色溪聲又松籟
그 무슨 속진의 일이 마음속에 들어오랴	有何塵事到心頭

만연의 선로에게 답한 절구 두 수
酬萬淵之禪老二絕

친소의 구별 없이 자애로운 분	大慈兼愛勿親疎
나는 더욱 특별히 은혜 받았지	況我偏承肯暫孤
어떡하면 함장[112] 아래 뒤따르면서	安得相隨函丈下
여생의 일월을 즐겁게 노닐거나	餘生日月付遊娛

세상 길 걷기 어려움만 알았을 뿐	但知世路行難穩
산림이 훨씬 어려운 줄 알았으랴	那料山林勢倍艱
스님 만나 속마음 토로하지 못한다면	若不得師相吐膽
어디 가서 얼굴 한번 펼 곳도 없으리라	也應無處可開顔

112 함장函丈 : 선생과 제자 사이의 거리가 1장丈 정도 떨어져 있다는 말로, 강학講學하는 장소를 뜻한다.

김 시랑【훤】에게 차운하여 답하다
次韻答金侍郞【晅】

낙락장송은 울울창창하여	長松翠鬱鬱
1년 내내 봄기운을 띠나니	四序留春暄
피고 지는 때가 얼마 되지 않는	開謝不須臾
해바라기와 원추리야 따질 게 있으리오	肯數葵與萱
우리 공의 곧은 절개야말로	我公抱貞節
낙락장송과 견줄 수 있나니	可與長松論
분분히 피고 지는 속에서도	紛紛榮悴中
변함없이 항상 우뚝하여라	落落常獨存
이 때문에 세상에 용납되지 않아	坐此不容世
굳게 문 닫고 깊이 들어앉았으나	深居牢杜門
한 시대의 고상한 인사들이	一時高尙流
구름처럼 모여 어울린다네	從遊集如雲
손이 돌아가면 고독을 즐기고	賓歸樂幽獨
손이 오면 누구와도 기뻐하며	賓至共誰欣
한가로이 자기의 낙을 누리나니	身閑適其適
하나의 작은 집이면 충분하여라	聊足一小軒
지척엔 홍진이 자욱이 일어나고	咫尺紅塵陌
날마다 세상 일 어수선해지니	世事日繽紛
참으로 알겠도다 크게 은거하는 자는	信知大隱居
성시 사이를 벗어나지 않고서도	不出城市間
앉은 자리 가운데 선호[113]를 소유하고	座中有仙壺

113 선호仙壺 : 호공壺公의 신선 세계.

가슴속에 구름 산을 간직한다는 것을	胸次藏雲山
사람들은 모두 주문[114]에 달려가서	人皆走朱門
다투어 아첨하며 붙좇으려 하는데	競欲承其顏
우리 공이 좋아하고 즐기는 바는	而公所嗜好
그들과는 완전히 같지 않아서	與彼殊鹹酸
오직 생각하는 것은 두 선승을 찾아	唯思尋二禪
셋이서 즐거운 자리 이루는 것이라오	品座成壹歡
공이여 눈을 한번 들어 보면	請公試着眼
겁외에 천지가 넓고 넓으니	刼外天地寬
어찌 알리오 우리 서로 모여	安知不相聚
이야기 꽃을 피우지 않을 줄을	談舌爭翻瀾

【보내 온 시에 "장차 조랑말 한 마리 사서,[115] 계산을 찾고 또 찾으리라.(行當買款段 去去尋雞山)"라고 하였고, 또 "만연 선로禪老도 초청한다면, 자리가 훨씬 더 즐거우리라.(仍邀萬淵老 品坐陪淸歡)"라고 하였다.】

114 주문朱門 : 대문을 붉은 색으로 치장한 집으로, 귀족이 사는 고대광실을 말한다.
115 장차 …… 사서 : 원문은 行當買欵殿으로 되어 있으나, 欵殿은 款段의 잘못이기에 바로잡아 번역하였다.

선석암에 우거하며 대나무를 심어 놓고 감상하다
寓居禪石庵 觀種竹

우뚝 높다란 대나무를 옮겨 심어 놓고	移植亭亭竹一竿
바위에 기댄 천 척의 모습 즐겨 보네	愛看千尺倚巖間
밤중에 풍우에 소슬하게 울리는 소리	夜來風雨鳴蕭瑟
상강과 위수[116]에 배를 댄 듯하여라	似泊湘江渭水灣

116 상강湘江과 위수渭水 : 순舜 임금이 창오蒼梧의 들판에서 죽은 뒤 그의 두 왕비 아황娥皇과 여영女英이 사모하는 정을 억누르지 못해 서로 통곡하면서 상강湘江에 빠져 죽었는데, 그때 흘린 눈물이 대나무 위에 떨어지면서 얼룩이 져 소상반죽瀟湘班竹이 되었다는 고사가 있고, 또 위천渭川의 일천 이랑이 온통 대나무 밭이라는 위천천묘渭川千畝의 고사가 있기 때문에, 충지가 이 두 개의 지명을 인용한 것이다.

암주가 산을 나가 오래도록 돌아오지 않기에 절구를 지어 부치다
庵主出山久不返 作句寄之

노인이 산을 떠나고 나니	老人出山去
선석암에 벌써 먼지가 이네	禪石已生埃
알리노니 급히 석장錫杖을 돌려	爲報急迴錫
원숭이와 학이 슬프게 하지 마시기를[117]	無令猿鶴哀

117 원숭이와 …… 마시기를 : 참고로 남조 제南朝齊의 공치규孔稚珪가 지은 「북산이문北山移文」에 은자隱者가 떠나고 난 뒤의 정경을 묘사하면서 “향기로운 장막이 텅 비자 밤에 학이 원망하고, 산 사람이 떠나가자 새벽에 원숭이가 놀라 우네.(蕙帳空兮夜鶴怨 山人去兮曉猿驚)”라고 하였다.

참선하는 여가에 절구 한 수를 지어 함께 거처하는 스님들에게 보여 주다

禪餘得句 書示同袍

한 암자에 진진찰찰이 다 들어 있으니	塵刹都盧在一庵
방장을 떠나지 않은 채 남방을 두루 순례하네	不離方丈遍詢南
선재는 뭐 하러 죽을 고생 다하면서	善財何用勤劬甚
110성을 쓸데없이 찾아다녔는고[118]	百十城中枉歷參

118 선재善財는 …… 찾아다녔는고 : 선재동자善財童子가 처음에 문수보살文殊菩薩을 찾아갔다가 다시 깨달음을 얻기 위해 남쪽으로 여행하여 110성城의 53선지식善知識을 찾아다니며 법문을 구한 결과 마침내 미진수微塵數의 삼매문三昧門에 들어섰다는 이야기가 『화엄경華嚴經』「입법계품入法界品」에 나온다.

가을날에 우연히 짓다

秋日偶書

처마 주위 대숲에선 귀에 익은 빗소리요
산골 가득 단풍에는 가을빛이 풍성해라
아리땁게 국화꽃은 새벽이슬 떨구고
우수수 지는 붉은 낙엽 뜨락에 떨어지네

遶檐竹密雨聲慣
滿洞楓殷秋色多
艷艷黃花啼曉露
蕭蕭赤葉下庭柯

잠에서 깨어
睡起

늦가을 처량해라 햇빛은 엷고	秋抄淒凉日色薄
산 모습 삭막해라 서리 꽃 맑네	山容索寞霜華淸
문 닫고 앉아 졸다가 꿈속 나라로	閉門坐睡便成夢
깨어 일어나니 까마귀 두세 마디	驚起林鴉三兩聲

오산 꼭대기에 좌선암과 행도석이 있는데, 이곳은 대개 선각과 진각의 두 분 국로가 좌선하며 수도한 유적이다. 근래에 사내의 명덕인 노공이 좌선암 아래에 터를 잡은 뒤에, 잡목을 제거하고 암자를 만들어 거처하였는데, 그곳의 뛰어난 경치는 실로 형용할 수가 없다. 마침내 회당 화상에게 이름을 청하니, 화상이 선석이라고 이름하고 게를 지었다. 노공이 나에게 다시 그 뒤를 이어 글을 지어 달라고 권하였는데, 그 뜻이 간절해서 사양할 수가 없기에, 억지로 서툰 글을 지어 법제에 화운하는 한편 노공 장하에 봉정하게 되었다

鼇山之頂 有坐禪巖 行道石 盖先覺眞覺兩國老 宴坐修道之遺跡也 近者 社內名德盧公 卜地於 坐禪巖下 化榛莽爲蘭若而居之 其地之絕奇勝 固不可形容也 遂乃請名于晦堂和尙 和尙以禪石名之 因有偈 盧公勸予以續貂 其意勤懇 辭不獲已 强綴蕪辭 仰賡法製 奉呈盧公丈下

소라처럼 점 찍어 빙 둘러서 산맥 이루고　　螺點一旋成絕嶠
육첩 병풍이 에워싸 기암을 만들었네　　屛圍六疊作奇巖
암석을 머리에 인 천 길 꼭대기 개척하여　　鑿開戴石千尋頂
허공에 솟구친 팔 척의 암자를 지었어라　　化出凌虛八尺庵
바라보면 산과 강이 모두 눈 안에 들어오고　　瞻望頭頭窮嶽瀆
등반하면 구름과 안개가 발 아래 밟힌다네　　躋攀步步踏雲嵐
조유[119]의 한묵으로도 표현하기 어렵고　　曹劉翰墨題難好
고륙[120]의 단청으로도 그려낼 수 없으리라　　顧陸丹靑畵未堪

119 조유曹劉 : 후한後漢 건안建安의 시인인 조식曹植과 유정劉楨의 병칭이다.

120 고륙顧陸 : 동진東晉의 화가 고개지顧愷之와 남조南朝 송宋의 화가 육탐미陸探微의 병칭이다. 고개지는 화절畵絕·치절癡絕·재절才絕의 삼절三絕로 일컬어지고, 육탐미는 인물 및 산수화에 독보獨步로 일컬어졌는데, 『역대명화기歷代名畫記』에서 장회관將懷瓘이 "고개지는 정신을 얻었고 육탐미는 골수를 얻었다.(顧得其神 陸得其骨)"라고 평하였다.

멋진 경치가 세계에서 으뜸이리니	勝槩也應魁宇內
어찌 강남에서만 이름을 독점하랴	美名奚獨隻江南
좌선과 행도는 지금도 옛날과 같으니	坐禪行道今猶古
두 분 국로에 우리 스님 합쳐서 세 분이로다	二老并師只是三

눈 속에서 고한시를 지어 한 평양【사기】에게 부치다

雪中 作苦寒詩 寄韓平陽【謝奇】

눈에 눌린 산당 얼음처럼 차가운데	雪厭山堂冷似氷
앉아서 찬 눈물 가슴으로 흘리노라	坐來寒涕輒垂膺
어느 때나 조화는 따뜻한 봄을 돌려줄까	何時造化迴春暖
공연히 천공이 나에게 무심하다 탄식하네	空歎天工不我矜

정회를 읊다
書情

산새가 1년 내내 새장 속에 갇혔으니	野禽終歲困籠囚
돌아가고 싶은 뜻 촌각인들 지체할까	歸意寧容寸刻留
날개 떨치고 한번 날아갈 날 있으리니	奮翼一飛當有日
어느 산 구름과 달에 노닐지 못하리오	何山雲月不堪遊

지난번에 퇴직한 시중 하동 영공【하】이 화전 한 폭을 보내며 산승의 시를 청하기에 억지로 절구 네 수를 지어서 멀리서 각하께 올렸다

頃蒙致政侍中河東令公【瑕】送花牋一幅 杜索山語 强成四絕 遙呈閣下

머리에 쓴 선관[121]은 대대로 전해지고　頭上蟬冠傳世系
허리에 찬 귀인[122]은 병권을 상징하네　腰間龜印帶兵權
지위 높은 총재[123]로 공명이 족한지라　位崇冢宰功名足
녹야[124]에 은퇴한 지 벌써 몇 년이라오　綠野懸車已數年

태정에 두 번 올라 지봉을 길들이고　再登台鼎馴池鳳
문형을 네 번 잡아 곡앵을 놓아줬네　四握文衡放谷鶯
인끈 풀고 돌아와 유유자적한 몸　解組歸來身自適
오직 불사에 여생을 부쳤다오　唯將佛事付餘生

가시나무 쉬파리가 패금을 이루어서[125]　蠅棘一朝成貝錦

---

121 선관蟬冠 : 한대漢代에 시종관侍從官이 쓰던 관으로, 위에 매미(蟬) 장식을 달고 담비(貂) 꼬리를 꽂았기 때문에 초선관貂蟬冠이라고도 하는데, 보통 고위 관원의 관을 가리킨다.

122 귀인龜印 : 거북 모양의 인장印章이라는 뜻으로, 보통 관인官印을 가리킨다.

123 총재冢宰 : 이조판서吏曹判書의 별칭이다.

124 녹야綠野 : 당 헌종唐憲宗 때의 명 재상인 배도裵度가 은퇴하고 나서 낙양洛陽 근교에다 마련한 별장 녹야당綠野堂의 준말이다. 이곳에서 그는 백거이白居易·유우석劉禹錫 등과 함께 밤낮으로 시와 술을 즐기면서 인간 세상의 일을 잊고 만년을 보내었다. 『신당서新唐書』「배도전裵度傳」.

125 가시나무 …… 이루어서 : 소인이 근거 없이 군자를 참소讒訴했다는 말이다. 패금貝錦은 자개 무늬 비단처럼 없는 사실을 그럴 듯하게 꾸며 낸 것을 말하는데, 『시경詩經』「소아小雅」〈항백巷伯〉의 "울긋불긋 잘도 짠 자개 무늬 비단이여, 참소하는 저 사람 또한 너무 심하지 아니한가.(萋兮斐兮 成是貝錦 彼譖人者 亦已大甚)"라는 말에서 유래한 것이다. 또 『시경』「소아」〈청승靑蠅〉에 "윙윙거리는 쉬파리, 가시나무에 앉았네.

큰 물결이 세 번이나 조정을 휩쓸었네 鯨波三度滌簪紳
끝내 의결[126]이 없다면서 괴이하게 생각 마오 終無蟻缺休驚恠
건곤이 어찌 길인을 궁지에 빠뜨리리오 豈有乾坤陷吉人

대나무 의자 부들 방석으로 밤낮을 잊고 竹倚蒲團忘夜旦
나물밥에 냇물 마시며 염량을 보낸다네 蔬餐澗飮度炎凉
대문 앞을 청소한 당일의 인연이 있기에[127] 掃門當日因緣在
화로에 자꾸 향 피우며 장수 기원합니다 爐上頻添薦壽香

참소하는 말이 그치지 않아서, 사방 나라를 교란시키네.(營營靑蠅 止于棘 讒人罔極 交亂四國)"라는 말이 나온다.

126 의결蟻缺 : 의비지결蟻鼻之缺의 준말로, 조그마한 결점이라는 뜻이다. 『포박자抱朴子』 「논선論仙」에 "한 치의 하자 때문에 한 자의 야광주를 버리고, 조그마한 결점이 있다고 하여 값으로 따질 수 없는 명검을 손상시킨다.(以分寸之瑕 棄盈尺之夜光 以蟻鼻之缺 損無價之淳鈞)"라는 말이 나온다. 또 소식蘇軾의 시에 "선생은 만금의 구슬과 같은 분이지만, 이 하나의 조그마한 결점을 지니고 있다.(先生萬金璧 護此一蟻缺)"라는 표현이 보인다. 『소동파시집蘇東坡詩集』 권23 〈기정오수岐亭五首〉.

127 대문 …… 있기에 : 일찍이 그가 주선해 준 덕분에 바라던 일을 이룬 적이 있었다는 말이다. 전한前漢의 위발魏勃이 제상齊相으로 있던 조참曹參을 만나려고 하였으나 뜻대로 되지 않자, 조참의 사인舍人의 대문 앞을 청소해 준 인연으로 조참을 만나 그의 주선으로 내사內史에 임명된 이른바 '소문掃門'의 고사가 있다. 『사기史記』 「제도혜왕세가齊悼惠王世家」.

이 사관【원】이 호종하여 돌아왔다는 말을 듣고 기뻐서 절구를 지어 부치다

喜聞李史舘【源】扈從還朝 作句寄之

봄날에 가고 가서 황제를 뵐 적에　春日行行覲北宸
환한 그 풍채 가장 청신했으리라　皎然風彩最淸新
아마도 타국에서 놀라 가리키며　想知殊俗爭驚指
동한의 제일인으로 꼽았으리라　導是東韓第一人

꾀꼬리 우는 여름날에 중국을 떠나　夏鶯初囀別神州
만리 길 돌아오니 벌써 기러기 가을　萬里歸來已雁秋
말 위에서 멋진 시들 많이 읊었을 테니　馬上淸吟應滿軸
나에게 부쳐 시름을 위로해 주면 어떠하리　何妨寄示慰幽愁

이 상국이 가산 섭무실[128]이 만든 먹 1정을 보냈기에 사례하다

謝李相國寄惠柯山葉茂實所製佳墨一鋌

가산의 묘수는 천하에 독보라서 柯山妙手天下獨
정규와 반곡[129]을 압도하는 터라 壓倒廷珪與潘谷
취병[130] 하나에 백금의 값도 헐하니 一枝翠餠百金輕
어찌 수주와 변옥[131] 정도일 뿐이리오 奚啻隋珠兼卞玉
가산이 하늘로 올라간 뒤로 自從柯山上昇去
당세에 구하기도 쉽지 않았는데 當世求之不易得
더구나 먼 후대 다른 나라 땅에서 況今時遙風土殊
내가 무슨 수로 그 묵을 얻으리오 而我何由致其墨
저번에 홀연히 상공의 서신 받들건대 昨朝忽得相公信
글 속의 말씀이 참으로 간절했나니 書中有語誠款曲
연도에서 이 먹을 입수하고 나서 謂言燕都獲此墨
조계산과 계족산에 나눠 보내셨다네 分寄曹溪與鷄足
봉함을 여니 용사향이 손에 가득하고 開緘龍麝香滿手

---

128 섭무실葉茂實 : 송宋나라 촉蜀 출신으로, 희풍熙豊 연간에 장우張遇와 쌍벽을 이룬 묵장墨匠이다. 1977년 봄에 강소성江蘇省 무진현武進縣의 무덤에서 섭무실묵葉茂實墨 반쪽 부분이 출토되었는데, 여전히 옥玉처럼 단단하고 칠漆처럼 광택이 났다고 한다.

129 정규廷珪와 반곡潘谷 : 정규는 남당南唐의 묵관墨官 이정규李廷珪를 말한다. 그가 만든 먹을 정규묵 혹은 정규라고 하여 송宋 이래로 으뜸으로 삼았다. 반곡은 송나라 흡주歙州 사람으로, 묵선墨仙으로 일컬어졌으며, 그가 만든 먹을 반곡묵이라고 하여 사람들이 애호하였다.

130 취병翠餠 : 푸른 떡이라는 뜻으로, 먹의 별칭이다.

131 수주隋珠와 변옥卞玉 : 수주는 뱀이 수후隋侯에게 보은報恩했다는 명월주明月珠를 말하고, 변옥은 천하의 보옥寶玉으로 일컬어지는 초楚나라 변화卞和의 화씨벽和氏璧을 말한다.

광채와 윤택에 사람 눈이 부신데　　光彩瑩澤驚人目
몇 치의 파문이 명발에 응축되고　　波紋數寸縮溟渤
그 속에 쌍룡이 장난치며 뒤따르네　　中有雙龍戲相逐
중장[132]의 점칠먹도 귀할 게 있으리오　　仲將點漆何足珍
승안[133]의 연제먹도 욕심나지 않는 걸　　承晏軟劑非所欲
열 겹으로 보관하여 보배로 삼았나니　　十襲藏爲篋中寶
어찌 감히 간독을 쓰는 데 사용하랴　　不敢磨硏書簡牘
상공의 후의를 어떻게 갚으리오　　相公厚意何以酬
그저 향을 피우면서 축수할 수밖에　　但把爐煙勤薦祝
바라건대 우리 공 천년만년토록　　願公千春又萬春
귀밑머리 먹처럼 길이 검으시기를　　兩鬢長如點蛾綠

132 중장仲將 : 삼국시대 위魏나라 위탄韋誕의 자字이다. 서법書法의 명인으로, 초성草聖 장지張芝의 제자이다.

133 승안承晏 : 남당南唐의 묵공墨工 이승안李承晏을 가리킨다. 이초李超의 아들이 이정규李廷珪와 이정관李廷寬이고, 이정관의 아들이 이승안으로, 3대에 걸쳐 묵장墨匠의 이름을 떨쳤다.

우러러 법제에 화운하여 자인실에 봉정하다
仰賡法製 奉呈慈忍室

일찍부터 표연히 출가할 생각 품었는지라 早懷飄然物外思
그만둘 수 없는 속에서 그만둘 수 있었다네 不可已中能得已
부귀는 다시 꿈꾸지 않고 구름처럼 노닐며 雲遊不復夢紈綺
찌꺼기 씻어내고 심원을 찾으려 하였다네 要使心源滌塵滓
고삐 매고 따른 뒤로 성취한 것 하나 없이 自從御勒到無似
10년 동안 구유에 누워 고개만 떨궜다네 十年伏櫪空垂耳
천품을 바꾸기 어려운 것은 당연한 이치 天稟難移固其理
종일토록 슬피 울며 천리 길 달리려 하네 終日悲鳴念千里
더구나 지금 늙고 병든 몸 누가 부축할까 矧今老病誰扶起
그저 깊이 숨어서 여생을 보내고 싶다네 祇欲深居養衰齒
바라건대 자비 베풀어 이 뜻을 살피시고 願迴慈悲諒此意
쓸모없는 쇠잔한 이 몸 놓아 주시어 放我尫殘無用軀
다툼 없는 황벽한 곳에 있게 해 주셨으면 置之荒僻不爭地

지병마 김 상서【석】에게 부치다

寄知兵馬金尙書【碩】

【공이 그때 탐라에서 적을 토벌하고 있었다.[134]】

1만 기병 거듭 와서 해변을 진압하며	萬騎重來鎭海涯
위풍이 먼저 귤주[135] 향해 치달렸도다	威風先向橘州馳
채찍 하나로 만월을 혼낼 수 있으니	一鞭尙可笞蠻越
좀도둑이 발광한들 무슨 대수리오	小寇雖狂不足疑
붉은 수염 황금 갑옷 하늘 찌르는 기상	紫髯金甲氣凌雲
여사로 짓는 시문도 발군이고 말고	餘事篇章亦不群
전일 송악의 한이 아직 남았는데	往日松巒遺恨在
언제 등불 켜고 자세히 글을 논해 볼까	一燈何夕細論文

134 원문은 '耽人'으로 되어 있는데 '耽羅'로 교정함.

135 귤주橘州 : 귤이 많이 나는 곳. 제주도를 가리킴.

5월 15일 밤에 동루에 오르니, 음산한 구름이 모두 걷히고 달빛이 대낮처럼 밝은 가운데, 솔바람 소리와 물소리가 서로 어울려 일어나서, 오래 앉아 있어도 피곤한 것도 잊은 채 의사가 소산하였으니, 산중의 즐거움을 형용할 수 없는 점이 있었다. 한 평양과 함께 있으면 좋겠다고 생각했으나 그럴 수도 없기에 시를 지어서 그 뜻을 기록하였다

五月十五夜 登東樓 陰雲卷盡 月色如晝 松韻水聲 相和而起 坐久忘疲 意思蕭散 山中之樂 有不可形容者 思與韓平陽共之 而不可得 詩以志之

고요한 밤 텅 빈 산에 뭇 움직임 끊어지고　　夜靜山空群動絕
층층 구름 흩어지며 은빛 누대 솟구쳤네　　積陰散盡湧銀闕
삽상한 기운 자리에 일어 가을보다 서늘하고　　爽氣入座涼於秋
밝은 달빛이 대지에 가득 눈처럼 새하얗네　　皓色滿地白如雪
솔바람은 소슬해서 옷깃이 시원하고　　松風瑟瑟淸衣衿
산골 물은 차가워서 기골을 일깨우네　　岩溜冷冷醒肌骨
초연히 홀로 앉아 밤이 점점 깊어지니　　翛然獨坐到更深
금분[136]이 기울며 두견이 소리 뜸해지네　　金盆欲側杜鵑歇
이 속의 지극한 맛을 형용하기 어렵나니　　箇中至味誠難名
그저 혼자 즐길 뿐 누구에게 얘기하랴　　只可自怡向誰說
어떡하면 평양의 한 사군과 더불어　　安得平陽韓使君
이 누대에 기대어 이 달빛을 볼거나　　共倚此樓看此月

136 금분金盆 : 황금 쟁반이라는 말로, 달을 뜻하는 시어詩語이다. 참고로 두보杜甫의 시에 "밤이 이슥토록 도란도란 얘기하다, 지는 달을 보니 마치도 황금 쟁반.(夜闌接軟語 落月如金盆)"이라는 표현이 나온다. 『두소릉시집杜少陵詩集』 권9 〈증촉승려구사형贈蜀僧閭丘師兄〉.

게송을 지어 선석암의 선로에게 부치다

作偈 寄禪石禪老

돌이 쌓여서 높이 솟은 산봉우리	一朶危峯石作堆
푸른 바위 빙 둘러 병풍을 친 듯한데	翠巖環列似屛開
부러워라 안선의 땅에서 훌훌 떨치고	羡師解解安禪地
우리 스님 띠집 짓고 성태를 기르시니	獨結茅茨養聖胎

만연의 선로에게 차운하여 삼가 화답하다 · 2수
次韻奉酬萬淵之禪老 · 二首

북우와 남린은 한 몸이 변했으니[137]	北羽南鱗變一身
둘이 만날 인연 없다 누가 말하랴	誰言會合兩無因
다 함께 궐리의 문 앞의 객으로서	共爲闕里門前客
똑같이 조계의 길을 걷게 되었네[138]	同作曹溪路上人
준일한 시운이야 따라가기 어려워도	詩韻縱難追俊逸
청빈한 가풍은 그래도 비교할 만하네	家風猶可較淸貧
평생의 출처가 모두 서로 비슷한데	平生出處都相似
봄을 모르는 고목이 부끄러울 따름	但愧枯株不受春

본래 오활해서 쓸모없는 이 몸이	本是迂踈沒用身
연래엔 또 노병이 서로 잇따르네	年來老病又相因
두소[139]의 작은 그릇이 대중을 포용하리오	斗筲器小那容衆
와력[140]의 무딘 자질이 감히 끼일 수 있으리오	瓦礫資頑敢齒人

137 북우北羽와 …… 변했으니 : 깊은 바다 속의 곤鯤이라는 물고기가 대붕大鵬으로 변해서 하늘 높이 날아간다는 이야기가 『장자莊子』 「소요유逍遙遊」 첫머리에 나온다. 북우와 남린은 각각 대붕과 곤을 가리킨다.

138 다 함께 …… 되었네 : 두 사람 모두 유자儒者로서 출가하여 승려가 되었다는 말이다. 궐리闕里는 공자孔子의 고향으로서 유교儒敎를 가리킨다. 조계曹溪는 육조 대사六祖大師로 불리는 당唐나라 혜능慧能이 조계산曹溪山 보림사寶林寺에서 선종禪宗의 정통으로 일컬어지는 남종南宗을 개창하였기 때문에 보통 선종의 별칭으로 쓰이는데, 여기서는 불교의 의미로 사용되었다.

139 두소斗筲 : 두는 1말, 소筲는 1말 2되들이의 죽기竹器를 말하는데, 보통 도량이 협소하고 식견이 천박한 자를 가리킨다. 『논어論語』 「자로子路」에 "두소 정도의 사람들을 굳이 따질 것이 뭐가 있겠는가.(斗筲之人何足算也)"라는 공자孔子의 말이 나온다.

140 와력瓦礫 : 기왓장과 자갈이라는 뜻으로, 둔하고 거칠어 쓸모가 없는 물건의 비유로 쓰인다.

정밀한 학문이 없으니 근기 더욱 둔해지고	學問未精機益鈍
수행한 법력이 없으니 도가 빈약할 수밖에	修行無力道常貧
어떡하면 궁벽진 산속으로 물러나서	何當退處窮山裡
한바탕 봄꿈 같은 뜬 인생을 보낼거나	送了浮生一夢春

차운하여 연곡 선사에게 답하다
次韻答燕谷禪師

어릴 때 습관이 늙어서도 완연해서	老來童習尙紛如
쓸쓸한 수석의 거처를 좋아한다네	惟喜蕭條水石居
근기가 둔하니 신진의 비웃음을 당할 수밖에	機鈍每遭新進笑
병이 많으니 친구들이 멀어짐도 이상할 것 없네	病多爭恠故人疎
남쪽 처마 달 밝은 밤에는 가부좌하고	南檐月白宵趺上
북쪽 창에 바람이 서늘하니 낮잠이 넉넉해라	北牖風淸晝睡餘
진중한 우리 스님 게으른 나를 기억하여	珍重吾師記衰慵
때때로 문안하는 글을 자주 보내 주네	時時頻辱問安書

다시 차운하여 연곡 선사에게 답하다

復次韻答燕谷禪師

두류산 형승은 그림으로도 보이기 어려운데	頭流形勝畵難如
임천의 가장 좋은 곳을 홀로 차지했네	獨占林泉最處居
조용한 사원에 해 더디어 선미도 길고	院靜日遲禪味永
깊은 산골에 마을 멀어 속연도 멀어라	谷深村遠俗緣疎
어찌 흥취만 흥망밖에 뛰어날 뿐이리오	豈惟趣逸興亡外
장기 바둑 여가에 시의 명성도 울렸다오	兼復詩鳴博奕餘
두 번이나 불러줄 줄은 정말 몰랐나니	再辱佳招眞不分
이 감회 천 자루 붓으로도 어찌 다 쓰리	感懷千筆可殫書

나처럼 평생 게으른 자는 없을 텐데	平生懶拙莫吾如
게다가 늙었으니 대중과 어떻게 거처하랴	矧老那堪與衆居
장단을 사람들 판단에 이미 맡겼거니	長短已從人揣度
세상이 시비 따지는 일 어찌 걱정하랴	是非何患世分疎
맑은 샘 푸른 바위 안온한 은자의 삶	淸泉翠石幽棲穩
여린 죽순 산나물 산야의 흥치 물씬	脆筍香蔬野興餘
조만간 두 늙은이 서로 어울리며	早晩相隨成二老
백운 깊은 곳에 드러누워 글을 보리라	白雲深處臥看書

【보내온 시에 이웃해서 살자는 말이 있었으므로 이렇게 언급한 것이다.】

능가산에서 노닐며

遊楞伽山

【전북 부안군 소래사蘇來寺】

바닷가에 명산이 있다는 말 들었는데	舊聞海上有名山
다행히도 유람하며 숙원을 풀었네	幸得遊尋斷宿攀
1만 골짜기 안개는 걷고 앉는 속에	萬壑烟嵐行坐裡
1천 겹의 섬들은 돌아보는 사이에	千重島嶼顧瞻間
의상암 높아라 하늘이 기둥에 이어졌고	義湘菴峻天連棟
자씨당 깊어라 바위가 문이 되었네	慈氏堂深石作關
세상 피해 깃들일 곳 이만한 데 없나니	避世高棲無此地
지친 새 돌아올 줄 안 것이 자랑스러워	堪誇倦鳥解知還

【이때 능가산에 옮겨 살고 싶었기 때문에 이렇게 말한 것이다.】

또
又

산이 바다를 사방으로 빽빽이 둘러쳤나니	四面山屏海簇
누가 수묵을 가지고 와서 이런 그림 그렸나	誰將水墨來施
돌아보는 사이에 사람의 기골을 맑게 하니	轉眄清人肌骨
굳이 다른 때 기다려 하늘로 오를 것 있으랴	飛昇何待別時

차운하여 김 시랑【훤】에게 답하다
次韻答金侍郎【晅】

병들었다 시위한 비야 거사[141]의 몸은　　示病毗耶居士身
종일 티끌 속에서도 티끌이 본래 없다네　　在塵終日自無塵
그대여 한번 보소 우담발화 꽃송이를　　君看一朶優曇鉢
낮고 습한 진흙 속에 빛이 오히려 새롭나니　　卑濕泥中色尙新

공명을 많이 입으면 한 몸이 구속되어　　多被功名縛一身
아침부터 정신없이 풍진 속에 쫓길 따름　　終朝役役走風塵
찬찬히 살펴보소 필경 무슨 일 이루는지　　徐觀畢竟成何事
어부와 나뭇꾼의 비웃음만 살 뿐이라오　　空使漁樵笑轉新

얻었다고 뭐 기뻐하며 잃었다고 뭐 슬퍼하랴　　得來何喜失何悲
세상에서 순역順逆을 그저 따를 뿐　　幻境從他順與違
난세에 한가함도 하늘이 부여한 것　　世亂投閑天所賦
순채蓴菜 시들기 전에 일찍 돌아오시기를　　蓴絲未老早來歸

평화루 앞의 슬픔이 채 가시기 전에　　平化樓前已可悲
오성산 아래에서 또 이별하다니　　鰲城山下又辭違
당시 두 곳에서 헤어진 한스러움이　　當時兩地傷離恨
나비의 꿈[142] 속에서 항상 나풀거린다오　　長作翩翩夢蝶歸

---

141 비야 거사毗耶居士 : 인도 비야리성毗耶離城의 유마 거사維摩居士를 말한다. 유마 거사가 중생의 병이 다 낫기 전에는 자신의 병도 나을 수 없다면서 드러눕자, 세존이 문수보살 등을 보내 문병하게 한 고사가 『유마경維摩經』「문질품問疾品」에 나온다.

142 나비의 꿈 : 옛날 장주莊周가 꿈속에 나비가 되어 훨훨 날아다니면서 즐겁게 노닐다가

한 소향에게 부친 절구 세 수
寄韓小鄕三絶

【공이 연경에 있었다.】

만금교 밖에서 슬프게 헤어진 뒤로 萬金橋外慘分襟
사막 요새의 하늘 멀리 소식 끊어졌네 沙塞天遙絶信音
두 해의 은혜와 사랑이 소중하기에 只爲二年恩愛重
이별 뒤로 그리움이 갈수록 깊어지오 別來思戀久彌深

어버이 멀리 계신다 자주 옷깃 적시지 마오 莫因親遠屢霑襟
평안하다는 좋은 소식 있으리이다 想有平安報好音
공 이루고 돌아와 색동옷 춤[143]을 추리니 功遂却迴還舞綵
효성이 어찌 충성보다 못할 리 있으리까 忠誠何負孝誠深

평소 시의 운치가 흉금에 가득하여 平生風雅滿胸襟
표현을 하면 모두 정시의 음[144]이었네 出語皆含正始音
대국에 오래 있으면서 담력도 변했으리니 久向大邦移膽氣
돌아오면 시상이 더욱 깊고 웅혼하리라 歸來詩思轉雄深

꿈을 깨고 보니 엄연히 인간인 장주더라는 호접몽蝴蝶夢의 이야기가 『장자莊子』「제물론齊物論」에 나온다.

143 색동옷 춤 : 춘추시대春秋時代 초楚나라의 은사隱士인 노래자老萊子가 나이 70에도 어버이의 마음을 기쁘게 해 드리려고 색동옷을 입고서 춤을 추며 재롱을 떨었다는 고사가 전한다. 『초학기初學記』 권17 「효자전孝子傳」.

144 정시正始의 음音 : 삼국시대 위魏나라 정시正始 연간에 출현한 현담玄談의 기풍을 뜻하는 말로, 노장老莊 사상에 유가儒家의 경의經義까지 조화시켜 현리玄理를 논하면서 자유분방한 정신을 표방하였는데, 시문에서는 순정純正한 악성樂聲이라는 뜻으로 이 말을 사용하곤 한다.

다리가 아파서 혼자 우스개로 짓다

病脚自戲

진리 찾고 스승 찾아 어언 30년	訪道尋師三十年
푸른 행전 검은 납의 오호의 하늘	靑纏黲衲五湖天
포혜 노인에게 묻지는 못하고서	不因問着蒲鞋老
소양의 파각선만 배웠군그래[145]	便學韶陽跛脚禪

145 포혜蒲鞋 노인 …… 그래 : 포혜는 당나라 선승 목주 도명睦州道明의 별칭이다. 속성俗姓이 진씨陳氏로, 황벽 희운黃檗希運의 법사法嗣가 되었는데, 그가 항상 부들 신발(蒲鞋)을 만들어 팔아 모친을 봉양하였기 때문에 진포혜陳蒲鞋라는 별명을 얻었다. 소양韶陽은 오가칠종五家七宗의 하나인 운문종雲門宗의 개조開祖 운문 문언雲門文偃의 별칭이다. 그가 목주에게 찾아가서 3일 동안 문을 두드렸으나, 목주는 2일간은 그를 보자마자 문을 닫아 버렸고, 사흘째 되는 날에는 목주가 문을 열자 운문이 잽싸게 들어가려 하니, 목주가 한마디 이르라고 그에게 다그쳤다. 이때 운문이 대답을 생각하면서 잠시 머뭇거리자 목주가 그를 끌어내면서 "아무짝에도 쓸모없는 놈(秦時車度轢鑽)"이라고 매도하고는 문을 닫아 버렸으므로, 운문의 발이 그 사이에 끼이면서 부상을 당했는데, 바로 그 순간 운문이 크게 깨닫게 되었다고 한다. 이것이 운문각파雲門脚跛라는 선종의 공안公案으로 『오등회원五燈會元』 권15 「운문문언장雲門文偃章」에 수록되어 있다.

조참 후에 목을 움츠리고 앉아 있으려니 추위를 견딜 수 없기에 2월 고한시를 지었다

朝參後 縮頸危坐 不耐寒凜 作二月苦寒詩

중춘에 점점 따뜻해진다 누가 말했는가	誰言仲春漸暄暖
살을 에는 추위가 한겨울보다 더 심한걸	凜冽却勝窮冬時
버들 눈은 막 움트려다가 얼어 죽겠고	柳眼初擡凍將槁
매화 꽃잎은 반쯤 토하다 말라 죽겠네	梅脣半吐乾欲萎
미친 바람 집 흔들어 기왓장이 와르르	顚風撼屋屋瓦墜
쌓인 눈이 처마 짓눌러 추녀가 기우뚱	積雪堆檐檐板攲
주린 노루는 찬 골에서 다투어 굴로 들고	谷冷飢麞競入穴
자는 새는 둥지가 추워 가지가 편치 않네	巢寒宿鳥無安枝
화로에 나무 숯 자주 넣어 밤에 껴안고	夜爐頻添榾柮擁
털옷 급히 찾아 새벽 전각에서 껴입네	曉閣急尋裘褐披
지금부터 조화가 변하는가 두렵기도 하고	只恐從今造化變
이제부터 음양이 바뀌나 생각해 보네	又疑自此陰陽移
찬찬히 생각하면 하늘 뜻 분명히 있으리니	細思天意必有屬
서민들이여 원망하고 탄식하지 말지어다	爲報庶民毋怨咨

규봉 인공이 월헌 강 박사에게 준 시에 다시 차운하다

復次圭峯印公贈月軒康博士詩韻

잔에 엉긴 차의 맑은 향기 물씬하고 　茶凝椀面淸香郁
소반 위의 과자 맛 정말 감미로워라 　菓飣盤心美味饒
좌중을 놀래킨 광음 괴이하게 생각 마오 　莫怪狂唫驚四座
근래에 석순이 가지를 길게 뻗었으니까 　年來石筍解抽條

뜰의 잣나무 연기 머금어 절로 청수하고 　庭栢含煙自淸瘦
화분의 연꽃 비를 맞으니 더욱 요염해라 　盆蓮帶雨更嬌饒
청량의 높은 품격 모두 드러내었으니 　淸凉高格渾呈露
덕산의 육십 방망이[146] 기다릴 것 있으리오 　何待山藤六十條

시대가 태평하여 세상에 기쁨 넘치고 　時平海宇歡情洽
풍년 들어 농가에 즐거운 일도 많아라 　歲熟田家樂事饒
얼른 명절에 맞춰 귀거래사 읊을지니 　急趁良辰賦歸去
그동안 계수나무 새 가지도 자랐으리 　邇來巖桂長新條

146 덕산德山의 육십 방망이 : 당唐나라 덕산 선감德山宣鑑 선사가 학승學僧을 지도할 때, 분별심을 내어 생각할 틈을 주지 않고 다그쳐서 견성見性을 하게 할 목적으로 쓰던 특수한 방법의 하나로, "대답을 해도 삼십 방망이요, 대답을 못 해도 삼십 방망이(道得也三十棒 道不得也三十棒)"라는 그의 말에서 유래한 것이다. 『오등회원五燈會元』 권7 「정주 덕산선감선사鼎州德山宣鑑禪師」. 보통 선가의 혹독한 가풍家風을 이야기할 때, 임제臨濟 선사의 "한마디 큰 고함 소리"라는 뜻의 임제할臨濟喝과 더불어 덕산방德山棒이 병칭된다.

한거
閑居

아침은 나물 밥 한 그릇으로 충분
일곱 근 누더기 봄 잠이 감미로워
물어 보세 암자에 뉘와 함께 있는지
만수동자[147]가 감실龕室에 머문다오

香蔬一鉢卯餐足
黲衲七斤春睡甘
且問庵中誰與共
曼殊童子是同龕

147 만수동자曼殊童子 : 문수보살을 가리킨다. 만수는 범어梵語 Mañjuśrī를 음역音譯한 만수실리曼殊室利의 준말로, 묘길상妙吉祥으로 의역意譯된다. 밀교密敎 태장계胎藏界에서는 동자童子의 모습으로 나타나기 때문에 만수동자라고 일컫는다.

우연히 짓다

偶書

부귀하면 오정손[148]도 우습겠지만 富貴猶輕五鼎飡

빈궁하면 일단사[149]로 충분하다오 貧窮自足一簞食

100년 안쪽에 부휴[150]하긴 마찬가진데 等是浮休百歲間

피차 무엇을 잃고 얻었다 하겠는가 此何爲失彼何得

---

148 오정손五鼎飡 : 소·양·돼지·생선·사슴 고기 등을 구비한 진수성찬을 가리킨다. 보통 오정식五鼎食이라고 한다.

149 일단사一簞食 : 한 그릇의 밥이라는 말이다. 『논어論語』「옹야雍也」에 "어질다, 안회顔回여. 한 그릇 밥과 한 표주박 물을 마시며 누항에 사는 것을 사람들은 근심하면서 견뎌내지 못하는데, 안회는 그 낙을 바꾸지 않으니, 어질도다, 안회여.(賢哉 回也 一簞食 一瓢飮 在陋巷 人不堪其憂 回也 不改其樂 賢哉 回也)"라고 칭찬한 공자孔子의 말이 실려 있다.

150 부휴浮休 : 『장자莊子』「각의刻意」의 "삶이란 물 위에 떠 있는 거품과 같고, 죽음이란 그 거품이 꺼지는 것과 같다.(其生若浮 其死若休)"라는 말에서 나온 것이다.

나한 율림 항 선객에게 부치다

寄羅漢栗林恒禪客

새벽에 밤나무 숲에 들어가서	曉入栗林下
바구니 들고 푸른 산빛을 밟고	提籃踏山翠
저녁에 띠집 속으로 돌아와서	暮歸茅舍中
다리 뻗고 옷 입은 채 잠든다네	展脚和衣睡
한 번도 때를 놓치는 일이 없이	曾不失其時
일하고 쉬면서 정확히 작동하는	作息能了事
어떤 물건인지 한번 보시라	看看什麽物
그 얼마나 신기하고 영묘한지	得恁甚靈利
억	咄

차운하여 한 사군에게 부치다
次韻寄韓使君

사원은 연무와 노을에 어리비치고　寺在煙霞掩映中
물가의 작은 난간 자리에 바람 이네　小軒臨水坐生風
반일도 채 못 되어 자주 와 기대면서　未能半日煩來倚
부질없이 종이로 안부만 물어 보네　紙上寒暄謾屢通

한 줄기 빗속에 소생하는 만물　品彙咸蘇一雨中
쇠잔한 고목에도 봄바람이 이네　摧殘古木亦春風
똑같이 사심없는 은택이라지만　雖然等是無私澤
당년의 소식 전하는 것이 기뻐라　且喜當年信息通

초봄에 한 사군에게 부치다

春初寄韓使君

봄이 되어 낮 시간 점점 길어지니	春來瑞日漸舒長
만물이 기뻐하며 모두 빛이 나네	萬物熙熙盡有光
조만간 옥잠도 다시 문을 두드리며	早晚玉簪重扣戶
신년의 불법을 상량하시렷다	新年佛法要商量

차운하여 홍 상국 막하에 절하고 올리다 · 6수
次韻拜呈洪相國幕下 · 六首

청수 은장[151]이 또한 너무 늦었나니	靑綬銀章亦太遲
가문 이은 명성을 일찍 떨쳤어라	傳家令聞早驚時
새 시의 굳센 필치 맑다 일컬어지나니	新詩勁筆淸相稱
달빛 어린 산호 가지 쪼아낸 듯하여라	琢出珊瑚映月枝
청운에 오르는 날이 아직 더딜 때에도	上到靑雲日尙遲
일찍 백발로 바뀐 것은 시대 걱정 때문	鬢邊霜早爲憂時
하늘이 험난함 함께 하게 붙잡은 것은	天生雅摻同夷嶮
소나무가 눈발 견뎌낼 줄 알기 때문	知有孤松耐雪枝
볼수록 더욱 높은 맑은 자태 우뚝	淸標卓爾仰彌高
문 밖에 꾸러미 하나 받은 적 없네	門外曾無受一包
공이 막지 않아도 사람이 멀리 하나니	公不拒人人自遠
닭과 학은 둥지를 함께 하지 못하기 때문이라	只緣鷄鶴不同巢
곧은 절조 우뚝하여 숭산과 짝하고	挺然直節配崧高
덕이 넓어 포용하지 않음이 없어라	德廣何曾有不包
나라 바루고 백성 편케 함이 장부의 일이거니	匡國安民丈夫事
혼자 깨끗하려고 도망친 유소[152]는 비루하도다	潔身孤遁鄙由巢

151 청수靑綬 은장銀章 : 고위 관직을 비유하는 말이다. 청수는 푸른 인끈으로, 한漢나라 때에 공후公侯와 구경九卿이 각각 자수紫綬와 청수靑綬를 찼다고 한다. 은장銀章은 한漢나라 때 2천 석石 이상의 관원이 찼던 은인銀印을 말한다.

152 유소由巢 : 천하를 맡아 달라는 요堯 임금의 제의를 뿌리치고 숨어 살았다는 허유許由

물과 구름 깊은 곳에 느긋하게 둥지 틀고서 水雲深處寄棲遲
곤하면 자고 배고프면 먹으며 세월 보내네 困睡飢飧且過時
설령 나뭇꾼 만난들 벌채를 당하리오 縱遇樵夫寧見採
근래에 병든 나무 늙어서 가지도 없는데 年來病木老無枝

힘이 약하니 어떻게 법당을 높이 세우리오 力微爭竪法幢高
우연히 임천 사랑하여 잠시 보따리 풀었을 뿐 偶愛林泉暫解包
얼음골에 봄 왔어도 여전히 손가락 떨어질 듯 氷谷春來猶墮指
외로운 학 추위가 겁나 둥지가 편치 않다오 怯寒孤鶴未安巢

와 소부巢父의 병칭이다.

김 소경【훤】이 양주 수령으로 좌천되었다는 말을 듣고 절구를 지어 부치다

聞金小卿【晅】謫守襄州 作句寄之

동쪽 변방 산하는 해동의 으뜸인데	東鄙溪山甲海東
오래 인적 끊어져 길도 통하지 않으니	人烟久斷路難通
좌천하지 않으면 어느 때나 가 보리오	不因謫官何時到
승경을 시권 속에 주워 담기도 좋으리라	好拾幽奇入卷中

다시 앞의 운을 써서, 김 양주가 새로 사업에 임명되어 부름을 받고 대궐에 가게 된 것을 축하하며 부치다

復用前韻 寄賀金襄州新除司業 被召赴闕

하루아침에 푸른 옥이 강동에 떨어져서	一朝蒼璧落江東
정시의 휘음[153]이 오래 통하지 않았는데	正始徽音久不通
듣건대 대궐에 상소문 올려졌다니	聞道靈臺上封事
서광이 다시 반궁[154]을 환히 비추겠네	瑞光還耀泮宮中

153 정시正始의 휘음徽音 : 순수하고 바른 음악 소리.

154 반궁泮宮 : 반수泮水 즉 반달 모양의 연못이 앞에 있는 제후국의 학궁學宮으로, 국자감國子監의 별칭이다. 사업司業이 국자감의 종4품 관원이기 때문에, 반궁을 거론한 것이다.

김 시랑의 '송 선객을 보내는 시'를 삼가 보고 차운하여 부치다

伏見金侍郞 送松禪客詩 次韻寄之

문 닫고 높이 누우니 초당이 청량해라	杜門高臥草堂淸
세상 사람이 경중을 따지든 말든	不管時人較重輕
창생 위해 한번 일어날 생각일랑 마오[155]	莫爲蒼生思一起
세상 길 험난해서 점점 걷기 어려우니	世途巇嶮漸難行

155 창생蒼生 …… 마오 : 진晉나라 사안謝安이 회계會稽 땅 동산東山에 20여 년 동안 한가로이 은거하면서 조정의 부름에도 계속해서 응하지 않자 "안석이 나오려 하지 않으니 장차 창생을 어찌 할꼬.(安石不肯出 將如蒼生何)"라는 말을 듣기도 하였는데, 마침내 나이 40에 몸을 일으켜 벼슬길에 나아가 삼공三公의 지위에까지 이르렀던 고사가 있다. 『진서晉書』 권79 「사안전謝安傳」. 안석은 사안의 자字이다.

고양 가는 길에 제호조 소리를 듣고 짓다
高陽道上 聞提壺鳥[156] 有作

【당시에 금주령이 내려졌다.】

도령[157]도 차나 마시는 벗이 되게 하였으니　　已教陶令爲茶侶
더 이상 고양 술꾼[158] 만날 수 없게 되었는데　　無復高陽會酒徒
산새는 왕의 명령 급한 것도 모르고서　　山鳥不知王令急
건너편 숲에서 술잔 들라 여전히 권하누나　　隔林猶自勸提壺

---

156 제호조提壺鳥 : 새 이름. 제호提壺는 술을 들라는 뜻이다.

157 도령陶令 : 술을 너무도 사랑했던 진晉나라 도연명陶淵明을 가리킨다. 그가 팽택현령彭澤縣令을 지냈기 때문에 이렇게 말한 것이다.

158 고양高陽 술꾼 : 예의범절이나 격식 따위에 구애받지 않는 호방한 인물을 가리킨다. 한 고조漢高祖 유방劉邦이 역이기酈食其의 면회 요청을 받고서 사람을 시켜 사절하게 하자, 역이기가 "나는 고양 출신의 술꾼이지, 유학의 글이나 떠받드는 꽉 막힌 사람이 아니다.(吾高陽酒徒 非儒人也)"라고 하고는 끝내 뜻을 관철했던 고사가 전한다. 『사기史記』「역생전酈生傳」.

주상 폐하가 중국에 조회하러 가서 특별히 보살핌을 받고 편안히 귀국하셨다는 소식을 듣고는 참으로 기쁘고 즐거운 심정을 걷잡을 수 없기에, 삼가 성덕송 18운을 지어 하례하면서 왕정에서 발로 뛰고 손으로 춤추고 싶은 심정을 대신하였다

伏聞主上陛下 利覲天朝 別承寵眷 穩迴鑾馭 誠歡誠抃 且倒且顚 謹賀盛德頌十八韻 以當王庭之蹈舞云

청구가 이강[159]을 얻었나니	靑丘得釐降
현덕이 우환[160]과 비슷했네	玄德類虞鰥
마침내 군신의 관계가	遂使君臣際
부자의 관계를 이루었네	全成父子間
번방藩邦을 지키며 상국의 직책을 수행하고	守藩供漢職
곤외閫外[161]에서 완악한 오랑캐를 토벌했네	分閫討苗頑
성은을 자주 입으면서도	睿澤雖頻沐
황궁에 올라가 뵙지 못했네	宸階尙阻攀
봄을 맞아 다시 뵈려 생각했나니	逢春思再覲
가는 길 어려움 많은들 대수리오	行路任多艱
수레에 멍에 매어 동토를 떠나	命駕辭東土
방울 소리 울리며 북관에 들어갔네	鳴鑾入北關

159 이강釐降 : 요堯 임금이 딸을 순舜에게 시집보낸 『서경書經』「요전堯典」의 고사에서 유래하여 왕녀王女를 신하에게 시집보내는 것을 말하는데, 여기서는 충렬왕忠烈王이 원 세조元世祖의 딸인 홀도노게리미실忽都魯揭里迷失 공주와 결혼한 것을 가리킨다.

160 우환虞鰥 : 우순虞舜, 즉 순 임금을 가리킨다. 『서경書經』「요전堯典」의 "홀아비가 아래에 있으니, 그 이름을 우순이라고 한다.(有鰥在下 曰虞舜)"라는 말에서 나온 것이다.

161 곤외閫外 : 성곽의 문지방 밖이라는 말인데, 여기서는 중국의 번국藩國인 고려라는 뜻으로 쓰였다. 임금이 도성 밖으로 장수를 떠나보낼 때 수레바퀴를 밀어 주면서 "성곽의 문지방 안은 과인이 처리할 테니, 그 바깥은 장군이 알아서 처리하라.(閫以內者 寡人制之 閫以外者 將軍制之)"라고 당부했던 고사에서 나온 것이다. 『사기史記』「풍당전馮唐傳」.

멀고 멀리 진루를 지나고　迢迢過秦壘
걷고 걸어 연산을 넘었네　去去度燕山
양액[162]이 함께 따르며 모시고　兩掖同隨侍
1천 관원이 주위를 호위했네　千官共衛環
구름 끝의 치미[163]를 바라보고　雲端瞻雉尾
하늘 위의 용안을 우러렀네　天上覩龍顔
골육이 만난 기쁨이 흘러 넘쳐　骨肉歡情洽
형식적인 예모는 생략했다네　毛皮禮貌刪
궁중의 잔치를 누차 베풀고　累承嘉讌賜
특별한 은혜를 반포하였네　仍受異恩頒
잃었던 옛 땅도 모두 회복하고　舊削地皆復
망명한 백성들도 귀환했다네　曾逋民盡還
꽃이 시들기 전에 수레를 돌려　廻轅花未黦
나뭇잎 우거질 때 귀국하셨네　歸國葉初殷
여항에선 백발노인들이 절을 하고　巷拜渾黃髮
길에선 반백의 부녀들이 환영했네　途迎半白鬟
찬송하는 소리 전국에 울리고　頌聲騰普率
상서로운 기운 온 누리에 넘치네　瑞氣溢區寰
천지의 태평함을 이미 보았으니　已見乾坤泰
전란도 당연히 종식되겠지　當觀甲刄閑

162 양액兩掖 : 문하성門下省과 중서성中書省의 합칭이다. 궁전의 좌우에 있기 때문에 붙여진 이름이다.

163 치미雉尾 : 꿩 꼬리로 장식한 부채라는 말로, 임금의 의장儀仗에 쓰인다. 임금이 나올 때는 이 부채 두 개를 합쳐서 임금의 모습을 가렸다가 일단 좌정하면 부채를 떼어서 모습이 보이게 하는데, 두보杜甫의 시에 "구름이 움직이며 꿩 꼬리로 만든 궁중의 부채가 양쪽으로 열린다.(雲移雉尾開宮扇)"라는 표현이 나온다. 『두소릉시집杜少陵詩集』 권17 〈추흥팔수秋興八首 봉래궁궐대남산蓬萊宮闕對南山〉.

노승이 참으로 볼품 없지만	老僧誠鄙拙
그래도 기쁨의 눈물 흘러내리네	喜淚亦潺湲
단지 유감은 은거하는 숲이 멀어	所恨林栖遠
하례하는 반열에 끼이지 못하는 것	難忝鸞賀班

새 붓을 시험하려고 손 가는 대로 게송 하나를 써서 시자에게 주다

試新筆 次信手書一偈 贈侍者

차 받들어 날마다 나의 갈증 풀게 하고	擎茶日遣滋吾渴
걸식하여 때때로 나의 주림 덜게 했나니	過飯時敎療我飢
산승이 아무 가르침 없었다고 말한다면	若謂山僧無指示
그대가 나의 친절한 자비심 저버렸다 하리라	知君辜負老婆慈

가을 산

秋山

가을 깊어 산골짜기 현란하게 알록달록　　秋深林壑盡斕斑
그림 병풍 사이를 산보하며 건노라니　　散步經行畵障閒
흡사 전왕이 고향으로 돌아와서　　恰似錢王歸故里
금수로 산하를 온통 감싼 것 같네[164]　　都將錦繡裹溪山

164 흡사 …… 같네 : 오계五季의 전왕錢王, 즉 전류錢鏐가 고향인 임안臨安으로 돌아온 뒤에 고로故老들에게 잔치를 베풀면서 산림山林을 모두 비단으로 덮고, 어렸을 때 놀던 큰 나무를 의금장군衣錦將軍이라고 불렀던 고사가 전한다. 『오대사五代史』 권67 「오월세가吳越世家」.

병중에 뜻을 말하다
病中言志

집안이 고요하여 아무 일 없으니	一室靜無事
세상이야 소란하고 어지럽든 말든	任他世亂離
쇠한 나이라 자꾸만 게을러지고	年衰便懶散
병이 오래되어 유희도 사양하네	病久謝遊嬉
갈증 나면 차로 목을 축이고	釃茗聊澆渴
배고프면 나물로 충분하다네	香蔬足療飢
이 속에 깊은 맛 들어 있는데	箇中深有味
아무도 모르는 것 또한 기뻐라	且喜沒人知

또
又

옛 절에 가을 깊어 나뭇잎 누렇고	古寺秋深木葉黃
바람 높은 하늘 빛 정말 푸르고 청량해라	風高天色正蒼凉
한가로이 구속 없어 늙은 나이 즐기고	閑無撿束甘年老
병든 몸 죄수처럼 해가 길게 느껴지네	病似拘囚覺日長
찬 서리에 급히 찾는 두툼한 옷이요	霜冷急尋三事衲
텅 빈 방에 마주하는 하나의 향로로세	室空唯對一爐香
사미는 나물로 먹는 담백한 맛 모르고서	沙彌不解蔬飡淡
차 잎을 달여 나에게 맛보라 권하누나	來點山茶勸我嘗

겨울 방석을 시주한 광림 선로에게 사례하며 부치다
寄謝冬席施主廣林禪老

삼동에 보시의 문 크게 열었나니	一闢三冬大施門
공운의 진한 향기 의운과 뒤섞였네	供雲芬馥雜衣雲
이 은혜 경중을 알고자 한다면	此恩若欲知輕重
눈금 없는 저울로 달아야 하리	須向無星秤上分

우연히 짓다
偶書

황당해라 한단의 베개 위의 일[165]	邯鄲枕上事荒唐
영욕이 참으로 한바탕 꿈이로세	寵辱眞同夢一場
모두들 이 도리 잘 안다 말하지만	盡道吾能窮此理
일이 좀 풀리면 어쩔 줄 모른다네	逢些順境却顚忙

165 한단邯鄲의 …… 일 : 조趙나라 수도인 한단邯鄲의 객점客店에서 노생盧生이 도사道士 여옹呂翁의 베개를 베고 잠을 잠깐 자는 사이에 한평생의 부귀영화를 모두 누렸다는 허망한 꿈을 말하는데, 인간 세상의 영욕榮辱이 한바탕 꿈처럼 부질없는 것을 비유하는 말로 쓰인다.

원옥 상인이 산중에 와서 중국으로 돌아간다고 고하기에, 그가 말한 내용을 기록하여 한 편의 시를 지어서 전별하였다
圓玉上人到山中 告歸上國 記其所道之語 作一篇以贐行

지난해 연나라 보루를 떠날 때　去年出燕壘
행장은 오직 지팡이와 신발뿐　行裝唯杖履
기구하게 수천 리를 떠돌다가　間關數千里
비로소 동한 땅에 이르렀다네　始到東韓裏
동한은 바로 고향이 있는 나라　東韓故鄉國
옛 사람은 없고 성곽만 그대로　人非城郭是
지난 일이 마치 꿈처럼 어렴풋　往事恍如夢
순식간에 흘러간 30년 세월　倏忽三十祀
지난 일이 어렴풋이 꿈같은 속에　往事恍如夢
정처 없이 떠돌아다니면서　散遊無定止
태교의 구름 속에 머물기도 하고　栖遲台嶠雲
조계의 물속에서 유영도 했다오　游泳曹溪水
몇 년 동안 마음껏 참구하면서　數載飽叅尋
높은 흥치가 아직도 남았으련만　高興猶未已
갑자기 중국의 서울을 생각하여　幡然思上都
돌아갈 뜻 조금도 늦추지 않네　歸意不少弛
왜 머물지 않느냐고 물어보니까　問胡不肯留
이유가 있다면서 이렇게 대답하네　答云良有以
"지금 태평의 운세가 도래하여　方今階泰平
다행히 성천자의 시대를 만나　幸遇聖天子
천하가 한 집안을 이루었으니　九州成一家
원근에 피차가 없게 되었는데　遐邇無彼此

내가 어찌 박이나 오이처럼	吾豈學匏瓜
한 군데에 내내 매달려 있겠는가[166]	長繫一隅耳
일찍이 듣건대 오월 지방이	曾聞吳越間
산수가 맑고 아름답다 하니	山水淸且美
앞으로 그곳을 찾아가서	逝將適其地
빠짐없이 모두 돌아보리라	無處不周視
그리고는 곧바로 돌아오리니	然後却歸來
우리의 상봉도 금방이리라”	相逢一彈指
아, 크도다 홍곡의 뜻[167]이여	大哉鴻鵠志
혜계[168]가 어찌 견줄 수 있겠는가	難以醯鷄比
잘 갔다가 다시 잘 돌아와서	好去好重還
간절하게 기다리지 말게 하시라	無使苦瞻企

166 내가 …… 있겠는가 : 『논어論語』「양화陽貨」의 “내가 어찌 박이나 오이더냐, 어떻게 한 군데 매달린 채 먹지도 못한단 말이냐.(吾豈匏瓜也哉 焉能繫而不食)”라는 공자孔子의 말을 인용한 것이다.

167 홍곡鴻鵠의 뜻 : 하늘 높이 나는 기러기의 뜻이라는 말로, 원대한 포부를 가리킨다. 진秦나라 말기에 진승陳勝이 소싯적에 빈궁하여 남에게 고용되어 밭을 갈다가 휴식할 적에, 함께 일하는 사람에게 “우리가 부귀해지거든 서로 잊지 말자.”라고 하니, 그 사람이 비웃으며 “품팔이를 하는 주제에 무슨 부귀냐.”라고 핀잔을 주었는데, 이에 진승이 장탄식을 하면서 “제비나 참새가 어떻게 하늘 높이 나는 기러기의 뜻을 알겠는가.(燕雀安知鴻鵠之志哉)”라고 말한 고사가 전한다. 『사기史記』「진섭세가陳涉世家」.

168 혜계醯鷄 : 술 단지에 생기는 초파리 종류의 하루살이 벌레를 말한다.

그냥 써서 여러 선자에게 묻다

偶書 問諸禪者

아침에 함께 죽을 먹고	朝來共喫粥
먹고 나면 발우를 씻나니	粥了洗鉢盂
어디 물어보세 선객들이여	且問諸禪客
이 속에서 무엇을 깨달았는지	還曾會也無

어떤 선자가 답하다
有一禪者答云

새벽에는 한 국자의 죽 寅漿飫一杓
점심에는 한 그릇의 밥 午飯飽一盂
갈증엔 석 잔의 차 마시면 그뿐 渴來茶三椀
깨닫거나 말거나 관여치 않는다오 不管會有無

나 자신에게 주다

自貽

【동지 뒤에 짓다.】

막바지 음기가 삼분쯤 쌓여	窮陰積三分
차가운 날씨도 조금 풀렸네	寒日舒一刻
신진대사 잠시도 쉬지 않나니	代謝無暫停
갈수록 늙음을 재촉하는도다	看看催老色
어찌하여 유한한 우리 인생을	那將有限生
고삐 매고 신음하며 마쳐야 하나	終歲困啣勒
그대는 양 서산[169]을 보지 못하는가	不見亮西山
천년토록 높은 식견 우러를지니	千載仰高識

169 양 서산亮西山 : 당唐나라 홍주洪州 서산西山의 양 좌주亮座主를 가리킨다. 강경講經을 일삼다가 강서江西의 마조 도일馬祖道一을 만나 문답 끝에 마음이 아니라 "허공으로 강해야 옳다.(虛空講得)"는 말을 듣고 대오大悟한 뒤에, 절에 돌아와 청중들에게 "내가 경론을 강하면서 아무도 나를 따라올 수 없다고 생각하였는데, 오늘 마 대사의 질문을 받고서 평생의 공부가 얼음 풀리듯 하였다.(某甲所講經論 謂無人及得 今日被馬大師一問 平生功夫氷釋而已)"라고 하고는, 서산에 들어가 종적을 감추었다고 한다. 『경덕전등록景德傳燈錄』 권8 「홍주서산양좌주洪州西山亮坐主」, 『종경록宗鏡錄』 권92.

고산 대선이 방문했기에 시를 지어 주다
孤山大禪見訪 作詩似之

평생의 교분이 심상하지 않아	平生交分匪尋常
10년 이별에 더욱 그리웠는데	十載睽離戀更長
막상 만나서는 오직 한 번 웃을 뿐	及値相逢唯一笑
누가 알랴 그 속의 많은 생각들을	誰知却有好商量

한거
閑居

백 번 기운 누더기에 다섯 번 고친 발우[170]	百結霞衣五綴盂
평생 잠이 충분하니 더 무엇을 바라리오	平生睡足復何須
찾는 이도 없는 비 온 뒤의 깊숙한 사원	雨餘深院無人到
바람 부는 창가에 기대어 혼자 즐길 따름	閑倚風櫺只自娛

170 다섯 번 고친 발우鉢盂 : 낡아서 파손된 부분을 보수해서 다시 쓰는 오래 된 발우라는 뜻인데, 흔히 오철발五綴鉢이라고 한다. 오철五綴 이하는 고쳐서 쓰고, 오철 이상은 새 발우로 교체한다고 한다.

만연의 공의 시에 답하다 · 병서

酬萬淵之公詩 · 幷序

곡일[171] 다음 날에 심부름꾼이 와서 귀한 게송 두 수를 보여 주었다. 하나는 노경에 봄을 만나 쇠모의 감정을 느끼면서 나와 함께 여생을 보내고 싶은 생각을 서술하였고, 하나는 대장경을 재차 열람하려는 소원을 다시 발하면서 나와 함께 그 소원을 같이 이루려는 뜻을 서술하였다. 이것을 읽고 감읍하며 경앙하는 지극한 심정을 가눌 수 없었는데, 마침 속객이 와서 소란했으므로 즉시 답하지 못하였다. 입춘일에 심부름꾼이 돌아갈 적에 다행히 내가 혼자 있고 아무 일이 없기에, 서툰 솜씨로 절구 네 수를 지어 기증하게 되었다. 이 시를 보고 불민함을 용서해 주기 바랄 뿐이다.

경계가 고요한데 세상과 사귀리오 境靜何曾與世交
노선의 방장은 중조와 흡사해라 老禪方丈似中條
원컨대 날마다 서고 옆에서 모시면서 願言日侍經軒側
꿈속의 광음을 웃음 속에 보냈으면 夢裏光陰笑裏消

선달 그믐 지나고 겨우 봄이 되었는데 春候纔將臘候交
시냇가의 버들은 벌써 가지 드리웠네 溪邊弱柳已垂條
오직 남은 것은 눈처럼 흰 귀밑머리 唯餘鬢上千莖雪
봄바람을 만나도 해소되지 않는구나 縱遇春風不解消

날마다 용궁 속의 불경을 펼치노라면 日開虬藏閱金文
자비의 비와 진리의 구름 가득하리라 遍界慈霖與法雲

---

171 곡일穀日 : 곡식을 점치는 날이라는 뜻으로, 1월 8일을 가리킨다. 동방삭東方朔의 『점서占書』에 의하면, 1월 1일부터 6일까지 각각 차례로 닭·개·양·돼지·소·말을 점치고 나서, 7일에 사람을 점치고 8일에 곡식을 점치는데, 기후가 청명晴明하고 온화하면 번식繁殖과 안태安泰를 미리 알 수 있고, 기후가 음한陰寒하고 참렬慘烈하면 질병疾病과 쇠모衰耗를 미리 알 수 있다 하였다. 『사물기원事物紀原』「천생지식天生地植 인일人日」.

한 번 전장轉藏[172]도 어려운데 두 번씩이나	一轉尙難能再轉
수승한 공덕은 전생의 인연 때문이리	勝功須信是前熏
낭함 옥축에 담긴 오천의 글자	琅函玉軸五千文
재차 열람은 진짜 공양의 구름	再閱是眞供養雲
하나의 거울 속에 함께 비치듯	旣一鏡中同得見
내세에도 인연을 함께 했으면	盡於來際願同熏

172 전장轉藏 : 대장경을 전독轉讀한다는 뜻인데, 전독은 1부部의 경經을 처음부터 끝까지 다 읽는 진독眞讀과 상대되는 말로, 불경이 너무 방대한 점을 감안해서 법회法會 때에 불경의 처음과 중간과 마지막의 몇 줄 정도를 읽고서 끝내는 것을 말한다.

소 사제【영소】의 방문을 사례하다

謝紹師弟見訪【靈紹】

가을 숲보다도 심하게 영락한 총림　　叢林零落甚秋林
별의별 귀찮은 일 어떻게 견디리오　　潦倒那堪萬累侵
병과 가난이 함께 하니 오직 뼈만 남고　　病與貧俱唯有骨
늙음에 게으름 더치니 무심해지는 듯도　　老將慵會似無心
땅 위의 물고기 얼마나 넓은 강물 그렸던가　　困魚幾戀淸波濶
지친 새는 공연히 짙은 그늘만 생각하네　　倦鳥空思美蔭深
누구와 긴 날 보낼까 울적했는데　　悒悒同誰消永日
일부러 멀리 찾아온 그대 고마워라　　感君得得遠來尋

보낸 뒤에 다시 앞의 운을 써서 부치다
送後復用前韻寄之

어제 그대가 구름 숲을 찾아준 덕에	昨蒙吾子訪雲林
온갖 시름이 나를 침범하지 못했네	萬種窮愁莫我侵
즐겁다 못해 손뼉 치며 자주 웃었고	笑極歡娛頻抵掌
거리낌 없이 말하면서 자세히 마음 논했지	言無忌諱細論心
우리 정분 결코 얕지 않음을 확인했고	故知投分終非淺
교분이 갈수록 깊어져서 더욱 기뻤네	尤喜交情轉更深
이별 뒤의 회포를 무엇으로 위로할까	別後幽懷何以慰
그리움 속에 믿는 것은 다시 온다는 약속	戀中唯恃約重尋

야우송을 지어 동지에게 보이다
作野牛頌 示同志

들소의 천성은 본래 길들이기 어려워	野牛天性本難馴
잔디 깔린 평야에서 자유로운 몸	細草平田自在身
어찌 알았으랴 코끝에 새끼 꿰어	何意鼻端終有索
끌려오고 끌려감이 모두 사람에게 달릴 줄	牽來牽去摠由人

신사 박공이 세운 방광 원소 난야에 제하다
題信士朴公所創放光圓炤蘭若

두류산 서쪽 방광촌 남쪽	頭流西畔放光南
좋은 터 잡아 암자 하나 세웠네	卜吉祥墟創一庵
잡초 덤불이 가람으로 변했나니	榛莽化爲鍾鼓地
위대한 그 공덕을 어찌 말로 표현하랴[173]	大哉功德豈容談 豈容談
생각건대 용천이 지성에 감동했으리니	想有龍天感至誠
응당 보리로다 비로 흠뻑 적셔 주며	當見得霑斯善者
공과 함께 가람에서 유희하는 것을	與公遊戱聖伽藍

【두류頭流는 산 이름이고 방광放光은 마을 이름이다.】

173 '어찌 말로 표현하랴'는 구절이 다시 반복되는데 연문인 듯함.

한 시랑【사기】에게 시를 부치다 · 병서

寄韓侍郞【謝奇】詩 · 并序

근래에 사제 보궐이 각하가 송도에 있을 때 준 시 세 편을 보여 주었는데, 그 말장에 "계봉의 밤 이야기 잊지 못하여, 송하에서 항상 꿈속에 떠오르네. 나를 위해 은근히 한마디 전해 주오, 자비로운 은혜가 요즘 덜해진 것 같다고.(鷄峯夜話未忘情 松下尋常夢裏行 爲我殷勤傳一語 大悲恩似邇來輕)"라고 하였다. 이 대목을 읽고는 놀랍고 감격스러워 때때로 반복하여 읊으면서 그리운 마음을 금할 수 없었다. 이에 차운하여 억지로 서툰 시 두 수를 지어서 풍편에 부쳤다
【공이 이때 연경에 있었다.】

누차 소식 통했는는 걸 어찌 정이 없다 하랴　　屢通寒溆豈無情
누가 산승에게 이 행차 알려 주었던가　　誰爲山僧告此行
도의 교제를 세상의 사귐과 비교하지 마라　　莫挹道交方世友
두 사람 마음 계합함이 진정 가볍지 않으니　　兩心相契固非輕

땅이 막혀 멀리 마음 전하기 어려우니　　地隔誠難寄遠情
매화도 사람 편에 부쳐 보낼 수가 없네　　嶺梅猶阻附人行
이른 나이에 서로 만나 뜻을 같이 했으니　　早年厮結眉毛在
모이고 헤어짐에 어찌 차이가 있으리오　　聚散何曾有重輕

12월 11일에 눈보라가 휘날리는데 김공【승】을 전송하였다

臘月十一日 風雪交作 送金公【昇】

【공이 이때 상喪을 마치고 형제와 작별하였다.】

삭풍은 울부짖고 눈은 하늘을 뒤덮고	朔風號怒雪漫天
북쪽 서울 바라보니 더욱 아득하여라	北望京都更杳然
어려운 여행길 어찌 차마 말을 하랴	跋涉艱辛那忍說
헤어지는 비통함 가장 가련하도다	別離悽楚最堪憐
말 타고 몇 곳이나 새벽에 일찍 떠날까	征鞍幾處催晨發
누구 집에 묵으면서 추운 밤 눈 붙일까	旅枕誰家寄凍眠
그저 도중에 끝까지 몸을 보중하여	但願途中終善保
평안하다는 소식 빨리 전해 주기만을	平安速遣尺書傳

12월 18일에 가랑눈이 내리는 가운데 짓다
臘月十八日 微雪中作

거센 바람 흐린 하늘 휘날리는 옥가루	風勁天陰糝玉塵
사람이 아예 없는 듯 쓸쓸한 산중 생활	山居寥落似無人
다행히 땅속 화로 지필 땔감이 있어	地爐幸有柴頭在
불 피워 방안에 봄이 돌아오게 하네	煨爇能迴一室春

월남 인공에게 시를 지어 부치다. 공이 규봉 조월암에 있다가 보월산 월남암으로 출세하였다

寄新月南印公 公自圭峰祖月庵 出世於寶月山之月南

보월산의 빛이 조월암에서 옮겨 왔나니	寶月光移祖月光
옥륜이 나오자마자 티끌 세상 환해졌네	玉輪纔出耀塵方
망망한 우주가 모두 함께 밝아져서	茫茫宇宙皆同曉
인천의 소망 이루어져 마냥 기쁘네	且喜人天得所望

평양 한 태수【단】에게 부치다

寄平陽韓太守【旦】

옥수와 같은 풍채를 한번 뵙고 싶어서 玉樹風儀要一攀
수레가 구름에 드는 것을 서서 보았소 竚看軒蓋入雲間
공문서에 매어 한 번 찾지도 못하겠다면 若言簿領妨尋事
3년 동안 반나절의 한가함도 없겠구려[174] 三載應無半日閑

【보내온 시에 "항상 공문서 사이에 매어 있는 것이 슬프다.(却嗟長繫簿書間)"라고 하였다.】

174 3년 …… 없겠구려 : 태수의 임기 3년 동안 한 번 만나 한담閑談도 나누지 못하겠다는 말이다. 당唐나라 이섭李涉의 〈제학림사승사題鶴林寺僧舍〉라는 시에 "절간을 지나다가 스님과 만나 나눈 얘기, 떠도는 몸 반나절의 한가함을 또 얻었네.(因過竹院逢僧話 又得浮生半日閑)"라는 구절이 나온다.

지원 21년(1284년) 5월 하순에 진변 원수 김 상국【주정】이 변방을 순찰하러 온다는 말을 듣고는 절구 두 수를 지어서 올렸다

至元二十一年五月下旬 聞鎭邊元帥金相國【周鼎】來巡邊戍 作詩寄呈二絶

흥천관 남쪽은 바로 청전[175] 땅	興天南畔是青田
일찍이 산뜻한 학의 깃털 보았지	曾見軒軒毛羽鮮
구천에 오른 소문 오래전에 들었는데	飛上九霄聞已久
변방 순찰차 내려오시어 깜짝 놀랐소	忽驚仙翮下巡邊

【화경花景 흥천관興天舘 남쪽에 상공이 생장한 집이 있다.】

맑은 풍채 생각한 지 어언 30년	緬想淸風三十春
황월[176]이 남쪽 물가 지난다니 기뻐라	喜聞黃鉞過南濱
연막[177] 찾아가 뵐 생각이 없지 않지만	拜塵蓮幕非無意
불상을 지키고 있으니 어찌 하리오	爭奈時方守蠟人

175 청전靑田 : 중국 영가군永嘉郡의 지명. 백학白鶴이 많아서 유명함.

176 황월黃鉞 : 황금 장식 도끼로, 임금으로부터 군권軍權을 위임받은 장수의 상징으로 쓰인다.

177 연막蓮幕 : 재상대신宰相大臣의 막부幕府를 가리킨다. 진晉나라 때 재신宰臣 왕검王儉의 막부를 당시 사람들이 연화지蓮花池라고 일컬은 데에서 유래하였다.

또 김 원수에게 부친 시 · 병서

又寄上金元帥詩 · 并序

저번에 원수 행차가 산중을 지날 것이라는 말을 듣고는 뜻밖의 기쁨에 손뼉을 치며 환호해 마지않았는데, 얼마 뒤에 듣건대 행색이 이미 평양을 향했다고 하였으니, 그동안 기다린 그 회포를 어떻게 말로 다 표현할 수가 있겠는가. 그런데 뒤이어 나의 졸시拙詩에 화답하는 멋진 시를 지어 보내면서, 군대를 점검하고 깃발을 돌릴 적에 산문을 방문하겠다는 뜻을 보여 주었으므로, 감격을 이기지 못한 나머지 앞의 운을 그대로 써서 서투른 시를 다시 지어 원수 상국 막하에 올렸다.
【이때 계산雞山에 있었다.】

계봉 깊은 곳에 자리한 금전[178]	鷄峰深處有金田
비 온 뒤에 더욱 산뜻한 송죽松竹	雨後松篁色更鮮
이날 장맛비가 막 개었다.	是日霖雨新霽
소쇄한 난간에 기대어 기다렸나니	洒掃風軒望來倚
산문 방문 소식에 얼마나 놀랐으랴	那堪軒蓋過山邊
홍련의 막부[179]에 화창한 봄이 옴에	紅蓮幕府爛迴春
변방의 군대와 바닷가를 순찰하고	行點邊兵并海濱
깃발 돌리며 들르겠다는 간곡한 말씀	返旆扣門言款曲
상공께서는 산인을 속이지 않으시리	相公應不誑山人

178 금전金田 : 황금을 땅에 깐 지역이라는 뜻으로 사원을 가리킨다. 금지金地라고도 한다. 인도 사위성의 수달 장자須達長者가 석가의 설법을 듣고는 매우 경모敬慕한 나머지 정사精舍를 세워 주려고 기타 태자祇陀太子의 원림園林을 구매하려고 하였다. 이에 태자가 짐짓 "황금을 이 땅에 가득 깔면 팔겠다."고 하였는데, 수달 장자가 실제로 집에 있는 황금을 코끼리에 싣고 와서 그 땅에 가득 깔자, 태자가 감동하여 그 땅을 매도賣渡하는 한편 자기도 정원의 나무들을 희사하여 마침내 최초의 불교 사원인 기원정사祇園精舍를 건립했다는 고사에서 유래한 것이다. 『대당서역기大唐西域記』 권6.

179 홍련紅蓮의 막부幕府 : 남조 제南朝齊의 왕검王儉이 위군장군衛軍將軍에 임명되었을 때 그 막부에 인재들이 많았으므로 사람들이 그 막부를 티끌 없이 깨끗한 연화지蓮花池라고 일컬었는데, 당시 문명文名을 떨치던 유고지庾杲之가 그 막부로 들어가자 소면蕭緬이 "녹수에 떠다니며 홍련에 기대었구나.(泛綠水 依芙蓉)"라고 찬미했던 고사가 전한다. 『남제서南齊書』「유고지전庾杲之傳」.

원수 상국이 특별히 막료를 보내어 방문하지 못하게 된 뜻을 알려 주기에 다시 앞의 운을 써서 올렸다
元帥相國 特遣僚佐 諭其所以未訪之意 復用前韻寄呈

성곽 등진 두 마지기 땅[180]이 필요하리오　負郭何須二頃田
금장과 옥패가 선명한 빛을 다투는걸　金章玉佩兩爭鮮
임금님의 남방 근심 덜어 드리려고　不敎聖主憂南紀
문형을 그만두고 진변으로 나왔다오　故輟文衡出鎭邊

【이 해에 동정東征을 중지하고 문사文士를 뽑아서 진변鎭邊 원수로 내보내었다.】

쇠잔한 고목은 봄을 알지 못하고　摧殘槁木不知春
여생을 점검하니 죽음이 눈앞에　點撿餘生死已濱
남순의 때 당해서도 만나지 못했으니　幸値南巡猶未遇
다시는 높은 어른 뵐 수 없겠네　也應無復謁高人

180 성곽 …… 땅 : 기름진 토지를 뜻하는 말로, 문전옥답門前沃畓이라는 말과 비슷하다. 전국시대 낙양인洛陽人 소진蘇秦이 합종책合縱策을 주장하며 연燕·제齊·초楚·조趙·위魏·한韓 등 6국六國의 제후를 설득하여 종약장縱約長이 된 뒤에 고향에 돌아와서 "가령 나에게 낙양의 성곽을 등진 땅 두 마지기만 있었더라면, 내가 어떻게 여섯 나라 정승의 도장을 찰 수 있었겠는가.(且使我有洛陽負郭田二頃 吾豈能佩六國相印乎)"라고 말한 고사에서 유래한 것이다. 『사기史記』「소진열전蘇秦列傳」.

우연히 짓다
偶書

풍파에 나부끼며 떠도는 나뭇잎 하나	飄然一葉泛風濤
물결이 높아지며 천번 만번 흔들어도	萬抗千搖浪轉高
본래 배 안에 한 물건도 있지 않으니	本自舟中無一物
양후[181]가 아무리 괴롭혀도 헛수고로세	陽侯惱殺也徒勞

객이 떠나가고 조용한 정원에서	客去庭院靜
바람이 부니 옷소매가 시원하네	風來襟袂凉
확실히 알겠네 해골의 즐거움이	信知髑髏樂
제왕의 즐거움보다 낫다는 것을[182]	不博南面王

181 양후陽侯 : 파도 귀신 이름이다. 원래 바다에 인접한 능양국陵陽國의 제후였는데, 물에 빠져 죽은 뒤에 큰 파도를 일으켜 사람을 해치는 악귀惡鬼가 되었다는 전설이 전해 온다. 『초사楚辭』「구장九章」〈애정哀郢〉 주석.

182 해골의 …… 것을 : 장자莊子가 초楚나라로 가다가 도중에 깡마른 해골을 발견하고는, 어쩌다가 이 모양이 되었느냐고 여러 가지로 물어보고는 그날 밤에 해골을 베고 잠을 잤는데, 그 해골이 꿈에 나타나서 장자의 말을 반박하며 "그대의 말은 변사와 같다. 그대가 말한 것은 살아 있는 사람들의 허물이요, 죽은 사람은 그런 걱정이 없다. 죽으면 위로 임금도 없고, 아래로 신하도 없으며, 또한 네 계절의 변화도 없이 편안히 천지와 수명을 같이하니, 비록 남면하는 제왕의 즐거움이라도 이보다는 못할 것이다.(子之談者似辯士 視子所言 皆生人之累也 死則無此矣 死無君於上 無臣於下 亦無四時之事 從然以天地爲春秋 雖南面王樂 不能過也)"라고 말한 이야기가 『장자莊子』「지락至樂」에 나온다.

달밤에 동루에 오르다

月夜登東樓

높이 광한[183]과 이웃한 자그마한 누대 　　小樓高與廣寒隣
이슬과 바람에 씻겨 티끌 한 점 없네 　　露洗風磨絕點塵
밤에 올라 굽어보니 뼛속까지 시원 　　入夜登臨肌骨爽
학을 탄 신선을 만날 수도 있겠네 　　應逢駕鶴羽衣人

183 광한廣寒 : 광한루廣寒樓, 즉 달 속의 선궁仙宮인 광한궁廣寒宮의 누각을 말한다.

사람에게 보여 주다
示人

심우당 앞엔 천지가 드넓고	審雨堂前天地濶
유선침 위엔 세월이 길도다	遊仙枕上歲年長
나그네 길이라도 즐길 수는 있겠지만	縱然客路猶堪樂
행장 꾸려 고향에 돌아감만 하겠는가	爭似催裝返故鄕

【『천보유사天寶遺事』에 "구자국龜玆國에서 하나의 베개를 바쳤는데, 색깔이 마노瑪瑙와 같았다. 이 베개를 베고 자면 십주十洲와 삼도三島와 오호五湖가 모두 꿈속에 보였으므로, 황제가 이 베개를 유선침遊遊仙枕이라고 이름하였다."라고 하였다. 심우당審雨堂은 괴안槐安의 고사[184]를 차용한 것이다.】

---

184 괴안槐安의 고사 : 순우분淳于棼이란 사람이 술 취해서 괴목槐木 아래에 잠깐 누워 잠든 사이에 괴안국槐安國의 부마駙馬가 되어 남가南柯의 태수로 삼십 년 동안 있으면서 온갖 부귀영화를 누렸는데, 꿈을 깨고 보니 괴안국은 바로 괴목의 남쪽 가지 밑에 있는 개미의 구멍이었다는 이야기가 당唐나라 이공좌李公佐의 「남가태수전南柯太守傳」에 나온다. 또 노분盧汾이란 사람이 괴목의 구멍 속에 들어가서 심우당審雨堂이라는 편액이 걸린 궁전에서 유쾌하게 놀다가 폭풍으로 들보가 무너지고 말았는데, 술이 깬 뒤에 보니 정원의 오래된 괴목의 가지가 바람에 부러져 있고, 그 속에 큰 개미구멍 하나가 있더라는 이야기가 전한다. 『태평광기太平廣記』 권474 「요이기妖異記 노분盧汾」.

달을 읊다

賦月

【1자에서 7자까지.】

달	月
달	月
둥글고	旣圓
깨끗해라	且潔
흐린 구름 걷히고	陰雲收
오랜 장마 개이니	積雨歇
공중엔 옥 쟁반이 걸리고	空懸玉盤
바다엔 은빛 궁궐 솟았네	海湧銀闕
수레바퀴 돌듯 하늘을 일주하고	周天如轉輪
흰눈이 덮이듯 대지가 온통 환해라	滿地似鋪雪
단계는 바람에 불려 너울거리고	風吹丹桂婆娑
금파는 이슬에 씻겨 영롱하도다	露洗金波瑩澈
잠공[185]의 자리 위엔 기쁨이 넘쳐나고	岑公席上歡有餘
정로의 동이 속엔 시가 끊이지 않으리	政老盆中吟不徹

185 잠공岑公 : 이름은 도원道願. 강릉인江陵人으로 수隋나라 말기에 만주萬州 대강大江의 남쪽 산골로 피신하여 선도仙道를 닦은 결과 피부가 빙설氷雪같이 투명해지고 마침내 시해尸解하여 떠났다고 하는데, 당송唐宋 간에 충묘 대사沖妙大師 허감 진인虛鑑眞人의 호號가 가해졌다. 그가 은거하던 곳을 잠공동岑公洞이라고 하여 시문에서 신선의 동천洞天으로 많이 비유한다.

금장 대선이 새 차를 보내 주어 사례하다
謝金藏大禪惠新茶

놀라워라 새로 덖은 차 보내 주다니	慈貺初驚試焙新
난석에서 나온 싹 더욱 귀한 품종일세[186]	芽生爛石品尤珍
평생 기름으로 번들거리는 차만 보다가	平生只見膏油面
땅 속의 한줌 봄 기운을 얻어서 기뻐라	喜得曾坑一掬春

186 난석爛石에서 …… 품종일세 : 당唐나라 육우陸羽의 『다경茶經』「원源」에 "상등품은 난석에서 나온 것이다.(上者 生爛石)"라는 말이 나온다. 난석은 바위가 풍화작용으로 부서져 생긴 돌이다.

소 사제의 시에 차운하여 답하다

次韻答紹師弟

뛰어난 풍도를 하늘에서 품부 받아	逸韻英標禀自天
묘령에 고고한 학의 풍채 선보였네	妙齡曾見鶴昻然
순금이라 다시 담금질이 필요없고	精金不必重經火
준족이라 채찍도 다시 필요없다오	駿足何須更受鞭
더구나 나는 아무것도 모르는 바보이니	況我顓蒙都未曉
그대가 나에게 배울 것이 뭐가 있으리오	致君叅叩固無緣
구름은 오고 가며 원래 일이 많으니	雲來雲去自多事
어찌 청산에 치우침이 있겠는가	豈是靑山有黨偏

【보내온 시에 작은 풀줄기와 거대한 종(寸莛巨鍾)이라는 말이 있었기 때문에[187] 이렇게 말한 것이다.】

---

187 보내온 …… 때문에 : 자신은 풀줄기에 비유하고 원감은 종에 비유했다는 말이다. 풀줄기와 종은 한漢나라 동방삭東方朔이 지은 〈답객난答客難〉의 "대롱 구멍으로 하늘을 엿보고, 바가지로 퍼서 바닷물을 재며, 풀줄기로 종을 치는 격이다.(以筦窺天 以蠡測海 以莛撞鍾)"라는 말에서 나온 것이다. 『문선文選』 권45.

흠산이 "노승은 평생 아는 것이 하나도 없고 그저 하루하루가 똑같을 뿐이다"라고 하였는데,[188] 내가 그 말을 좋아하여 게송을 지어서 기록하였다
欽山云老僧平生 百無所會 只是日日一般 予愛其語 作偈以誌之

조주는 내려놓으라고 했고[189] 趙州放下着
분양은 망상하지 마라[190] 했나니 汾陽莫妄想
이 두 늙은 작자는 모두 兩箇老作家
소리 질러 메아리를 그치려 했네 俱揚聲止響
이 어찌 우리 문수[191] 도사가 爭如邃導師
바보처럼 편안히 지내면서 抱鈍以自安
평생 하나도 아는 것 없이 平生百不會
매일 똑같다 한 것과 같으리오 日日只一般

188 흠산欽山이 …… 하였는데 : 일촉파삼관一鏃破三關의 공안公案으로 유명한 당唐나라 흠산 문수欽山文邃 선사의 말이다. 『경덕전등록景德傳燈錄』 권25 「금릉보자도량문수도사金陵報慈道場文邃導師」에 이 말이 나오는데, "老僧平生 百無所解 日日一般"이라고 하여, 여기와 글자가 약간 다르게 되어 있다.

189 조주趙州는 내려놓으라고 했고 : 당나라 조주 종심趙州從諗 선사에게 엄양嚴陽 존자尊者가 "한 물건도 가지고 오지 않았을 때에는 어떻게 해야 하는가.(一物不將來時如何)"라고 하니, 조주가 "내려놓아라.(放下著)"라고 하였다. 엄양이 다시 "한 물건도 가지고 오지 않았는데, 무엇을 내려놓는단 말인가.(一物不將來 放下箇甚麽)"라고 하니, 조주가 "그렇다면 지고 가라.(恁麽則擔取去)"라고 말한 일화가 『종용록從容錄』 57칙則에 나온다. '일물부장래一物不將來'라는 말은 '부모미생이전父母未生已前·희노애락미발전喜怒哀樂未發前' 등과 같은 말로, 선종禪宗에서 본래면목本來面目을 비유할 때 흔히 쓰는 용어이다.

190 망상妄想하지 마라 : 송宋나라 임제종臨濟宗의 분양 선소汾陽善昭 선사가 애용한 말로, 『분양무덕선사어록汾陽無德禪師語錄』 권중卷中에 이 말이 나온다.

191 문수文邃 : 당唐나라의 승려로 동산 양개洞山良介의 법을 이음.

사람에게 보여 주다
示人

인생은 망아지가 틈새 지나는 것과 같나니[192]	浮生正似隙中駒
얻고 잃음 슬픔과 기쁨을 따질 것이 있으랴	得喪悲歡何足數
그대여 한번 보소 귀천과 현우가 모두	君看貴賤與賢愚
필경엔 똑같이 한 언덕 흙이 되는 것을	畢竟同成一丘土

192 인생은 …… 같나니 : 『장자莊子』 「지북유知北游」에 "천지간의 인생이란 마치 하얀 망아지가 담장 사이의 틈을 지나가는 것처럼 순간일 따름이다.(人生天地之間 若白駒之過隙 忽然而已)"라는 말이 나온다.

팔이 짧은 것을 노래함

臂短歌

【속어를 써서 어떤 일을 두고 지었다.】

세상 사람들은 팔이 길고 길어	世人之臂長復長
동쪽 서쪽 쉴 새 없이 팔을 뻗치는데	東推西推無歇辰
산승의 팔은 짧고 짧아서	山僧之臂短復短
평생 남에게 뻗칠 줄을 모른다네	平生不解推向人
무릇 세상의 팔이 짧은 자는	大凡世上臂短者
백발이 되어도 처음과 같은데[193]	人皆白首長如新
더구나 어제 오늘 처음 알고서	而況今昨始相識
숲속의 빈궁한 나를 돌아보려 하겠는가	肯顧林下窮且貧
내 팔이 짧아서 남에게 뻗치지 못했으니	我臂旣短未推人
남이 나에게 팔을 뻗을 리도 없고 말고	人臂推我誠無因
아	嗚呼
어떡하면 나의 팔을 천척 만척 길게 하여	安得吾臂化爲千尺與萬尺
세상 사람을 모두 나와 가깝게 만들거나	坐使四海之內皆吾親

193 백발이 …… 같은데 : 오랜 세월 같이 지냈어도 처음 만난 것처럼 서먹서먹하다는 말이다. 『사기史記』 「추양전鄒陽傳」에 "흰 머리가 되도록 오래 사귀었어도 처음 만난 사이처럼 생소하기만 하고, 수레를 처음 맞댄 사이면서도 오랜 옛 친구를 대하는 것처럼 느껴진다는 속담이 있는데, 이것은 무슨 뜻이겠는가. 바로 상대방을 알고 모르는 차이를 말해 주는 것이다.(諺曰 白頭如新 傾蓋如故 何則 知與不知也)"라는 말이 나온다.

서툰 솜씨로 회포를 적어 표형 선로에게 보여 주다

拙語布懷 示表兄之禪老

세월은 흐르는 물과 같아서	歲月如逝水
어느 순간 조금도 쉬지 않나니	刹那不少止
만약 무상관[194]에 입각한다면	若以無常觀
조석도 보전하기 어렵다 하리	朝夕保亦難
설령 요절을 면한다 해도	縱復免殤夭
예로부터 칠십은 드물었는데[195]	古來七十少
더구나 어려서부터 쇠약한 내가	況我早衰羸
칠십을 어떻게 기약하리오	七十安可期
혹시 칠십 세를 산다고 해도	儻或登七旬
앞으로 겨우 10년일 뿐이니	前去纔十春
여생이 얼마 남지 않은 것은	餘齡能幾時
점치지 않아도 알 수 있는 일	不卜亦自知
어찌하여 굳이 시속을 따라	何苦徇時俗
만족을 모르고 부산을 떨까	營營不知足
조용히 앉아 찬찬히 생각함에	默坐細思惟
슬픔에 겨워 홀로 눈물 흘리네	掩泣難勝悲
어떡하면 경치 좋은 산골에	安得好山谷

194 무상관無常觀 : 불교 관법觀法의 일종으로, 일체 만물의 변화에 상법常法이 없다고 관찰하는 것을 말한다. 비상관非常觀이라고도 한다.

195 예로부터 칠십은 드물었는데 : 두보杜甫의 "외상 술값이야 세상 어디나 보통 있는 일이지만, 일흔까지 사는 사람은 예로부터 드물기만 하다네.(酒債尋常行處有 人生七十古來稀)"라는 명구에서 고희古稀의 고사가 나왔다. 『두소릉시집杜少陵詩集』 권6 〈곡강曲江〉.

깊이 숨어 사슴과 짝하면서	深栖伴麋鹿
귓가에는 시비의 소리가 끊어지고	耳畔絕是非
눈앞엔 순역順逆의 경계가 없게 할까	目前無順違
가뿐하게 항상 홀로 행하며	翛然常獨行
자유롭게 내 삶을 마치고 싶은	放曠終吾生
이런 뜻을 항상 마음에 품고	尋常抱此志
자나 깨나 잊은 적이 없었다오	寤寐曾不二
하늘은 밝아서 마음을 비춰 보니	天明心下燭
어찌 나의 소원 들어주지 않으리오	寧不從我欲
근심 속에 가슴속의 회포를 적어	憂來書寸情
우리 형에게 보여 드리오	持以示吾兄

수재 홍 상공에게 부친 시 · 병서
寄上睡齋洪相公詩 · 并序

산승이 평소에 듣건대, 상공 각하는 평생토록 한번 물러나고 한번 나아가는 것이 봉황의 상서로운 모습을 연상케 하고 하늘 높이 나는 기러기를 보는 것 같다고 하였습니다. 나아갈 때를 당해서는 그 몸을 평발[196]과 같이 하여 조정 위에서 소요하며 만세의 공명을 수립하였고, 물러날 때를 당해서는 그 뜻을 혜완[197]과 같이 하여 술과 시의 세계 속에서 노닐며 엄청난 부귀의 생활도 버렸다고 하였습니다. 그래서 그 맑은 풍도를 상상하고 그 높은 의리를 우러르면서 한 번만이라도 형주를 알고 싶어 한 것[198]이 오래되었습니다. 산승과 결사結社를 한 벗인 둔재 김공은 사람됨이 바르고 굳세며 명백하고 청수한 데다, 시에도 조예가 깊고 교유에도 독실하기 때문에, 조금의 틈도 없이 산승과 서로 믿고 지내는 사이입니다. 그와 여러 차례 산중에서 글을 주고받았는데, 그가 글을 보낼 때마다 반드시 각하의 훌륭한 덕을 입이 닳도록 칭송해 마지않았습니다. 그리고 가끔 각하가 손수 쓴 아름다운 시를 부쳐 주기도 하였는데, 산승이 이것을 받고는 놀라워하고 기뻐하며 항상 책상 위에 놓아두고서 가끔 그 시를 다시 읊어 보기도 하고 그 글씨를 음미하기도 하였습니다. 그럴 때면 완연히 목소리와 모습을 서로 접하는 것 같고, 언어와 기운이 서로 어울리는 것 같았으니, 이것이 어쩌면 형상과 의복은 비록 달라도 묘기는 둘이 아니고 조야는 비록 멀어도 도계는 이웃이라고 한 것[199]이 아니겠습니까. 내가 항상 글 한 통을 써서 각하에게 올리려고 하였으나, 산승의 성품이 본래 성글고 느린 데다 늙고 병이 많아서 편지로 문안드리는 일마저 게을리한 탓으로, 정성을 바치지 못한 채 머뭇거리다가 오늘에 이르렀습니다. 그런데 지금 다행히 천원 전군天阮全君이 거상居喪을 마치고 서울로 올라가게 되었기에, 억지로 어설픈 절구 시 다섯 편을 지어 각하께 부쳐 올리게 되었습니다. 감히 시라고 할 수는 없지만, 단지 나의 심정을 대략 서술하면서 소식을 서로 통하는 계기로 삼고자 할 뿐입니다. 삼가 바라건대, 굽어 살펴 열람하시고 한가한 중에 한번 웃으시는 거리로 삼으셨으면 합니다. 시는 다음과 같습니다.

오호의 내 낀 달에 하나의 돛배를 탄　　　　五湖煙月一帆風

---

196 평발平勃 : 유방劉邦을 도와 한漢나라를 창업한 진평陳平과 주발周勃의 합칭이다.

197 혜완嵆阮 : 죽림칠현竹林七賢인 혜강嵆康과 완적阮籍의 합칭이다.

198 한 번만이라도 …… 것 : 당唐나라 한조종韓朝宗이 형주 장사荊州長史로 명망이 높아 한 형주韓荊州로 일컬어졌는데, 이백李白의 「여한형주서與韓荊州書」에 "태어나서 만호후에 봉해지기보다는 한 번만이라도 한 형주를 알기를 원한다.(生不用萬戶侯 但願一識韓荊州)고 사람들이 일컫고 있다."는 말이 나온다.

199 상복像服은 …… 것 : 승조僧肇가 유유민劉遺民에게 답한 글에 나오는 말로, 『조론肇論』 권1에 수록되어 있는데 "服像雖殊 妙期不二 江山雖緬 理契則隣"이라고 하여, 여기와는 조금 다르게 되어 있다. 그 뜻은 "두 사람의 겉모습에 도속道俗의 차이가 있다 하더라도 심기心期는 서로 다르지 않고, 남북으로 멀리 떨어져 있다 해도 진리를 계합한 면에서 보면 서로 가깝게 있다."는 말이다.

범공[200]을 천고토록 사람들은 사랑하지만　　千古令人愛范公
청년 시절에 사직을 안정시키고　　爭似丁年安社稷
수재에 높이 누운 분과 어떻게 비교하랴　　却來高臥睡齋中

적송[201]과 필적하는 홍애[202]의 명성　　洪崖名與赤松儔
인간 속에 끼인 자취 몇 년이런가　　跡混人間問幾秋
상계의 관부도 족하단 말 들은 듯한데　　上界似聞官府足
세상에 부러 내려와서 유희하는 것이리　　故應遊戲寄浮漚

돌솥 초가집 대나무 화로　　石鼎茆菴竹火爐
나라 위한 높은 자취 장부[203]와 같네　　莅君高跡似張扶
거문고 두드려 태선[204]의 춤 마치면　　鼓琴敎罷胎仙舞

---

200 범공范公 : 춘추시대 월越나라 대부大夫 범려范蠡를 가리킨다. 그가 월왕越王 구천句踐을 도와서 오吳나라를 멸망시키고 패자霸者가 되게 한 뒤에 벼슬을 그만두고는 일엽편주一葉片舟를 타고 오호五湖로 나가서 성명姓名을 모두 바꾸고 숨어 살았던 고사가 전한다. 『오월춘추吳越春秋』 권10 「구천벌오외전勾踐伐吳外傳」.

201 적송赤松 : 전설상의 선인仙人인 적송자赤松子를 말한다. 한漢나라의 개국 공신인 장량張良이 유후留侯로 봉해진 뒤에, "인간 세상의 일을 버리고 적송자를 따라 노닐고 싶다."고 하고는, 불 땐 음식을 먹지 않는 벽곡辟穀과 몸을 가볍게 하는 도인導引을 행했다는 기록이 『사기史記』 「유후세가留侯世家」에 나온다.

202 홍애洪崖 : 선인仙人의 이름으로, 홍애洪厓라고도 한다. 일설에 황제黃帝의 신하 영윤伶倫이라고도 하고, 한漢나라 선인 위숙경衛叔卿 등과 함께 종남산終南山에서 박희博戲를 했다고도 하는데, 여기서는 수재睡齋를 비유하는 말로 쓰였다.

203 장부張扶 : 한 성제漢成帝 때 좌풍익左馮翊의 적조연賊曹掾이 되었는데, 관원이 정기적으로 쉬는 휴가가 돌아와도 관아에 남아서 일을 처리하였으므로, 좌풍익 설선薛宣이 "관청에 공적인 직무가 있다 하더라도, 집에서는 또한 사은을 바라고 있다.(曹雖有公職事 家亦望私恩意)"면서 귀가를 종용한 고사가 전한다. 『한서漢書』 권83 「설선전薛宣傳」.

204 태선胎仙 : 학鶴의 별칭이다. 학은 원래 선금仙禽이란 칭호가 있고, 또 다른 조류鳥類와 달리 새끼를 태생胎生한다는 전설이 있기 때문에 그렇게 부른 것이다.

침상에 기대어 약호[205]를 점검한다오	閒倚匡床撿藥壺
옥설이 정신임을 단적으로 알겠노니	端知玉雪是精神
굳센 필치 맑은 시 속진을 모두 벗어났네	勁筆淸詩兩絕塵
때때로 특별한 보배 손에 들어오나니	時有殊珍來入手
이 은혜 둔재에게 감사해야 하고말고	此恩多謝鈍材人
구름 속 생활 꿈에도 성을 찾지 않아	栖雲夢不到城闉
차 마시는 말석에 끼일 수도 없지만	茗席無由齒下賓
맑은 덕 뛰어난 명성 익히 들었나니	淸德令名聞早熟
어찌 꼭 만나야만 친해질 수 있으리오	豈須相見始相親

205 약호藥壺 : 선인 호공壺公이 약을 다 팔고 나서 들어가서 쉬는 호로병이라는 뜻으로, 신선의 세계를 비유하는 말로 쓰인다.

이공 행검에게 답하다
答李公行儉

오래된 가업은 날로 황량해지고	古園家業日荒凉
길 잃은 나그네 갈 길이 멀다마는	遊子迷津去路長
만약 그 속에서 눈 돌려 바라보면	若向箇中迴眼覰
원래 발 아래가 나의 고향이로세	元來脚下是吾鄕

남원의 조 태수가 방문하여 시를 주기에 차운하여 사례하다

南原趙太守見訪有詩 次韻謝之

【내가 일찍이 남원 태수에게 시를 부치기를 "천리에 풍류가 같으면 바로 벗님이니, 하필 눈으로 보아야만 서로 친하리오. 누가 알까 계족산 속의 노승이, 옛날 용두회[206] 자리의 빈객이었음을.(千里同風便故人 何須目擊始相親 誰知鷄足山中老 曾是龍頭會上賓)"이라고 하였는데, 남원 태수가 여기에 해당되었기 때문에 재차 언급한 것이다.】

【이때 정혜사定慧寺에 있었다.】

두 번이나 용문의 제일인에 올라　　再捷龍門第一人

【공이 춘장春場에서 장원하고, 전시殿試에서 장원하였다.】

임금과 어버이를 충효로 받드신 분　　便將忠孝奉君親
세간과 출세간의 일 알고 싶거든　　欲窮世出世間事
계봉사의 손님이 한번 되시기를　　來作鷄峯社裏賓

나는 본시 오활한 세상 밖의 사람　　我本踈頑人外人

【황룡 단黃龍斷 화상이 설두雪頭 선사를 방문하고 시를 짓기를 "나는 본시 세상 밖의 사람으로, 세상 밖의 경계를 찾으러 왔소(我本人外人 來尋人外境)"라고 하였다.】

세간의 누가 또 찾아와 친해지려 하랴　　世間誰復肯來親
모르겠네 오늘은 또 무슨 행운으로　　不知今日亦何幸
옥황상제 문하의 손님을 맞게 되었는지　　坐致玉皇門下賓

206 용두회龍頭會 : 고려 때 문과文科 장원급제자들의 모임을 말한다.

청암에서 계봉으로 돌아가려 하면서 짓다
自青巖將還鷄峯有作

어디나 인연따라 이 몸 부칠 뿐이니	隨處隨緣寄此身
오봉과 계령 어디가 좋고 나쁘리오	五峯鷄嶺孰踈親
정처 없는 구름이라 둘 다 상관없나니	不妨兩地雲無定
본시 천지 사이 하나의 나그네인걸	元是乾坤一旅人

심정을 읊다
書情

계령을 떠난 즐거움이 어떠하신가 得辭鷄嶺樂如何
힘 없는 소가 짐을 풀어놓은 듯하오[207] 正似羸牛卸角馱
어젯밤 베갯머리에 한바탕 바람이 불어 昨夜枕前風一陣
꿈속에 능가산까지 나를 데려다 주었다오 已吹歸夢到楞伽

207 힘 없는 …… 듯하오 : 속박에서 벗어나 해방감을 만끽한다는 말이다. 『벽암록碧巖錄』 21칙則 「수시垂示」에 "굴레를 벗고 짐을 풀어놓으면 태평한 시절이 도래한다.(脫籠頭卸角馱 太平時節)"라는 말이 나온다.

염 상국【승익】의 시에 차운하여 답시를 올리다 · 2수

次韻奉答廉相國【承益】· 二首

군왕이 큰물 건너는 배[208]로 삼은 이래 君王倚作濟川舟
헌체[209]를 언제 잠시 쉰 적이 있으리오 獻替何曾得暫休
한 몸 독선[210]할 생각일랑 결코 하지 마오 莫爲一身思獨善
어룡이 지금 큰물에서 잘들 놀고 있으니 魚龍方喜泳洪流

【보내온 시에 "급류에서 용퇴한다.(急流勇退)"는 말이 있기 때문에 이렇게 말한 것이다.】

십 년 동안 화정에 공연히 배를 대었는데 十載華亭空艤舟
황벽이 배휴 얻을 줄 어찌 생각했으리오[211] 豈期黃檗得裴休
만약 제방처럼 막아낼 큰 손의 힘이 없다면 若無大手隄防力
어떻게 조계를 제대로 흐르게 하랴 爭使曹溪不倒流

---

208 큰물 건너는 배 : 재상宰相을 비유하는 말이다. 은 고종殷高宗이 재상 부열傅說에게 "내가 만일 큰물을 건너게 되면 그대를 배와 노로 삼겠다.(若濟巨川 用汝作舟楫)"라고 한 말에서 유래한 것이다. 『서경書經』「열명 상說命上」

209 헌체獻替 : 헌가체부獻可替否의 준말로, 군왕의 입장에서 행해야 할 것은 진헌進獻하고 행해서는 안 될 것은 폐기토록 하는 것을 말한다.

210 독선獨善 : 『맹자孟子』「진심 상盡心上」의 "곤궁해지면 자기의 몸 하나만이라도 선하게 하고, 뜻을 펴게 되면 온 천하 사람들과 그 선을 함께 나눈다.(窮則獨善其身 達則兼善天下)"라는 말에서 나온 것이다.

211 십 년 동안 …… 생각했으리오 : 충지가 오랫동안 인물을 찾았으나 구하지 못한 채 세월만 보내다가, 황벽黃檗이 배휴裴休를 만난 것처럼 염 상국을 만나는 행운을 얻었다는 말이다. 당나라 선자 화상船子和尙이 절강浙江 화정華亭에 작은 배 한 척을 띄워 놓고 사람들을 건네주며 설법하다가, 제자 협산 선회夾山善會를 얻어 법을 전한 뒤에 배를 엎어 버리고 떠난 고사가 전한다. 선림에서는 그가 협산 선회를 만난 것을 '선자득린船子得鱗'이라고 한다. 『조당집祖堂集』 권5, 『경덕전등록景德傳燈錄』 권14. 황벽은 당나라 단제斷際 선사 희운希運의 별칭이다. 배휴는 선종宣宗 때의 상국相國으로, 불교를 독실히 믿고 적극적으로 외호外護하여 세상에서 하동 대사河東大士라 칭했는데, 황벽을 완릉宛陵으로 초청하여 법문을 듣고서 『완릉집宛陵集』을 편찬했으며, 또 황벽의 법어를 모아 『전심법요傳心法要』 1권을 간행하기도 하였다. 『송고승전宋高僧傳』 권6 등.

한 시랑이 내가 조계의 법통을 이었다는 소식을 듣고 시를 보내 축하하기에 차운하여 답하다

韓侍郎 聞予嗣席曹溪 以詩寄賀 次韻答之

누가 궁자[212]에게 함부로 가업을 잇게 했나 誰教窮子濫傳家
파음으로 영가를 이어 부끄럽기만 하네[213] 愧把巴音續郢歌
산중에서 하는 일이 뭐냐고 만약 묻는다면 若問山中何事業
한 발우 나물에 한 사발 차라고 대답하리 一盂蔬了一甌茶

212 궁자窮子 :『법화경法華經』「신해품信解品」의 〈장자궁자유長者窮子喩〉에 나오는 빈궁한 아들을 가리킨다. 어떤 장자長者의 아들이 어려서 집을 나가 떠돌며 빈궁하게 살다가, 우연히 장자의 집 부근에서 배회하던 중에 장자의 눈에 띄어 집으로 돌아와 살게 되고, 마침내는 장자가 자신의 잃어버린 아들이라고 내외에 공식 선포하면서 집안의 재산을 물려주는 이야기로 되어 있다.

213 파음巴音으로 …… 하네 : 자격도 없이 법통을 이어서 부끄럽다는 뜻의 겸사謙辭이다. 파음은 파인巴人의 노래라는 뜻으로, 세상의 취향에 맞는 대중가요를 가리키고, 영가郢歌는 영郢 즉 초楚나라의 고상한 가곡이라는 말이다. 춘추시대에 초나라에서 어떤 나그네가 하리下里와 파인巴人이라는 속요俗謠를 부르니 수천 명이 따라 불렀고, 양아陽阿와 해로薤露의 노래를 부르니 몇 백 명이 따라 불렀는데, 고상한 양춘陽春과 백설白雪의 가곡을 부르니 몇 십 명밖에는 따라 부르지 못했다는 고사가 전한다.『문선文選』권23「송옥대초왕문宋玉對楚王問」.

죽당 이 중사【혼】에게 답하다 · 2수
答竹堂李中舍【混】· 二首

해동에서 나온 봉황과 영지 瑞羽靈芝出海東
명성이 때로 산중까지 들리네 嘉聲時復及山中
도성과 산야가 남북으로 아득해서 自嗟朝野成胡越
탑상의 바람 나누지 못해 아쉬워라 無計同分一榻風

붉은 해 쨍쨍 동쪽 하늘에 떠오르면 紅輪杲杲曉昇東
온 세상 가린 구름 말끔히 걷히나니 雲翳渾消六合中
시방이 하나의 빛임을 믿는다면 若信十方都一照
천리 또한 같은 바람임을 알리라 便知千里亦同風

장륙 선사 진공이 서울에 가는 것을 전송하며
送丈六禪師璡公如京

소년 시절에 자네 부친과 노닐었나니　少年曾共乃翁遊
손가락 헤어 보면 어느새 40년 세월　屈指俄經四十秋
지금 다시 자네와 침개[214]처럼 합했나니　今復與君針芥合
좋은 인연이 유래가 있음을 알겠도다　是知緣幸有來由

214 침개針芥 : 땅 위에 바늘을 세우고 겨자씨를 던졌을 때 그 바늘에 맞는 것. 만나기 어려움을 비유한 말이다. 『남본열반경南本涅槃經』「순타품純陀品」.

만연의 새 장로 묵공을 전송하며
送萬淵新長老默公

요즈음 조계의 냇물이 얕아져서	近日曹溪溪水淺
오래 묵은 늙은 용 잠들기도 힘든지라	難容舊蟄老龍眠
하루아침에 홀연히 뇌우 일으켜	一朝忽爾興雷雨
갈기 떨치고 수염 날리며 만연을 향하누나	奮鬣揚鬐向萬淵

운흥의 새 장로 열공을 전송하며

送雲興新長老悅公

상종한 세월이 오래되어서	相從歲云久
동기보다 훨씬 정이 들었는데	情好踰同胎
하루아침에 멀리 헤어지려니	一朝遠分首
나의 애간장이 무너지는 듯	使我心肝摧
더구나 내 나이 육십이 넘어	矧我耳順餘
노쇠함과 병이 밤낮으로 침노하니	衰病日夜催
잠깐이라도 시간을 정지시켜	敢望留寸晷
언제 다시 웃음꽃 피워 보리오	復與一笑開
나의 마음 아직 재가 되지 않아	愧我心未灰
이런 생각하면 슬픔이 몰려올 뿐	念此不勝哀
부디 잘 가서 선정을 잘 닦아	好去好安禪
간절한 내 심정 위로해 주기를	慰我款款懷

계봉의 장로 우공에게 답하다
答鷄峰長老友公

궁벽진 절간이 성읍과 멀어 寺僻遠城邑
사람의 일없이 소연할 따름 蕭然人事無
바야흐로 3월이 지는 시절 時方三月暮
온갖 꽃들이 다투어 피어나네 百卉爭芬敷
난간에 기대어 눈을 한번 돌리면 憑軒一縱目
물색이 마치 새로 그림을 그린 듯 物色如新摹
청산이 절로 문에 들어오니 青山自入戶
굳이 불러들일 필요도 없네 不待相邀呼
어여뻐라 우리 어진 주인이여 嘉我賢主人
온갖 덕으로 몸을 장엄했나니 萬德嚴其軀
세상 밖에서 소요하면서 逍遙物之外
원숭이 새와 함께 즐기고 樂與猿鳥俱
티끌 없이 고요한 밝은 창가에 晴窓靜無塵
단정히 앉아 조석을 잊는다오 危坐忘朝晡
상상컨대 동쪽 누대 위에는 想見東樓上
청풍이 앉은 자리에서 일고 淸風生座隅
밤 깊어 산 달이 솟을 때에는 夜深山月湧
서늘한 기운이 피부에 스미면서 肅肅凉侵膚
솔 그림자 대 그림자가 松陰與竹影
가부좌한 다리 위에 교차하리라 交加上跏趺
천룡이 훌륭한 우리 공을 사랑하여 天龍愛公賢
그윽한 이 구역을 선물로 주었나니 遺此一奧區
사람도 뛰어나고 경계도 뛰어나서 人勝境亦勝

부절이 합하듯 서로 잘도 어울리네　　相稱如合符

【보내온 시에 "사람과 경계가 부합하지 않는다.(人境不相符)"는 말이 있었기 때문에 이렇게 언급한 것이다.】

내가 쇠해 벗들도 만나는 일이 적어　　吾衰寡儔侶
즐거운 한때 갖기도 쉽지 않은 터에　　一歡未易謀
얼마나 다행인가 우리 두 노인네가　　何幸成二老
왔다 갔다 즐겁게 노닐 수 있으니　　來往得娛遊

【득得이 다른 데는 공共으로 되어 있다.】

산중 생활 · 2수

山居 · 二首

배고프면 먹나니 한 발우 나물밥	飢湌一鉢靑蔬飯
목마르면 마시나니 자순차 석 잔	渴飮三甌紫筍茶
이런 생활 속에 즐거움이 넘치나니	只个生涯有餘樂
담박함을 호화로움이 어찌 미치리오	不將枯淡愽豪華
비에 나부낀 꽃잎들 이끼 위에 쌓이고	雨飄華蘂堆蒼蘚
바람에 날린 차 연기 등나무에 감겼네	風颺茶煙鑠碧蘿
손에는 대 지팡이 어깨에는 누더기 한 벌	手有節枝肩有衲
산사의 살림엔 그것도 많을까 걱정일세	山家活計尙嫌多

장난삼아 짓다
戲書

여러분의 손 안에는 전신[215]이 들어 있어　諸君手裏有錢神
어디서나 얼굴 가득 춘풍이 불게 하는데　到處能回滿面春
우스워라 산승은 시대와 어긋나서　自笑山僧與時左
썰렁한 말로 사람을 얼어붙게 만드니　唯將冷語屢氷人

215 전신錢神 : 금전金錢의 위력은 신물神物과 같다는 뜻으로 돈을 일컫는 말인데, 진晉나라 때 노포魯褒가 돈에 탐욕을 부리는 세상 사람들을 풍자하여 「전신론錢神論」을 지은 고사가 있다. 『진서晉書』 권94 「은일전隱逸傳」 〈노포魯褒〉.

조백론[216]을 강의하면서 게송을 지어 같은 사찰 승려들에게 보이다

演棗栢論次 有偈 示同梵諸德

조계의 물은 비로의 바다에 넘실거리고	曹溪水漲毘盧海
소실의 산은 해탈의 문을 활짝 열었네	小室山開解脫門
마갈다국摩竭陀國을 발로 차서 넘어뜨리고	脚下踢迴摩竭國
급고독원給孤獨園을 손으로 끊어 버렸네[217]	手中斷取給孤園
1백 성의 차별을 두루 물었나니[218]	百城差別詢皆遍
구회의 장엄이 엄연히 상존해라[219]	九會莊嚴儼尙存

216 조백론棗栢論 : 당唐나라 화엄학자華嚴學者인 이통현李通玄 거사居士의 『화엄경華嚴經』에 대한 논서論書를 말한다. 그는 왕족 출신으로 천품이 뛰어나 일정한 스승 없이 홀로 공부하여 유불儒佛에 모두 정통하였는데, 산중에서 『신역 화엄경新譯華嚴經』을 참구하면서 매일 대추(棗)와 잣나무(栢) 잎만을 먹고 살았으므로 세상에서 조백 대사棗栢大士라고 칭하였다. 개원開元 18년(730년) 3월에 감실龕室에서 향년 96세로 좌화坐化하였으며, 송 휘종宋徽宗이 그에게 현교묘엄장자顯教妙嚴長者라는 시호를 내렸다.

217 마갈다국摩竭陀國을 …… 끊어 버렸네 : 화엄의 묘리를 모두 파악할 수 있게 되었다는 말이다. 부처가 일곱 군데에서 『화엄경』을 설했다는 화엄칠처설華嚴七處說이 있는데, 그중에 맨 처음의 첫 번째 장소, 즉 제1처가 부처가 성도成道한 마갈다국摩竭陀國 아란야阿蘭若 보리도량(菩提場)으로서, 이곳에서 세주묘엄품世主妙嚴品·여래현상품如來現相品·보현삼매품普賢三昧品·세계성취품世界成就品·화엄세계품華嚴世界品·비로자나품毘盧遮那品 등 6품의 경문經文을 설하였고, 마지막 일곱 번째 장소, 즉 제7처處가 급고독원給孤獨園으로서, 이곳에서 입법계품入法界品을 설했다고 한다. 급고독원은 옛날 인도의 기타 태자祇陀太子 소유의 원림園林을 급고독 장자給孤獨長者가 구입하여 정사精舍를 세운 다음 석가모니에게 희사했다는 기수급고독원祇樹給孤獨園의 준말로, 기원정사祇園精舍라고도 하는데, 죽림정사竹林精舍와 더불어 불교 초기의 양대 사원으로 꼽힌다.

218 일백 성의 …… 물었나니 : 선재 동자가 남방의 110성城을 여행하며 선지식을 찾아다닌 『화엄경華嚴經』「입법계품入法界品」의 내용을 말한다.

219 구회九會의 …… 상존尙存해라 : 석가모니가 생존 시에 화엄의 교리에 대해서 직접 설법하는 것을 듣는 것과 같다는 말이다. 구회는 불타佛陀가 『화엄경』을 설명하는 법회를 모두 아홉 차례 열었다는 말인데, 이는 『신역 화엄경新譯華嚴經』의 이른바 칠처구

이 속에서 묘한 이치 터득한다면　　箇裏若能深得妙
선교禪敎의 근원이 같음을 알게 되리라　　便知禪講本同源

회설七處九會說을 따른 것이다. 『구역 화엄경』에는 칠처팔회七處八會로 되어 있다.

조백론 강의를 마치는 날에 계봉이 장구 4운을 주기에 차운하여 답하다

棗栢論演畢之日 鷄峰投以長句四韻 次韻答之

이 법문 깊이 믿은 지 이미 여러 해 痛信斯門已有年

목숨 다해 널리 전파하려고 다짐했네 將期畢命廣弘宣

새끼 기르는 사자의 기틀이 묘하건만 敎兒獅子機雖妙

【논서의 저자를 가리킨 것이다.】

부승[220]한 우왕의 힘은 온전하지 못해라 負乘牛王力未全

【나 자신을 비유한 것이다.】

창호지 뚫는 파리의 습관[221] 되돌리기 어려워도 痴習難迴蠅叩紙

목마른 말 냇가로 달리듯 마음만은 간절하오 渴心猶似驥犇川

서로 주반 되는 일[222] 이제부터 시작이니 互爲主伴從今始

여름철 함께 공부한 것이 어찌 소소한 인연이리오 伴夏同熏豈小緣

220 부승負乘 : 『주역周易』 「해괘解卦」 〈육삼효六三爻〉의 "등에 짐을 지고서 수레를 탔는지라, 도적이 자연히 이르리라.(負且乘 致寇至)"라는 말에서 나온 것으로, 등짐이나 져야 할 자격도 없는 사람이 높은 자리에 올라 화엄을 강한다는 뜻의 겸사謙辭이다.

221 창호지 뚫는 파리의 습관 : 밖으로 나가려고 창호지에 달라붙는 파리나 벌처럼, 좁은 소견에 사로잡혀 넓은 세계를 보지 못하는 중생의 잘못된 습관을 뜻한다. 당나라 고령 신찬古靈神贊 선사가 창가에서 불경을 보던 중에, 벌이 창호지에 달라붙어 밖으로 나가려고 애쓰는 것(蜂子投窓紙求出)을 목도하고는, "세계가 이처럼 광활한데 그쪽으로 나가려 하지 않고, 저 종이만 뚫으려 하니 당나귀의 해가 와야만 나갈 수 있겠구나.(世界如許廣闊 不肯出 鑽他故紙 驢年去得)"라고 탄식한 고사가 전한다. 『경덕전등록景德傳燈錄』 권9 「신찬장神贊章」.

222 서로 주반主伴 되는 일 : 주主는 주체主體, 반伴은 종속從屬을 뜻한다. 일체 만유萬有는 서로 주가 되고 반이 되는 일을 반복하며 연기緣起한다는 화엄종華嚴宗의 상즉상입相卽相入 사상을 가리킨다. 화엄 십현문十玄門 중의 하나인 주반원명구덕문主伴圓明具德門은 바로 이 뜻을 드러낸 것이다. 『화엄경탐현기華嚴經探玄記』 권1, 『화엄오교장華嚴五敎章』 권1.

계봉의 우공이 사원을 떠나 진원의 취봉 난야로 거처를 옮기고는 시를 지어 보냈기에 차운하여 답하다

鷄峯友公 捨院 移栖珍原之鷲峯蘭若 以詩見寄 次韻答之

취봉으로 편안하게 발우를 옮겨	缾盂移向鷲峯安
평양성 북쪽 산은 꿈도 안 꿀 테니	夢斷平陽城北山
응당 웃겠지 백운은 미련이 남았다고	應笑白雲情愛在
아침에 산을 떠나 저녁에 돌아올 생각 하니	朝離舊岫暮思還
법이 약해 걸핏하면 원망을 받는 세상	法弱動遭怨害嬈
아 나는 말세에 사람을 잘못 지도했네	嗟予末季謬匡徒
오직 스님은 몸 편히 할 땅을 얻었으니	唯師卜得安身地
다시는 사람 따라 세상 길 밟지 말기를	無復從人踏世途
봉의 덕이 쇠했다[223]고 어찌 탄식하는가	鳳兮何歎德之衰
해가 서산에 기울 제 도와 시의 명예로세	道譽詩名日西馳
설령 서시가 눈을 피해 꼭꼭 숨는다 해도	縱使西施藏白地
끝까지 종적 숨기기는 어려울 듯하여라[224]	終然晦跡恐難期

223 봉鳳의 덕이 쇠했다 : 춘추시대 초楚나라의 은자隱者 접여接輿가 공자孔子의 수레 앞을 지나면서, 봉鳳이란 본디 태평한 시대에만 나타나고 무도한 세상에는 나타나지 않는데, 어찌하여 무도한 이 세상에서 자신을 숨기지 않고 애써 도를 행하려고 돌아다니느냐는 뜻으로 공자를 기롱하며 "봉이여 봉이여, 어쩌면 그렇게 덕이 쇠했는가.(鳳兮鳳兮 何德之衰)"라고 노래한 것을 말한다. 『논어論語』「미자微子」.

224 설령 …… 듯하여라 : 참고로 소식蘇軾의 시에 "서시 같은 미인이 술래의 눈을 피해서 아무리 숨으려 해도 소용없는 것과 흡사하다.(恰似西施藏白地)"라는 표현이 나온다. 『소동파시집蘇東坡詩集』 권14 〈조낭중견화 희부답지趙郎中見和 戱復答之〉.

무더위를 읊다 · 3수

苦熱吟 · 三首

하늘과 땅이 하나의 용광로 乾坤一爐鞴
시원한 곳은 찾아볼 수가 없네 無地覓淸寒
태양은 붉은 수레바퀴 떠올리고 赫日昇丹轂
층층 구름은 붉은 산 위에 솟았네 層雲聳赭巒
얼굴은 술에 취한 듯 후끈후끈 醺顔氣似酒
등은 뜨물 같은 땀으로 후줄근 浹背汗如潘
해 지면서 약간 서늘 기운 일어나 景下微凉至
난간에 임해 잠시 얼굴을 펴네 臨軒得暫歡

대지는 온통 화염으로 이글이글 有地盡炎爀
광한루[225]로 달아날 사다리도 없네 無階奔廣寒
생각하나니 설악의 폭천이요 瀑川思雪岳
떠올리나니 빙산의 풍혈이라 風穴憶氷巒
바람을 탄 열자列子는 배우지 못하고 未學乘飇列
화산 사랑한 반악潘岳만 부러워하네 空希愛華潘
어떡하면 혹독한 관리 곁을 떠나 何當酷吏去
벗과 기쁨을 나눌 수 있을거나 得與故人歡

혹독한 더위 화 나는 오늘을 당해 屬玆嗔酷暑
추위를 원망한 옛날이 후회되네 悔昔怨祁寒
대숲에 이는 바람 기운 어여쁘고 產吹憐叢竹

225 광한루廣寒樓 : 달 속에 있다고 함.

햇빛 가리는 산들이 사랑스러워　　遮輝愛衆巒
태산 화산 오르지 못해 유감이요　　恨難登岱華
유수 반수 헤엄치고 싶은 생각뿐　　痛欲泳溜潘
가을에 달이 찰 때까지 기다려서　　要待秋蟾滿
시 읊고 달 구경하며 즐길 수밖에　　吟看打一歡

【하남부河南府에 유수溜水와 반수潘水가 있고, 설악에 폭천瀑川이 있으며, 빙산氷山에 풍혈風穴이 있다.】

한중잡영【6수】
閑中雜詠【六首】

약초밭에 샘 끌어와 국로에 물을 대고　藥圃引泉澆國老
대나무 뜰에 울타리 쳐서 조동을 막네　筠庭插棘護朝童
문 닫고 흥망의 시끄러움 듣지 않나니　杜門不受興亡擾
나는야 세상 속의 일 없는 늙은이로세　我是世間無事翁
【국로國老는 감초甘草의 다른 이름이다.】

비 온 뒤의 담 밑에는 새 죽순이 삐죽　雨餘牆下抽新筍
바람 지난 뜰 모퉁이엔 낙화가 수북　風過庭隅襯落花
하루 종일 화로에 향 사르는 일 외엔　盡日一爐香炷外
더 이상 산사에 군더더기 일이 없네　更無閑事到山家

초가을에도 뜨거운 구름 은하에 있고　秋淺彤雲猶在漢
밤이 깊자 하얀 달은 산을 집어 삼킬 듯　更深素月欲含山
향 연기 꼬불꼬불 선정에서 깨어나니　定迴篆畝香煙冷
감실의 한 점 등불이 벽 사이를 비치네　一點龕燈照壁間

주렴 올려 산 빛을 끌어들이고　卷箔引山色
대통 이어 냇물 소리 나누어 듣네　連筒分澗聲
아침 내내 찾아오는 사람은 없고　終朝少人到
두견이 혼자서 이름을 불러 대네　杜宇自呼名

푸른 산 배경으로 비가 지나가고　山青仍過雨
초록 버들은 연기를 또 머금었네　柳綠更含煙

한가로이 왔다 갔다 하는 학이요　　逸鶴閑來往
앞뒤에서 들려오는 꾀꼬리 소리　　流鶯自後先

냇물이 요란하니 산이 더욱 적막하고　　溪喧山更寂
사원이 고요하니 날이 더욱 길어라　　院靜日彌長
누런 벌들은 꿀 따느라 부산하고　　採蜜黃蜂鬧
보라색 제비는 집 짓느라 바쁘도다　　營巢紫燕忙

도안 장로에게 부치다
寄道安長老

도를 보리라 생각하면 오히려 도를 못 보고	情存見道還迷道
마음이 편안하고자 하면 도리어 불안한 법	心要求安轉不安
편안이 편안 없음에 봄이 봄 없음에 이르면	安到無安見無見
이 일이 별것 아님을 알게 되리라	方知此事勿多般

평양의 신임 태수 이공【세기】에게 부치다
寄平陽新太守李公【世祺】

부임한 지 한 달도 채 안 되어	到郡未旬月
관청의 일이 날마다 이어지리니	官事日相續
생각건대 고을 청사 안에는	想見郡齋中
문서가 쌓이고 채찍 소리 들리겠지	簿書雜鞭扑
산중의 선방으로 말하면	山中有禪房
산기슭에 비치는 오래된 절간	古屋映林麓
쓸쓸히 인간 세상일은 드물고	蕭條人事稀
솔과 잣과 그 사이에 대나무뿐	松栢間脩竹
어찌하여 여기에 돌아와서	胡不歸去來
난간에 기대어 눈길 주지 않으리오	憑軒一寓目
내가 일찍 알지는 못했지만	我雖未曾識
이름은 실로 익히 들었는데	聞名固已熟
지금 평양에 부임한 것도	今來莅平陽
어쩌면 하늘이 소원을 들어준 듯하니	豈天從我欲
서로 마주하고 한번 웃으면	相對一笑開
평생의 뜻이 모두 풀어지겠네	平生意已足
나에게 줄 없는 거문고가 있는데	我有沒絃琴
아무도 들어줄 사람이 없거늘	無人耳相屬
그대가 산으로 나를 찾아오면	待公入山來
그대 위해 한 곡조 연주하리라	爲公彈一曲

지난 일을 생각하며 절구 두 수를 지어 계봉 장로에게 부치다

作懷舊吟二絕 寄鷄峯長老

호두석 아래 숲 그림자 뚫고	虎頭石下穿林影
상비암 주변 물소리 밟았나니	象鼻巖邊踏水聲
14년 동안 즐겁게 노닐던 곳	一十四年行樂地
지금 돌이켜보니 전생 같아라	如今迴首似前生

계령 떠난 뒤로 3년의 세월	一離鷄嶺度三霜
이따금 생각하면 고향 같나니	時復思量似故鄉
그곳이 여기보다 꼭 나은 건 아니지만	未必彼中能勝此
눈에 익은 곳은 잊기 어려운 법이라서	都緣熟處例難忘

조계산 방장 동쪽 담 아래에 동백나무 한 그루가 서 있는데, 무자년 봄에 오래도록 꽃이 피지 않다가 4월과 5월이 바뀌는 때에 비로소 활짝 피었으므로, 일찍이 없었던 일이라서 괴이하게 여겨지기에 시를 지어 기록하였다
曹溪山方丈東牆之下 有山茶一株 戊子春久無花 至四月五月之交 方始盛開 恠未曾有 作句以記之

여름도 중반이라 꽃들이 다 졌는데　夏炎將半百花盡
활짝 핀 동백꽃을 보는 이 기쁨이여　喜見山茶方盛開
아마도 조물주가 적막한 이곳을 동정하여　應是天工憐寂寞
잠시 봄빛을 산모퉁이에 붙잡아 두었나 봐　小留春色着山隈

매년 추위 무릅쓰고 매화에 앞서 피었는데　每歲陵寒先早梅
올해는 무슨 일로 봄이 지나서 피었는고　今年何事殿春開
꽃 마음도 사람 눈을 놀라게 해 주려고　花心只欲驚人眼
꽃집 닫고서 여름 오기를 기다렸나 봐　故閟紅房待夏來

선 국사가 원소암에 못을 파고 연꽃을 심으며 지은 시에 삼가 화운하다

恭和先國師圓炤庵開池種蓮之作

매복[226]의 못 본따서 연꽃을 심었나니 種藕像他梅沼沚
화산 꼭대기에서 뿌리를 옮겨 왔다네 移根來自華山巓
새벽의 미풍에도 쉽게 눕는 약한 줄기요 弱莖易偃微風曉
소낙비에 먼저 우는 어지러운 잎이로세 亂葉先鳴驟雨天
따뜻한 날 물결 속엔 강사[227]가 장난 치고 日暖波間戲江使
연기 짙은 언덕 위엔 태선[228]이 서 있네 煙濃岸上立胎仙
차기는 눈서리 같고 달기는 꿀과 같은 冷如霜雪甘如蜜
옥정의 연을 새로 맛보아 부끄러워라[229] 愧我嘗新玉井蓮

【『방여기方輿記』[230]에 "복지福池는 풍우지風雨池라고도 하는데, 매복이 연꽃을 심은 연못이다."라고 하였고, 『한시韓詩』[231]에 "태화봉 꼭대기 옥정의 연은, 꽃 피면 직경이 열 길 둘레가 배 같다네. 차기는 눈 서리 같고 달기는 꿀과 같아, 한 조각만 입에 넣어도 묵은 병이 낫는다네.(大華峰頭玉井蓮 開花十丈藕如船 冷比雪霜甘比蜜 一片入口沉痾痊)"[232]라고 하였다.】

---

226 매복梅福 : 자字는 자진子眞으로, 한漢나라 때 남창현위南昌縣尉를 지냈으며, 왕망王莽이 정권을 잡자 처자를 버리고 은거하여 신선이 되었으므로, 보통 매선梅仙으로 칭해진다. 매복의 연못은 현재 강서성江西省 남창시南昌市에 그 유적이 남아 있다고 한다. 『한서漢書』 권67 「매복전梅福傳」.

227 강사江使 : 청강사자淸江使者의 준말로, 거북을 가리킨다. 『장자莊子』 「외물外物」의 "거북이 청강을 위해 하백이 있는 곳에 사신으로 간다.(爲淸江使河伯之所)"는 말에서 유래한 것이다.

228 태선胎仙 : 241쪽 주 204 참조.

229 차기는 …… 부끄러워라 : 충지가 국사의 자리를 새로 이어받은 것을 비유한 겸사謙辭이다.

230 방여기方輿記 : 남당南唐의 문자학자文字學者인 서개(徐鍇, 920~974년)의 저서.

231 한시韓詩 : 전한前漢의 경학자經學者 한영韓嬰이 지은 『시경詩經)』 해설서. 「내전內傳」 4권과 「외전」 6권을 저술하였으나, 남송南宋 이후 겨우 「외전」만이 전해짐.

232 태화봉 …… 낫는다네 : 한유韓愈의 고의古意라는 제목의 시에 나오는데, 『한창려집韓昌黎集』 권3에 수록되어 있다. 태화봉太華峯은 화산華山을 가리킨다.

산거
山居

들쭉날쭉 전각이 운근[233]에 기댔나니 參差殿閣倚雲根
숲속에 해 저물도록 문이 닫혀 있네 日晏林間尙掩門
산이 가까워 푸른 이내가 아침 자리에 들고 山近翠嵐朝入座
냇물이 휘돌아 흰 안개가 밤 난간에 젖어 드네 川迴白氣夜侵軒
솔 기르며 원숭이 매달린 것을 좋아하고 養松爲愛猿猴掛
대나무 심어 새들이 마음껏 지저귀게 하네 種竹從敎鳥雀喧
사람을 멀리 않건만 사람이 멀리하나니 我不遠人人自遠
탑연[234]히 홀로 앉아 아침저녁 보내노라 嗒然孤坐度晨昏

---

233 운근雲根 : 바위산을 뜻하는 시어詩語이다. 두보杜甫의 시에 "충주 고을은 삼협의 안에 있는지라, 마을 인가가 운근 아래 모여 있네.(忠州三峽內 井邑聚雲根)"라는 표현이 나오는데, 그 주註에 "오악五岳의 구름이 바위산에 부딪쳐 일어나기 때문에, 구름의 뿌리라고 한 것이다."라고 하였다. 『두소릉시집杜少陵詩集』 권14 〈제충주용흥사소거완벽題忠州龍興寺所居院壁〉.

234 탑연嗒然 : 주객主客이 분리되지 않고 혼연히 하나가 되어 무심한 상태를 표현할 때 쓰는 용어이다. 『장자莊子』「제물론齊物論」 첫머리에 "남곽자기가 궤안에 기대어 앉아서 하늘을 쳐다보고 숨을 쉬니, 그 모습이 탑연嗒然하여 물아物我의 대립을 모두 잊은 듯하였다.(南郭子綦 隱机而坐 仰天而噓 嗒焉似喪其耦)"라는 구절이 나온다.

가을날에 진락대에 오르다
秋日登眞樂臺

【동쪽 방장方丈 뒤에 있다.】

따스한 아침 해가 동쪽 뫼에 떠오르자	溫溫朝旭上東岡
높은 대에 한가로이 올라 돌 평상에 앉았네	閒陟高臺坐石牀
햇빛 속에 단풍이 납의를 비추니	和日丹楓映霞衲
몸에 비단옷 걸쳤나 깜짝 놀랐네	忽驚身着錦衣裳

원소암 벽 위의 옛 시를 보고 짓다

圓炤庵壁上有舊題 見而錄之

고요한 작은 암자 따뜻한 겨울 햇빛	小院寥寥冬日溫
옷 입은 채 다리 뻗고 낮에 문을 닫았네	和衣展脚晝關門
천자며 제후를 모두 잊어버렸나니	五侯萬乘渾忘却
세상에 그 누가 납자만큼 높으리오	世上誰如衲子尊

나의 일상을 서술하다
自敍

세월은 어느새 모두 흘러가고	光陰忽已邁
늙음과 병이 항상 따라다니네	老病鎭相依
다리는 절뚝거려 지팡이에 기대고	脚跛笻全力
몸은 말라서 허리띠 자꾸 줄어드네	身羸帶減圍
한가함 만끽하니 게으름만 늘고	飽閒仍得懶
도는 먹어도 살찌지 않네	飱道不成肥
해가 늦어서야 먹는 거친 밥이요	日晏方麤糲
깊은 봄에도 여전히 누더기옷일세	春深尙衲衣
생활이 가난하니 도반도 적고	居貧禪侶少
성읍이 머니 세상 인연도 없네	城遠俗緣稀
오직 짝하는 것은 외로운 구름뿐	獨有孤雲伴
이따금 처마 밑으로 찾아온다네	時從檐下歸

연숙 선자가 어버이를 뵈러 서울에 가는 것을 전송하며

送淵淑禪者歸覲京師

어버이 뵈러 북으로 가는 군을 보내노니	送君北去覲庭闈
지팡이 끝에 마음이 새보다 먼저 날아가리	杖末心先一鳥飛
다만 홍진이 중옷을 더럽힐까 걱정이니	只恐紅塵汙霞衲
봄바람 불기만 하면 얼른 돌아오려무나	春風纔動早來歸

원각경소를 강의하면서 짓다

開演圓覺疏次 有作

원각의 가람이 이 법계에 두루하여　　圓覺伽藍周法界
동서남북으로 문이 활짝 열렸건만　　四門當路豁然開
아침 내내 손을 잡고 끌고 또 끌어도　　終朝把手拽復拽
들어오려 하지 않으니 어떻게 하랴　　爭奈無人肯入來

새벽에 일어나 새소리를 듣고 짓다
曉起 聞鳥聲 有作

인간 세상 어딜 가나 환락이 넘쳐	人間到處足歡場
화당의 풍악 소리 언제나 요란한데	絲竹尋常鬧畫堂
냉담한 산사에는 즐길 만한 것이 없어	冷淡山家無可樂
하늘이 새들에게 피리 불게 하는구나	天教百鳥咽笙簧

신묘년(1291년) 여름에 난을 피하기 위해 불대사에 갔다가, 선 국사가 남긴 귀한 게송을 보고는 감탄을 금할 수 없기에, 두 번 절하고 삼가 화운하였다

辛卯首夏 因避亂抵佛臺寺 伏覩先國師所留寶偈 不勝感欷 謹再拜奉賡云

나무 장막 낮게 드리워 어둑한 전각	樹幄低垂殿宇幽
난간 가득 송죽은 따로 가을을 숨겨 둔 듯	滿軒松竹別藏秋
당시의 상가[235]는 지금 어느 곳에 있나	當時象駕今何處
단지 긴 시냇물만 하루 종일 흐를 뿐	只有長溪盡日流

235 상가象駕 : 상왕象王 즉 불보살佛菩薩이 타는 수레라는 말로, 선대先代의 국사國師를 비유한 말이다.

밤에 앉아 · 2수

夜坐 · 二首

밤마다 시원한 솔과 냇물 소리 松韻溪聲夜送凉
밤 깊어 빈 마루에 가득한 달빛 更深月彩滿虛堂
생각건대 이 즐거움 세상에 없으니 想應此樂世無有
어떻게 시 지어 임금님께 바칠 수 있으랴 安得題封貢我皇

송죽의 그림자 어울려 전각을 감싸고 松篁接影籠高閣
유자와 귤 가지 얽혀 뜨락을 뒤덮었네 榴橘交柯羃小庭
궤석에 맑은 바람 불어옴은 물론이요 自有淸風來几席
창문으로 밝은 달을 다시 불러들이네 更邀明月入窓櫺

윤 사군【해】이 산중을 찾아왔기에 머물도록 붙잡았으나 하룻밤도 묵지 않고 떠났으므로 그를 보낸 뒤에 시를 지어 부쳤다

尹使君【諧】來訪山中 挽留之 不可一宿而行 送後作句寄之

낮에도 문 닫힌 썰렁한 옛 절간에	古寺霜寒晝掩扃
귀인이 찾아올 줄 어찌 생각했으리오	豈期軒蓋忽來經
귀밑머리 늘어난 백발은 슬프지만	雖悲兩鬢添新白
두 눈동자 여전히 푸른 것[236]이 기쁘도다	尙喜雙眸帶舊靑
입으로 그냥 읊는 시는 귀신도 놀래키고	信口高吟驚鬼壯
온몸의 맑은 덕은 향기를 듬뿍 안겨 주네	通身淸德襲人馨
만류하여 심중의 얘기 토로하려 했으나	挽留欲盡三分話
풀 줄기로 큰 종을 친 듯해서 부끄럽기만[237]	慚愧洪鐘噎寸筳

236 두 눈동자 …… 것 : 다정한 눈길로 반갑게 바라보는 것을 뜻함. 삼국시대 위魏나라 완적阮籍이 속된 사람을 만나면 백안白眼, 즉 흰 눈자위를 드러내어 경멸하는 뜻을 보이고, 의기투합意氣投合하는 사람을 만나면 청안靑眼 즉 검은 눈동자로 대하여 반가운 뜻을 드러낸 고사가 전한다. 『세설신어世說新語』「간오簡傲」.

237 풀 줄기로 …… 부끄럽기만 : 풀 줄기는 충지 자신을, 큰 종은 윤해를 가리킴. 풀 줄기와 종은 한漢나라 동방삭東方朔이 지은 답객난答客難의 "대롱 구멍으로 하늘을 엿보고, 바가지로 퍼서 바닷물을 재며, 풀 줄기로 종을 치는 격이다.(以筦窺天 以蠡測海 以筳撞鍾)"라는 말에서 나온 것이다. 『문선文選』 권45.

빨리 돌아오라고 진행·진경 두 소사에게 시를 지어 부치다

催皈語寄示眞行眞冏兩小師

1만 골은 푸른 연기로 잠기고	萬壑蒼烟鎖
1천 숲엔 붉은 잎이 휘날린다	千林赤葉飛
겨울 결제 기한이 닥쳐왔으니	結冬期已迫
얼른 돌아와야 하지 않겠는가	將子早來歸

소사 심선이 취봉에서 돌아올 적에 취봉 노인이 준 옛 율조의 시 한 편을 가지고 와서 보여 주었는데, 이것을 읽고 감탄한 나머지 병중에 억지로 차운하여 노인의 좌하에 삼가 부쳤다 小師心璇 自鷲峯迴 持鷲峯老人所贈古調詩一篇來示 讀之嘉嘆 病中强次其韻 奉寄老人座下

우리 스님은 일찍 도선[238]하여	我師早逃禪
사해를 실컷 돌아다니다가	四海飽參訪
돌아와서는 문 닫고 드러누워	歸來臥杜門
암자 하나에 종적을 감췄다네	一庵藏影響
원숙한 덕이 총림을 흠뻑 적셔	舊德洽叢林
납자들이 모두 신망하였나니	衲子皆屬望
도의 경지는 노능[239]에 버금가고	道韻亞盧能
시의 이름은 문창[240]을 압도했네	詩名壓文暢
우스워라 세상 사람들은	笑彼世上兒
음식에 쉬파리 모이듯 하는데	聚蚊酣一餉
스님은 호란 뒤로 30년 동안	胡亂三十年
한 번도 염장이 부족하지 않았다네[241]	曾不少鹽醬

---

238 도선逃禪 : 좌선하다가 도망쳐 나온다는 말이다. 두보杜甫의 시에 "소진은 수놓은 부처 앞에 오래 재계를 하다가도, 취하면 가끔 좌선하다 도망쳐 나오길 좋아했네.(蘇晉長齋繡佛前 醉中往往愛逃禪)"라는 구절이 나온다. 『두소릉시집杜少陵詩集』 권2 〈음중팔선가飮中八仙歌〉.

239 노능盧能 : 성이 노씨盧氏인 육조 대사六祖大師 혜능慧能을 가리킨다.

240 문창文暢 : 당唐나라 승려의 이름이다. 한유韓愈가 그를 전송하며 써 준 〈송부도문창사서送浮屠文暢師序〉가 있다. 『고문진보古文眞寶』와 『당송팔가문독본唐宋八家文讀本』에도 나온다.

241 스님은 …… 않았다네 : 당唐나라 마조 도일馬祖道一이 강서江西에서 선풍禪風을 떨치고 있을 적에, 그의 스승 남악 회양南嶽懷讓이 그 경지를 알아볼 목적으로 승려를

하루 종일 홀로 궤안에 기대다가 終日獨隱几
때때로 한가로이 산책하면서 有時閒策杖
푸른 절벽 사이 승경도 찾고 幽尋蒼壁間
맑은 냇가를 거닐기도 한다오 散步淸溪上
초당이 평평한 들판에 임하여 草堂臨平原
마을의 태평가가 귀에 들려오고 村歌聞擊壤
밭 가는 농부와 소 치는 아이들도 田夫與牧竪
앞 다투어 귀의할 줄을 아나니 亦解爭歸向
고요히 마음이 불 꺼진 재와 같아 凝然心自灰
분별해서 생각할 일이 전혀 없다네 無事可思想
아 나는 오래도록 병마에 얽혀 嗟予久纏痾
서쪽 바라보며 마냥 슬퍼할 뿐 西望謾悽悵
생각해 보건대 솔과 계수 사이에 想見松桂間
창문은 푸른 산을 마주할 것이요 軒戶對靑嶂
파란 안개는 성긴 발에 들어오고 翠靄入疎簾
흰 구름은 방장실을 에워싸리라 白雲遶方丈
어찌 그윽하고 깊을 뿐이리오 豈唯幽且深
기이한 경치 표현할 수 없으리니 奇勝固難狀
검푸른 모발 노인이 문을 두드리며 應見綠毛翁
합장하는 광경도 보게 되리라 扣門來合掌

보내어 요즘 어떠한지(作麽生) 물어보게 하자, 마조가 "호란이 있은 뒤로부터 삼십 년 동안 한 번도 염장이 부족한 적이 없었다.(自從胡亂後 三十年不曾少鹽醬)"라고 답변하였는데, 남악이 그 말을 전해 듣고는 고개를 끄덕였다는 고사가 전한다. 『오등회원五燈會元』 권3 「남악회양선사南嶽懷讓禪師」.

취봉의 선로가 찾아와서 절구 세 수를 주기에 차운하여 답하다

鷲峯禪老來訪 贈詩三絕 次韻答之

강건하고 총명함이 날로 더하는 분　　剛健聰明日更加

【공이 항상 총명하고 강건함을 과시했기 때문에 이렇게 말한 것이다.】

좌선하는 암자엔 향 연기만 비끼네　　一庵危坐篆烟斜

원래 장수할 몸 하늘도 늙게 못 하리니　　從來壽骨天難老

여생이 얼마 안 남았다 말하지 마오　　莫道前程已不賒

【공이 '서산에 해가 진다(西峰日斜)'는 말을 했기 때문에 이렇게 말한 것이다.】

기쁘도다 공의 옹혈의 연람굴이　　喜公甕穴烟嵐窟

【공이 옹성甕城의 혈암穴菴으로 이주하려고 하기 때문에 이렇게 말한 것이다.】

나의 송전 자취퇴와 이웃한 것이　　隣我松巓紫翠堆

【자취紫翠는 나의 처소 이름이다.】

한 번 올 때마다 며칠씩 머물면서　　每一來過留數日

한 달에 두세 번 오고 가면 좋겠네　　終期一月復三迴

【사뇌思惱의 말을 사용하였다.】

경을 보아도 쇠가죽을 뚫지 못했으니　　看經曾不透牛皮

【공이 재차 대장경을 열람하고 있다.】

아침 내내 한가로이 앉아만 있을 수야　　閒坐終朝豈是爲

나도 따라가 두 늙은이가 되고 싶나니　　我欲往從成二老

그러면 그 속에 누가 주인이고 객이리오　　个中賓與主人誰

한가한 중에 회포를 읊다
閒中詠懷

쓸쓸히 산언덕에 기대어 사는 생활	蕭條棲息寄山阿
늙어 가며 편안함이 그다지 싫지 않네	老去安閒不厭多
궤안에 기대니 구름 연기 펼쳤다 뭉쳤다	隱几雲煙幾舒卷
문 닫으니 그 광경이 저절로 없어지네	杜門光景自消磨

사성찬
四聖讚

이욕은 몸을 빠뜨리는 구덩이	利欲陷身坑
지자는 응당 멀리 피하나니	智者當遠避
한번 그 속에 떨어지고 나면	一或墜其中
끝내 벗어나기 어렵나니라	多劫竟難離
내 몸은 꼼짝하지 않겠다고 한	吾身終不動
묘화의 뜻 얼마나 아름다우며	美矣妙華意

【서방의 묘화 존자妙華尊者는 국왕이 세 번이나 불렀는데도 응하지 않았다. 이에 왕이 사람을 보내 또 부르면서 "만약 오지 않으면 왕이 목을 벨 것이다."라고 말하게 하였는데, 존자가 말하기를 "목을 베려면 베라. 나의 몸은 꼼짝하지 않을 것이다."라고 하니, 왕이 듣고서 기이하게 여겨 더 예우하였다.】

흰 칼날 앞에 목을 내놓은	延頸就白刄
신로[242]의 뜻 얼마나 유쾌한가	喜哉信老志
나찬[243]은 형산에 높이 누워	懶瓚臥衡山
천자의 조서에도 답하지 않았고	不答天書至
노능은 조계에 있으면서	盧能在曹溪

242 신로信老 : 중국 선종禪宗의 4조祖인 도신道信을 가리킨다. 정관貞觀 17년(643년)에 당 태종唐太宗이 서울로 세 차례나 불렀으나 오지 않자, 만약 또 응하지 않으면 목을 베어 오라고 명하였는데, 도신이 태연히 목을 늘이면서 베어 가라고 했다는 말을 듣고는 태종이 더욱 찬탄하며 비단 가사袈裟를 하사한 고사가 전한다. 『속고승전續高僧傳』 권26, 『오등회원五燈會元』 권1.

243 나찬懶瓚 : 당唐나라 형악사衡岳寺의 고승 명찬明瓚을 가리킨다. 그의 성격이 게으른데다 남이 먹다 남긴 밥만 먹기 때문에 나잔懶殘 그리고 나찬懶瓚이라는 호를 얻게 되었는데, 이필李泌이 일찍이 그 절에서 독서를 하다가 심야에 그를 찾아가자, 마침 쇠똥으로 불을 지펴 구워 먹고 있던 토란을 나눠 주면서 이필이 앞으로 재상이 될 것이라고 예언을 했다는 이야기가 유명하다. 천자의 조서에 답하지 않은 고사는 미상이다. 『송고승전宋高僧傳』 권19.

항표로 중사를 물리쳤네[244]	抗表謝中使
저 네 분의 대사들이	惟彼四大士
어찌 세속에 얽히리오	豈肯嬰世累
자기 몸을 물거품처럼 보고	觀身如水泡
세상 일을 꿈처럼 여겼을 따름	視世猶夢事
초연히 생사에 오연傲然하여	超然傲生死
그 도가 참으로 둘이 아니었나니	其道誠不二
아득히 천고 만고토록	邈爾千萬古
높은 그 운치 우러르게 하는구나	令人仰高致

244 노능盧能은 …… 물리쳤네 : 노능은 성이 노씨인 혜능慧能을 가리킨다. 당 중종唐中宗 신룡神龍 원년(705년)에 황제가 내시內侍 설간薛簡을 파견하여 혜능을 서울로 불렀으나, 병을 핑계대고 고사固辭하며 가지 않자, 황제가 가사袈裟와 발우鉢盂 등 물품을 하사한 고사가 전한다. 항표抗表는 거절하는 표문이라는 뜻이고, 중사中使는 내시를 가리킨다. 『송고승전宋高僧傳』 권8.

원소암 탑원에서 가을날 빗속에 짓다
圓炤塔院 秋日雨中作

작은 절간 처량하게 가을 비 내리는데	小院凄凉秋雨零
성긴 숲에 병든 잎새 빈 뜰에 떨어지네	踈林病葉墮空庭
오직 동백나무가 처마에 기대 서서	倚檐唯有山茶樹
더위 가고 추위 와도 똑같이 푸르네	暑去寒來一様青

감로사의 장로에게 답하다
酬甘露長老

나는 공처럼 세월이 빨리 흘러	浮生急景似跳丸
이별 뒤로 어느새 두 해가 지나갔네	別後俄然歲再闌
노년의 회포를 누구와 얘기할까	老倒幽懷誰與說
석장錫杖 날려 한 번 찾아와 주었으면	望公飛錫一來看

시자가 게송을 구하기에 써서 주다

侍者求偈 書以贈之

내가 너를 부르면 네가 응답하고	吾常呼汝汝斯應
네가 나에게 물으면 내가 답하나니	汝或訊吾吾輒酬
이 사이에 불법이 없다 말하지 마라	莫道此間無佛法
원래 한 올만큼도 간격이 없나니라	從來不隔一絲頭

빗속에 잠에서 깨어

雨中睡起

중도 없는 듯한 적막한 선방	禪房闃寂似無僧
처마엔 비에 젖은 등나무 덩굴	雨浥低檐薜荔層
낮잠을 깨니 날은 벌써 저녁	午睡驚來日已夕
산동은 장명등에 불을 붙이네	山童吹火上龕燈

우연히 읊다
偶吟

가볍던 옷이 무거우니 매우 쇠함을 알겠고	舊輕衲重知衰甚
익숙한 경문이 생소하니 병이 깊음을 알겠네	曾熟經生覺病深
하지만 이 마음은 끝내 늙지 않아	唯有此心終不老
흥이 나면 이따금 한 번씩 읊는다오	興來時復一長吟

늦봄의 즉흥시
暮春即事

봄 깊어 해는 긴데 사람 일 끊어지고	春深日永人事絕
바람에 배꽃 날려 뜨락에 흰 눈 가득	風打梨花滿庭雪
처마 끝 나무 그림자 서로 얽힌 속에	倚檐佳木影交加
산보하며 읊노라니 절로 기쁨이 차오르네	散步行吟自怡悅

봄을 아쉬워하며 읊다
惜春吟

봄바람이 너무도 무정해서	春風大無情
나를 버리고 돌아보지 않네	棄去不我顧
수양버들도 실만 늘어뜨릴 뿐	垂楊徒有絲
세월을 묶을 줄은 알지 못하누나	曾不解繫駐
붉은 도화는 가는 봄 원망하며	紅桃怨春歸
아침 이슬 떨구며 눈물 흘리고	朝來空泣露
산새도 슬피 부르짖으며	山鳥亦哀呼
사람 향해 호소하려는 듯	似欲向人訴
그윽한 회포 쏟을 길 없어	幽懷無以寫
동산을 돌아 조용히 걷노라니[245]	細履繞園圃
꽃들은 쓸어낸 듯 이미 사라지고	群芳掃已盡
푸른 잎만 나무 숲에 가득하네	綠葉滿林樹
가는 봄이야 가도록 놔둔다 해도	春歸也任歸
자꾸 늙는 것은 또 어떻게 하나	爭奈催衰暮
우리 인생은 우주 사이에서	人生宇宙間
잠깐 머무는 여인숙과 같은 것	何異暫羈寓
그만두어라 슬퍼할 게 있으리오	置之不用悲
대사는 원래 자연의 법칙인 것을	代謝固有數
변화 따라 죽음으로 돌아가거니	聊乘化歸盡

245 동산을 …… 걷노라니 : 참고로 당唐나라 시인 두목杜牧의 〈만청부晩晴賦〉에 "비 갠 가을 모습 금방 목욕한 듯하여, 동산을 꺾어 돌아 조용히 거니노라.(雨晴秋容新沐兮折繞園而細履)"라는 표현이 나온다. 『번천문집樊川文集』 권1.

천명에 내맡기면 되지 않겠는가[246] 姑以信天賦

246 변화 …… 않겠는가 : 참고로 도연명陶淵明의 〈귀거래사歸去來辭〉 맨 마지막에 "자연의 변화 따라 죽음으로 돌아가거니, 천명을 즐길 뿐 또 무얼 의심하랴.(聊乘化以歸盡樂夫天命復奚疑)"라는 표현이 나온다.

한가한 중에 우연히 짓다
閒中偶書

배 고플 때 밥 먹으면 밥이 더 맛있고	飢來喫飯飯尤美
잠 깨어 차 마시면 차가 더 감미로워	睡起啜茶茶更甘
땅이 외져 문 두드리는 사람 없어도	地僻縱無人扣戶
감실에 부처와 함께 있는 것이 기뻐라	庵空喜有佛同龕

큰 소나무

長松

【설두雪豆의 사자봉師子峰 시를 본떠서 짓다.】

수천 척의 낙락장송이여	落落長松數千尺
세한[247]의 굳은 절조 꺾이지 않으리	歲寒勁節終難摧
하늘이 우뚝 혼자서 번성케 하였으니	天敎秀拔自繁茂
구구하게 사람 힘을 빌릴 것이 있으리오	何假區區人力培

247 세한歲寒 : 추운 겨울에도 변함없이 푸르른 소나무처럼 어떤 난관도 극복하고 자신의 신념을 꿋꿋이 지켜 나가는 것을 뜻하는 말로, 『논어論語』「자한子罕」의 "날씨가 추워진 다음에야 송백이 제일 늦게 시든다는 것을 알게 된다.(歲寒然後 知松栢之後雕)"라는 말에서 유래한 것이다.

옛 시를 본떠서 지었던 것을 추가하여 써넣다
曾有擬古之作 追而錄之

만 이랑이 넘는 거대한 호수도	大湖萬頃餘
바람이 자면 물결이 잠잠한데	風息波亦息
사방 한 치 사람의 마음속에선	人心方寸間
항상 천 척의 물결이 이는구나	浪起常千尺

사람을 경계하다 · 2수
誡人 · 二首

이 몸이 물거품이요 허깨비임을 믿는다면[248]	此身若信同泡幻
칼로 베고 향을 바름에 두 마음을 지니리오[249]	刀割香塗豈二心
단지 다생에 전도된 집착 때문에	只爲多生顚倒執
순역順逆의 물결 속에 잘못 빠져들 뿐	順違波裡枉遭沉
교언과 영색과 주공[250]을 한다 해도	巧言令色雖足恭
웃음 속에 칼 숨긴 걸 어떻게 하랴	爭奈利刀藏笑中
질직하고 꾸밈 없고 거짓이 없는 것을	質直無華無詐委
진실한 도인의 풍도라 이름 하나니라	是名眞實道人風

248 이 몸이 …… 믿는다면 : 『금강반야바라밀경金剛般若波羅密經』「응화비진분應化非眞分」에 "일체 유위법은 꿈과 같고 허깨비와 같고 물거품과 같고 그림자와 같고, 또한 아침 이슬이나 번갯불과 같으니, 응당 이렇게 살펴보아야 할 것이니라.(一切有爲法 如夢幻泡影 如露亦如電 應作如是觀)"라는 말이 나온다.

249 칼로 …… 지니리오 : 『오등회원五燈會元』 권2 「영가진각선사永嘉眞覺禪師」에 "마음이 공과 상응하면 헐뜯거나 칭찬해도 무엇을 걱정하고 무엇을 기뻐할 것이며, 몸이 공과 상응하면 칼로 베거나 향으로 바른다 해도 무엇을 괴로워하고 무엇을 즐거워하랴.(心與空相應 則譏毁讚譽 何憂何喜 身與空相應 則刀割香塗 何苦何樂)"라는 말이 나온다.

250 교언巧言과 영색令色과 주공足恭 : 『논어論語』「공야장公冶長」에 "말을 교묘하게 하고, 얼굴색을 좋게 꾸미고, 지나치게 공손한 것을 좌구명이 부끄럽게 여겼는데, 나도 이것을 부끄러워한다.(巧言令色足恭 左丘明恥之 丘亦恥之)"라는 공자孔子의 말이 나온다.

내가 평소에 풍악의 빼어난 경치를 소문으로 듣고는 목을 빼어 동쪽을 바라본 지가 오래되었다. 그러다가 최근에 사람들과 함께 갈 약속이 있었으나, 불행히도 어느 날 저녁에 실족하여 발을 다치는 바람에 조금도 걸을 수 없게 되었으므로 동쪽으로 유람할 계획이 아득히 멀어지고 말았다. 어쩌면 다생에 업장業障이 깊고 죄가 많아서 이렇게 된 것인지 모르겠다는 생각도 들었다. 이에 깊이 뉘우치며 자책하는 마음으로 시 한 편을 지어서 스스로 위로하였다

予素聞楓岳奇勝 引領東望久矣 近與人有同往之約 不幸一夕脚跌而傷足 寸步不得行 東遊計 墮於杳茫 此豈多生障濃垢重所致然歟 深有悔責 乃作一篇以自慰云

【정혜사定惠寺에 있을 때 지었다.】

2월 7일 하늘이 정말 음침하여	二月七日天正陰
밤 빛 침침하기가 먹물을 뿌린 듯	夜色沉沉如潑墨
계단 내려오다 헛디뎌 발을 다쳐서	下階脚跌損一足
반걸음 사이도 걸을 수 없게 됐네	跬步之間行不得
우스워라 오십이 넘은 나이에	自笑行年五十餘
어린아이처럼 기는 것을 배우다니	却與孩兒學匍匐
자리를 뜨지 못하고 서성이는 몰골이	低徊未離衽席間
날개 꺾인 새와 무엇이 다르리오	何異飛禽垂折翼
일찍이 듣건대 강동에 있는 명산은	曾聞江東有名阜
상골[251]이 끝도 없이 공중에 멀리 솟아	象骨撑空迥不極

251 상골象骨 : 설봉雪峰의 다른 이름이다. 중국 복건福建 민후현閩侯縣에 있는 설봉산雪峰山은 원래 이름이 상골象骨이었는데, 당나라 의존義存 선사가 "산 정상은 무더운 여름인데도 눈이 쌓였다.(山頂暑月猶有積雪)"라고 말한 것에서 유래하여 설봉산이라고 부르게 되었다고 한다. 『송고승전宋高僧傳』 권12 「설봉의존장雪峰義存章」.

깨끗한 그 모습 티끌 한 점 없이 皓然不受塵一點
흰 눈이 산을 덮어 다른 색은 없다네 積雪埋巓無別色
어찌 형승만 말로 표현 못 하리오 豈唯形勝難具陳
기이한 자취도 헤아릴 수 없나니 異跡奇蹤固莫測
보살의 진신이 여기에 머물고 보면[252] 菩薩眞身住於此
이 산이야말로 진정토眞淨土[253]라 하리라 即此山中眞淨國
내가 봄날에 곧바로 달려가서 我欲乘春徑馳往
절승 찾아 마음껏 오르려 하였나니 探勝尋奇恣登陟
행전 차고 버선 신고 떠나기 전에 靑纒布襪裝未了
꿈은 먼저 송라[254] 곁을 감돌았다네 夢魂先遶松蘿側
홀연히 떠날 계획 아득해졌으니 忽然歸意墮杳茫
평생의 많은 업장이 부끄럽기만 慚愧平生多障惑
어떡하면 본래의 뜻 다시 이룰까 何當平復償素志
대성의 신통력을 빌리고도 싶네 願借大聖神通力
하지만 대천세계도 한 티끌이니 飜思大千在一塵
동서남북이 어디 따로 있으리오 安有東西與南北
누가 알까 계족봉을 벗어나지 않고서 誰知不出鷄足峯
풍악의 선지식을 두루 찾아뵙는 것을 已禮楓岳善知識

---

252 보살菩薩의 …… 보면 : 『신화엄경新華嚴經』 권45 「보살주처품菩薩住處品」에 "동북쪽 바다 가운데에 금강산이 있는데, 그곳에서 담무갈 보살曇無竭菩薩이 1만 2천 보살과 함께 항상 반야般若를 설법하고 있다."는 말이 나온다. 담무갈曇無竭은 범어梵語 Dharmodgata의 음역音譯인데, 보통 법기 보살法起菩薩로 많이 알려져 있다. 금강산에 대해서는 여러 설이 있으나, 우리나라의 금강산이라는 것이 통설이다.

253 진정토眞淨土 : 정토는 사정토事淨土·상정토相淨土·진정토眞淨土의 세 종류로 나뉘고, 진정토는 다시 보살菩薩의 이망진토離妄眞土와 부처의 순정진토純淨眞土로 나뉜다는 말이 혜원慧遠의 『대승의장大乘義章』 권19에 나온다.

254 송라松蘿 : 금강산 만폭동萬瀑洞에 있는 송라암松蘿庵을 가리킨다. 『신증동국여지승람新增東國輿地勝覽』 권47 「회양도호부淮陽都護府」.

상국 농서공이 중국 사신과 함께 영남의 동정하는 군함을 감독하러 왔다가, 밤중에 몸소 산으로 나를 찾아왔기에, 감격을 가누지 못한 나머지 서툰 시 한 편을 지어 행막에 올렸다 相國隴西公 伴上朝中使 監督嶺南東征兵艦 夜半躬訪山居 不勝感荷 作惡詩一篇 寄呈行幕

【정혜사에 머물 때에 지었다.】

세상 사람 교제는 세리를 중히 여기나니　世人定交貴勢利
보답 받지 못할 곳에 누가 은혜를 베풀리오　誰敢施恩不報地
상공만은 홀로 이 세상과 달라서　相公獨與時俗異
출처와 승침에 두 마음이 없어라　出處升沈心不二
나는 세상 피해 속진을 벗어나서　我曾逃世脫塵累
구름 산을 향해 자취를 부쳤고　蹤跡便向雲山寄
공은 때를 만나고 뜻을 얻어서　公乃遭時得其志
청직淸職을 두루 거쳐 재상이 되었어라　歷盡淸資登相位
한가하고 바쁜 신분 서로 다를뿐더러　閑忙旣已兩殊致
나는 어수룩해서 특기할 것도 없는데　況我疎頑無可記
공은 그래도 멀리 버리지 않으시고　公猶眷眷不遐棄
시종 형제처럼 다정하게 대하셨네　終始恩情等昆季
어떡하면 서로 한 번 만날까 하고　何當一迴得相値
북쪽 하늘 바라보며 때때로 그리워하였는데　北望時時苦瞻企
하늘은 원래 사람 마음 거스르지 않으니　上天元不逆人意
소원을 반드시 들어주리라 믿었다오　苟有所欲必教遂
지난봄에 천자의 사신과 함께 와서　前春來伴天子使
송만 향해 수레를 돌리신다기에　因向松巒迴玉轡
내가 그 말 듣고 곧장 달려가서　我時聞之即馳至

하룻저녁 모시고서 숙원을 풀었는데　一夕攀陪償宿冀
너무 바빠 속마음 토로할 틈도 없이　忽忽未暇話心事
손 잡고 말없이 보기만 하였어라　握手無言但相視
이별 뒤로 유한이 가슴에 가득하여　別來遺恨滿胸次
꿈속에서도 그리움에 시달리던 차에　時復懸懸勞夢寐
얼마 뒤에 사람이 전한 글을 보니　俄有人來傳信字
또 전비 감독하러 강남에 가는데　又向江南監戰備
이번에는 산사를 꼭 방문할 테니　此行當須訪山寺
주인은 기다려 달라는 내용이었네　爲報主人且相遲
봉함 뜯고 기뻐서 세 번 네 번 읽고　開緘喜閱至數四
바람 난간 급히 쓸며 기다리면서도　急掃風軒望來墍
중국 사신 동반하여 달리는 길이라　方將中使馳馹騎
중 찾기가 쉽지 않으리라 걱정했는데　竊恐尋僧誠不易
어찌 생각했으리오 한밤중에 산길 밟고　何期半夜踏山翠
참선하고 조는 나를 문 두드려 깨울 줄을　叩門驚我禪餘睡
정신없이 영접하여 자리에 모시고서　倒屣欣迎促座侍
조용히 반일 동안 정사를 논했나니　從容半日論情思
평생에 은사를 몇 차례나 받았지만　平生幾度受恩賜
이번의 이 은혜와 어떻게 비교할까　此迴此惠固無譬
즐거움 못 다하고 벌써 이별할 시간　歡娛未足促飛駟
어느새 코끝이 먼저 시큰해지면서　斗覺梅酸先入鼻
마음속 얼얼한 것이 마치 취한 듯　中心兀兀漸如醉
하루아침에 내 안색 초췌해졌네　使我一朝顔色悴
이별의 한을 토로할 사람도 없이　感情離恨無與誶
홀로 앉아 닦는 눈물 누가 알리오　獨坐誰知抆雙淚

사자수의 공이 조계산에서 회강암으로 가는 중에 나의 거처를 방문하고 이틀 동안 머물다가 미을장에 가서 묵으면서 게송을 지어 부쳤기에 차운하여 봉답하다

師子岫之公 自曹溪向檜岡庵次 歷訪弊止 留二日 至宿味乙莊 作偈寄之 次韻奉答

【정혜사에서 지었다.】

멀리 이별하며 상란의 때를 만났기에	遠別仍遭喪亂秋
다시는 함께 노닐지 못하리라 여겼는데	謂言無復奉淸遊
지금 재회한 것은 참으로 천행이라서	今來再會眞天幸
이를 생각할 때마다 마음이 즐거워진다오	念此時時忭相知
【忭은 음이 변으로서, 즐겁고 기쁜 모양이다.】	【忭皮面切音便喜樂貌】
아 나는 강직해서 걸핏하면 세상과 어긋나	嗟予剛直動違時
옛날 노닐던 이들도 거의 나를 버렸는데	夙昔交遊鮮不遺
우리 스님은 끝까지 나를 돌보아 주며	多感吾師終見顧
평생의 지기 허락하니 얼마나 고마운지	平生心膽許相知

우연히 두 수를 짓다 · 6언

偶書二首 · 六言

바람 지난 뜰은 빗자루로 쓴 듯	風過庭除如掃
산뜻함 다투는 비 온 뒤의 경물	雨餘景物爭鮮
보이는 것 모두 한 점 티끌 없이	觸目都無纖累
몸 전체가 항상 깊은 선정 속에	全身常在深禪

돌 구르는 물소리 오열하는 듯	落石水聲咽咽
구름에 연한 산은 짓푸르기만	連雲山色蒼蒼
노쇠한 데다 병마에 게으름까지	老倒仍兼病懶
쓸데없이 만상이 떠오르기만	坐煩萬像敷揚

둔재 김공【훤】에게 우스개로 답한 두 수

戱答鈍才金公【晅】二首

【조계산에 머물 때 지었다.】

사람됨이 다행히 쓸모없음을 좋아하고　爲人幸自甘無用
자리 잡는 것도 다투지 않으려 하였건만　卜地仍兼要不爭
어떡하오 업풍이 불어 이곳에 떨어져서　叵耐業風吹落此
평소에 지닌 뜻을 이룰 수 없게 되었으니　平生雅志未能成

【보내온 시에 "조계는 어찌하여 사람들이 다투는가.(曹溪胡奈有人爭)"라는 구가 있었으므로 이렇게 말한 것이다.】

지금 한때 다툰 것이 이상할 게 있으리오　一時鋒鏑今何怪
옛날 육대에도 의발을 서로 다투었는걸[255]　六代衣盂古亦爭
설령 비람[256]이 감히 흔들어댄다 해도　縱使毘嵐敢搖落
소림사[257]의 꽃과 열매는 본시 끄떡없다오　少林花果本圓成

255 옛날 …… 다투었는걸 : 중국 선종 5조祖 홍인弘忍의 문하인 혜능慧能과 신수神秀가 서로 6조祖의 정통성을 주장하며 이른바 돈오頓悟의 남종南宗과 점수漸修의 북종北宗으로 분립分立한 것을 말한다.

256 비람毘嵐 : 비람풍毘嵐風의 준말로, 범어梵語 vairambhaka를 음역音譯한 것인데, 우주의 시초와 종말에 불어온다는 신속하고 맹렬한 바람을 말한다.

257 소림사少林寺 : 중국 선종 초조初祖인 달마達磨가 머문 사찰. 여기서는 송광사松廣寺 조계종曹溪宗의 선맥禪脈을 뜻하는 말로 쓰였다.

삼가 보내온 시에 차운하여 수재 홍 상공 좌우에 올리다

謹次來韻 寄呈睡齋洪相公座右

그저 심신이 편안하면 그만이니 但使身心觸處安
굳이 명산 찾아 머물 필요 없겠지만 不須捿息要名山
나의 삶은 구름처럼 정한 곳이 없으니 我生況與雲無定
풍교에서 한번 웃기 뭐가 어려우리 楓嶠何難得解顏

【보내온 시에 "조계산에서 주석한 뒤로부터는, 풍악에서 한번 서로 웃을 길이 없네(自從主席曹溪後 楓岳無由一破顏)"라고 하였기 때문에 이렇게 말한 것이다.】

천리에 글을 보내 소식 물어 주시다니 千里來書枉問安
궁벽진 산에 맑은 바람이 불어온 듯 清風髣髴到窮山
근진[258]의 일에 걸리지 않는 것도 좋겠지만 雖然不涉根塵事
서로 만나 한번 얼굴 보는 것만 하리오 爭似相逢一覿顏

258 근진根塵 : 육근六根과 육진六塵. 육근은 인식 주체인 인간의 안眼·이耳·비鼻·설舌·신身·의意, 육진은 인식 대상인 색色·성聲·향香·미味·촉觸·법法을 말한다.

한 소경【사기】이 연경에서 부친 시에 차운하여 답하다

次韻答韓少卿【謝奇】在燕都所寄

지난해 봄바람 속에 슬피 이별한 뒤로　去歲春風慘別離
지금은 속절없이 꿈속에서만 어울리네　至今空有夢相隨
천금 같이 중한 몸 잘 보전만 하신다면　但能善保千金重
다시 만나 한번 웃을 때가 어찌 없으리　一笑寧無再面時

【보내온 시에 "이생에서 다시 만날 때는 언제일까.(此生重面是何時)"라고 하였다.】

평양의 신임 수령이 시랑으로 있다가 처음으로 지방 행정을 맡았다는 말을 듣고 시를 지어 부치다

聞平陽新守 自侍郎始宣政化 作詩寄似

집무실 활짝 열어 인풍을 일으키니	肇開鈴閤扇仁風
한 경내가 흔연히 똑같이 기뻐하네	一境欣然喜已同
어젯밤 참선 뒤에 잠이 더욱 편했나니	昨夜禪餘眠更穩
새로운 교화가 산중까지 미친 줄 알겠도다	是知新化及山中

앞의 운을 다시 써서 한 국박【사기】에게 부치다
復用前韻 寄韓國博【謝奇】

산중에 날아온 한 통의 서신	一封芳信到山中
옥수의 풍채를 직접 보는 듯	髣髴親瞻玉樹風
그리워하는 두 곳의 무한한 뜻	兩地相望無限意
모추자[259] 빌려서 신통을 보였어라	借毛錐子逞神通

259 모추자毛錐子 : 모필毛筆, 즉 붓을 가리킨다.

별동에서 노닐며

遊別洞

【계봉雞峯에 있을 때 지었다.】

풍만과 오대도 그냥 놔두고	從汝楓巒與五臺
여악과 천태도 내버려 뒀나니	任他廬岳及天台
제일 좋은 수석을 보고 싶으면	欲看水石最佳處
계봉의 별동에 와야만 하리라	須向雞峰別洞來

계봉의 괴로움

鷄峯苦

【정혜사定惠寺에 있을 때 우스개로 지었다.】

지금 비유할 곳 없는 계봉의 괴로움이여　鷄峯之苦今無譬
한두 가지 말하려니 코가 먼저 시큰하네　欲說一二先酸鼻
지은 지 오래된 집은 매우 낡아서　經營歲久屋甚老
처마 기와 담벽 모두 땅에 기울어　檐牆壁皆傾地
매번 장마철 만나 비가 내릴 때면　每遇淋漓下雨時
체처럼 빗물이 새어 피할 곳이 없네　屋漏如篩無處庇
사시 취사炊事를 맡은 몇 명의 중은　四時執爨唯數髡
남루한 의상에 초췌한 안색으로　衣裳襤褸顏色悴
재 올릴 땐 나물이요 아침은 묽은 죽　齋時蔬藾晨淡粥
나무하러 산 위로 하루에도 서너 번　陟嶮搬柴日三四
추위와 더위 가릴 틈이나 있으리오　何曾揀擇寒與暑
비와 눈이 와도 감히 피할 수가 없네　雖復雨雪不敢避
원두[260]의 소임 맡은 늙은 중 한 사람은　園頭老僧只一個
풀 베다 넘어지며 팔뚝이 부러져서　薙草倒地折一臂
손바닥만한 조그만 산초 채소밭을　山椒菜圃小如掌
가꿀 사람 없어 풀이 무릎까지 찼네　草深沒膝無人理
심심산골에 장정의 집은 너댓 집뿐　深村丁力四五戶
초가도 방치된 채 쑥대만 땅에 가득　茅茨不完蓬滿地
남자는 농사짓고 여자는 방아 찧고　男出耕耘女踏碓
어른이 할 일을 아이들까지 거드니　長年力役到童稚

260 원두園頭 : 선림禪林에서 채소밭 가꾸는 일을 맡은 승려를 말한다. 원두圓頭라고도 한다.

열흘 동안 근무하고 하루 휴식하는　　十日驅使一日休
사가의 편의를 도모할 틈이 있으리오　　奚暇仕家營自利
가을에도 쓸쓸히 거둘 것이 없어　　秋至蕭然無所穫
남의 밭에서 이삭이나 주워 모을 뿐　　但向人田拾遺穗
매양 말하기를 내년엔 견디지 못해　　每說明年必不堪
원근이 다시 이 절을 보지 못할 것이라네　　遠邇不復見玆寺
외눈박이 원주가 자주 와서 하는 말이　　獨眼院主頻來言

【이때에 원주院主가 눈이 하나였다.】

몇 달치 양식도 없어 장차 떨어지리니　　糧罄將無數月備
바리때가 완전히 비지 않게 하려면　　欲令齋鉢不全空
얼른 돈을 마련해서 양식을 구할 것이오　　急須將貨糴於肆
그렇지 않으면 아침저녁의 비용을 줄여　　不然晨夕省其費
밥에 풀 된장엔 소금을 더 넣어야 한다네　　草加於飯鹽加豉
고달프고 고달픈 계봉의 이 고통이여　　鷄峯之苦苦復苦
다 말하기로 하면 어찌 이 일뿐이리오　　具說豈止唯此事
여기가 북주울단월[261]이 아닌 이상　　旣不是北洲鬱單越
옷과 밥이 뜻대로 채워질 리도 없고　　衣食隨心而自至
또 비야의 노거사가 될 수도 없는 이상　　又不能毗耶老居士
상방에서 밥 가져와 나눠 줄 수도 없으니[262]　　上方取飯而分施

---

261 북주울단월北洲鬱單越 : 수미須彌 사주四洲 중 하나로, 사주 중에서 가장 안락하고 평화로운 낙토樂土라고 한다. 대지가 황금으로 되어 있어, 주야로 항상 빛나는가 하면, 각종 물품이 풍족하여 모두 공유共有하고 도적이나 악인이 없으며, 수명은 1천 세이고 죽은 뒤에는 도리천忉利天이나 타화자재천他化自在天에 태어난다고 한다. 북구로주北俱盧洲라고도 한다.

262 비야毗耶의 …… 없으니 : 노거사는 인도 비야리성毗耶離城에 거했던 유마 거사維摩居士를 가리킨다. 중향국衆香國의 향적 여래香積如來가 먹는 음식을 향적반香積飯이라고 하는데, 향적 여래가 이 향적반을 화보살化菩薩에게 발우鉢盂 가득 담아 주고, 화보살이 다시 유마 거사維摩居士에게 가득 담아 주어, 비야리성毗耶離城 및 삼천대

차라리 천 가지 만 가지의 이 괴로움을 不如將此千般萬般苦
풍헌의 한바탕 꿈에 부치는 것이 나으리라 都付風軒一場睡

천세계三千大千世界에 그 향기가 두루 퍼지게 했다는 이야기가 『유마힐소설경維摩詰所說經』 「향적불품香積佛品」에 나온다.

병중에 홀로 앉아 회포를 적다
病中獨坐書懷

말없이 앉아서 나의 생을 살펴보니	默坐觀我生
분명히 꿈이요 허깨비와 같다 하리	灼然同夢幻
그냥 억지로 하는 말이 아니라	不是徒强言
진정 틀림없다고 스스로 믿네	自信固無間
어찌하여 꿈과 허깨비 세상에서	何於夢幻場
이것저것 근심 걱정 많기도 한지	歷歷足憂患
왁자지껄 나쁜 소문도 자주 듣고	譁譁惡聞頻
요란하게 싫은 광경도 늘상 본다네	擾擾嫌見慣
어찌 궁벽한 산속에 들어가면	豈無窮山中
장송에 가려진 냇물이 없으리오	長松翳幽澗
그곳으로 얼른 되돌아가서	不如歸去來
게으른 생활 즐김이 좋으리라	於焉養疎慢
가을 되면 도토리와 밤을 줍고	秋至拾橡栗
봄이 오면 명아주와 비름 뜯고	春來採藜莧
돌 냄비에는 일곱 잔의 찻물이요	石銚茶七甌
질 화로에는 한 줄기 향이로세	瓦爐香一瓣
영씨와 유씨[263]가 계속해서 쓰러져도	嬴顚復劉蹶
내 나라에서 편안하게 즐기면 그뿐	聊樂我國晏
세상 사람들에게 전하여 고하노니	寄謝世上人

263 영씨嬴氏와 유씨劉氏 : 영정嬴政 즉 진시황秦始皇의 진秦나라와 유방劉邦의 한漢나라를 가리킨다.

붕안[264]은 소요하는 방법이 다르다네　　　　逍遙異鵬鷃

264 붕안鵬鷃 : 대붕大鵬과 척안斥鷃의 합칭이다. 대붕은 하늘을 뒤덮을 정도로 큰 새이고, 척안은 메추라기와 같은 작은 새로서, 각각 대소大小를 나타내는데, 『장자莊子』「소요유逍遙遊」 첫 머리에 이에 대한 내용이 실려 있다.

우연히 설당의 운을 써서 인과 묵 두 선인에게 보이다

偶用雪堂韻 示印默二禪人

【이하 5수는 조계산에서 지었다.】

조계는 용상[265]의 굴이 될 뿐 아니라	曹溪不獨龍象窟
봄 늦은 동산의 숲은 최고의 절경	春晚園林最奇絕
몇 가지 동백꽃은 불타는 듯 빨갛고	數枝山茶紅似火
1천 나무 배꽃은 눈보다도 희다오	千樹梨花白於雪
가장 늦게 피는 대숲 너머 복숭아꽃	竹外紅桃開最晚
해장술 오르는 발그레한 뺨과 같네	正似卯酒初上顋
아침에 오는 산비 날리듯 흩뿌려	朝來山雨洒如飛
푸른 잎새 낮게 숙인 것만 보이네	但見綠葉相低垂
예로부터 얻기 어려운 양신과 미경[266]	良辰美景古難得
나의 지금 행락 늦은 것이 서글퍼라	我今行樂嗟暮遲
그대여 얼른 몇 사람 불러와서	憑君急呼二三子
시 논하고 차 달이며 함께 놀아 보세나	論詩煮茗供遊嬉

---

265 용상龍象 : 물 속의 용과 땅 위의 코끼리처럼 큰 힘을 지닌 아라한이라는 뜻의 불교 용어인데, 보통 고승高僧의 대명사로 쓰인다.

266 예로부터 …… 미경美景 : 남조南朝 송宋 사영운謝靈運의 〈의위태자업중집시서擬魏太子鄴中集詩序〉에 "이 세상에서 좋은 계절과 아름다운 경치와 이를 감상하는 마음과 즐거운 일 등 이 네 가지를 함께 얻기는 어려운 일이다.(天下良辰美景賞心樂事 四者難幷)"라는 말이 나오는데, 여기에서 유래하여 양신良辰과 미경美景과 상심賞心과 낙사樂事를 사미四美라고 일컫게 되었다.

앞의 운을 써서 반가운 비에 답하다

用前韻 答喜雨

게으른 용이 잠에 취해 오래 굴에 엎드려서	懶龍貪睡久伏窟
겨울 가뭄이 봄까지 이어져 비가 오지 않네	冬旱連春時雨絕
농부가 밤낮으로 하늘 향해 호소하자	田翁日夜號蒼天
늦게 춘분 무렵에야 싸락눈이 내렸네	晩向春分得微雪
싸락눈이 어떻게 농사일을 도우리오	微雪豈足滋農功
백성들 얼굴이 누렇게 뜰까 걱정이더니	恐見菜色生民顋
천공이 채찍 들고 천둥 수레 달리게 하여	天公鞭起雷車飛
5일 동안 질펀하게 기름진 은택 내렸네	五日淋漓膏澤垂
쟁기 들고 삽 메는 일 누가 감히 뒤지리오	扶犂荷鍤誰敢後
모내기 늦을세라 다투어 뛰어나가네	競出揷秧唯恐遲
가을 되면 앞 들판에 크게 풍년들 터이니	秋來南畝應大熟
나도 잔뜩 먹고 배 두드리며 즐기리라	吾當皷腹含哺嬉

앞의 운을 써서 인 선백에게 답하다
用前韻 答印禪伯

풍만을 옛날에는 진성굴이라 칭했나니	楓巒古稱眞聖窟
1만 절벽 1천 바위 너도 나도 솟아 있네	萬壁千巖競巉絕
겨울의 혹독한 추위 말할 것이 있으리오	莫論冬日苦凝嚴
5월에도 암자 앞에 쌓인 눈이 남았는걸	五月庵前餘積雪
누구나 산에 오면 며칠이 되기 전에	凡人到山未數日
양쪽 뺨에 수색이 돌아옴을 느낀다네	已覺秀色迴雙頤
당년에 지팡이 하나 구름 따라 날려	當年一杖逐雲飛
기이한 경치 찾은 지 어언 3년일세	選勝探奇三載垂
돌아온 도골이 더욱 청수해졌나니	歸來道骨更淸瘦
산학은 안 돌아온다 원망할 줄 알겠네	遙知山鶴怨迴遲
다른 때 송라 향해 다시 간다면	他時再向松蘿行
서로 손 잡고 기꺼이 따르리라	能許相將携手嬉

앞의 운을 써서 암자의 즐거움을 적다
用前韻 書庵中樂

봄 내내 문 닫고서 틀어박혔나니 經春杜門作窠窟
정원은 쓸쓸하게 인적이 끊어졌네 庭院蕭條人跡絕
발우 속엔 껍질 벗고 싹 틔운 나물이요 飣鉢蔬芽初脫甲
사발 가득 다유[267]에는 눈송이가 떠 있네 滿甌茶乳輕浮雪

피곤하면 팔을 베고 우레처럼 드르렁 困來枕臂鼾成雷
잠을 깨면 맑은 향기 입가에 남아 있네 睡起淸香餘齒顋
보슬보슬 성긴 비에 들꽃은 나부끼고 踈雨絲絲野花飛
늘어진 냇가 버들에 옅은 연기 엉겨 있네 輕煙羃羃溪柳垂

편히 앉으니 평상 하나 족함을 알겠고 坐穩方知一牀足
몸이 한유하니 봄날이 긴 것이 좋아라 身閑正好春日遲
홀로 읊고 파람 불 뿐 답하는 사람 없이 獨唫獨嘯無人和
솔 길 살살 거닐면서 혼자 즐기노라 細履松蹊聊自嬉

---

267 다유茶乳 : 가루차를 차 사발에 넣고 뜨거운 물을 부은 뒤 저으면 일어나는 흰 거품을 가리킨다.

앞의 운을 써서 인 선백에게 답하다

用前韻 答印禪伯

그대는 보지 못하는가 부굴로 불린 왕가의 저택은	君不見王家甲第稱富窟
꽃 사이의 돈 길이 티끌 하나 없는 것을[268]	花間錢徑纖塵絕
또 보지 못하는가 지극히 가난한 동곽 선생은	又不見東郭先生最寒餓
해진 신발 신고 눈 위를 밟고 다닌 것을[269]	敗履出門行踏雪
원래 장과 곡이 모두 양을 잃었는데[270]	從來臧穀俱亡羊
누가 얼굴 붉히며 뛰어다니게 하나	誰使奔馳紅發顋
다행히 지금은 천자가 새로 등극하여	幸今天子六龍飛
단비의 성대한 은택을 날마다 내려 주네	盛澤日將甘雨垂
우경하는 걸익에게 나루도 묻고[271]	耦耕行當問桀溺

268 부굴富窟로 …… 것을 : 당唐나라의 거부巨富 왕원보王元寶가 금은金銀을 쌓아 집을 짓고, 구리 줄로 돈을 꿰어 뒷동산 꽃길을 장식하였으므로, 당시 사람들이 '왕가부굴王家富窟'이라고 불렀다는 고사가 전한다. 『개원천보유사開元天寶遺事』 권하.

269 지극히 …… 것을 : 한 무제漢武帝 때 제齊나라 사람인 동곽 선생東郭先生이 살림이 매우 빈궁하여 바닥이 없는 신발을 신고 눈 위를 걸어 다니자 사람들이 모두 비웃었다는 고사가 전한다. 『사기史記』 권126 〈동곽선생전東郭先生傳〉.

270 원래 …… 잃었는데 : 현실적으로는 시비是非와 득실得失의 차이가 있을지라도, 궁극적으로는 똑같은 결과가 되고 만다는 말이다. 장臧과 곡穀 두 사람이 양羊을 돌보던 중에, 장은 책을 읽다가 양을 잃어버리고 곡은 노름을 하다가 양을 잃어버렸다는 이야기가 『장자莊子』 「변무駢拇」에 나온다.

271 우경耦耕하는 …… 묻고 : 우경은 짝 지어 밭을 간다는 뜻으로, 소란한 세상을 피해 은거하여 농사짓는 것을 뜻한다. 공자孔子가 제자들을 데리고 천하를 주유周遊하다가 초楚나라에 들렀을 때 은자隱者인 장저長沮와 걸익桀溺이 짝을 지어 밭을 갈고 있는 것(耦而耕)을 보고는 자로子路에게 나루터가 어디 있는지 물어보게 했던 고사가 전한다. 『논어論語』 「미자微子」.

학포의 번지[272]도 스승으로 삼고 싶네　　學圃亦欲師樊遲
돈 두르고 학 타고서 날아갈 필요 있나[273]　　不用腰錢駕鶴昇青天
한번 배불러 자족하면 평생토록 즐거운걸　　一飽自足平生嬉

272 학포學圃의 번지樊遲 : 공자의 제자 번지가 채마밭 가꾸는 법을 배우고 싶다(請學圃)고 하자, 공자가 "나는 채마밭의 늙은 농사꾼(老圃)만 못하다."고 대답한 이야기가 『논어』「자로子路」에 나온다.

273 돈 두르고 …… 있나 : 최고의 부귀영화를 누리는 것도 바라지 않는다는 말이다. 옛날에 네 사람이 각자 자기의 소원을 말하는 중에, 한 사람은 양주자사楊州刺史가 되고 싶다고 하고, 한 사람은 많은 재물을 얻기를 원하고, 한 사람은 학을 타고서 하늘로 오르고 싶다고 하였는데, 이 말을 들은 한 사람이 "나는 허리에 십만 관貫의 돈을 두르고, 학을 타고서 양주로 날아가고 싶다.(腰纏十萬貫 騎鶴上楊州)"고 하였다는 이야기가 전한다. 『연감유함淵鑑類函』 조鳥3 학鶴3

삼현을 애도한 시 · 병서
悼三賢詩 · 并序

우연히 오원伍員과 굴원屈原과 가의賈誼 삼현의 전기를 읽다가, 그들이 강직한 충의의 절조 때문에 오히려 참소를 당해 마침내 쫓겨났고 끝내 그 원한을 풀지 못한 것을 슬프게 여겨, 시를 지어서 애도하였다.

영특한 인재 못 알아보고 촉루를 내려	屬鏤無眼識英奇
고소에 사슴이 엎드려 놀게 하였도다[274]	果遣姑蘇伏野麋
바보가 될 수도 있어야 현자라 할 텐데	能智能愚是賢者
그대 어찌 충간만 하고 때는 몰랐는가	子何忠諫不知時

【이는 오원伍員을 애도한 것이다.】

머리 풀고 읊조린 초나라 물가[275]	被髮行吟楚水湄
지금껏 그 유적이 슬프게 하네	至今遺跡使人悲
누가 알까 만고의 내 낀 물결 속에	誰知萬古煙波裏
죽어도 변치 않는 한 조각 충성심을	一片忠誠死不移

【이는 굴원屈原을 애도한 것이다.】

---

274 영특한 …… 하였도다 : 전국시대 오왕吳王 부차夫差가 충신 오자서伍子胥에게 촉루검屬鏤劍을 내리며 자결을 명하자, 그가 죽기 전에 "나의 눈알을 뽑아서 오나라 동문에 걸어 두어, 월나라가 오나라를 멸망시키는 것을 보게 하라.(抉吾眼 置之吳東門 以觀越之滅吳也)"라고 유언한 고사가 전한다.『사기史記』「오태백세가吳太伯世家」. 또 부차가 미인 서시西施를 위해 고소대姑蘇臺를 세우고는 날마다 이곳에서 노닐며 정사를 돌보지 않았으므로, 오자서伍子胥가 간절히 간했는데도 듣지 않자, 오자서가 "이제 곧 오나라가 망하여 고소대 아래에서 사슴이 노니는 것을 보게 될 것이다.(今見麋鹿遊姑蘇之臺)"라고 경고했는데, 과연 얼마 지나지 않아서 월越나라에게 멸망을 당했던 고사가 있다.『사기史記』 권118「회남왕전淮南王傳」.

275 머리 …… 물가 : 전국시대 초楚나라의 충신인 굴원屈原이 모함을 받고 조정에서 쫓겨난 뒤에 지은 〈어부사漁父辭〉에 "굴원이 쫓겨난 뒤에 강담에서 노닐며 택반에서 읊조리고 다녔다.(屈原旣放 游於江潭 行吟澤畔)"는 말이 나온다.

재명이 있으면 시기를 당하는 법	由來見忌坐才名
그래서 장사 땅 만리 길 귀양갔다네[276]	故作長沙萬里行
단지 참언이 패금[277]을 이뤘기 때문이지	祇是讒言成貝錦
성주가 총명치 못해 그런 것은 아니었네	非關聖主不聰明

【이는 가의賈誼를 애도한 것이다.】

276 재명才名이 …… 귀양갔다네 : 성군聖君으로 일컬어지는 한 문제漢文帝 초기에 가의賈誼가 재능을 인정받아 박사博士에서 일약 태중대부太中大夫로 승진했다가, 이를 시기하는 권신權臣의 참소를 입고 장사왕태부長沙王太傅로 좌천되어 귀양간 것을 말한다. 『사기史記』 권84 「가생전賈生傳」.

277 패금貝錦 : 자개 무늬 비단처럼 없는 사실을 그럴 듯하게 꾸며 낸 것을 말하는데, 『시경詩經』 「소아小雅」 〈항백巷伯〉의 "울긋불긋 잘도 짠 자개 무늬 비단이여, 참소하는 저 사람 또한 너무 심하지 아니한가.(萋兮斐兮 成是貝錦 彼讒人者 亦已大甚)"라는 말에서 유래한 것이다.

신임 승선 이공【혼】에게 축하하는 시를 부치다 · 3수

寄賀新承宣李公【混】· 三首

【공이 깊이 선열禪悅에 들어갔다.】

높은 벼슬은 일찍 취해야지　　高爵當早取
쇠년에 또 어떻게 구하리오　　衰年亦何求
멋지다 공이여 40세도 안 되어　　嘉公未四十
홀로 앞서서 용후에 임명되었으니　　獨步拜龍侯

검은 머리에 불그레한 두 뺨　　綠鬢連赬頰
붉은 허리띠에 보라색 관복　　紅腰映紫衿
멀리서도 알겠네 임금님 총애 받아　　遙知拜龍寵
그 광채가 문단을 진동시킬 줄을　　光彩動詞林

부귀가 인정에 맞는다 해도　　富貴順人情
마음을 곧잘 동요시키는 법　　能令擾方寸
바라건대 철저히 단속을 하여　　願公猛提撕
부디 좌절을 당하지 말기를　　愼勿遭折困

산중의 즐거움

山中樂

【처음 출가해서 백련암에 머물 때 지었다.】

산중의 즐거움이여	山中樂
내 좋아하는 것 좋아하며[278] 천성을 기른다네	適自適兮養天全
우거진 숲 깊은 골에 가느다란 돌길이요	林深洞密石逕細
소나무 밑엔 냇물 바위 아래는 샘이로세	松下溪兮岩下泉
봄이 오고 가을 가도 사람 자취 끊어져서	春來秋去人跡絶
속세의 티끌은 한 점도 붙을 수가 없다네	紅塵一點無緣
한 발우의 밥에 한 소반의 나물	飯一盂蔬一盤
배고프면 먹고 피곤하면 잠드네	飢則食兮困則眠
한 병의 물에 한 냄비의 차	水一缾茶一銚
목마르면 가져와 손수 끓인다네	渴則提來手自煎
대지팡이 하나에 부들 방석 하나	一竹杖一蒲團
걸어가도 선이요 앉아서도 선일세	行亦禪兮坐亦禪
산중의 이 즐거움 참으로 맛이 있나니	山中此樂眞有味
시비와 희노애락 모두 잊고 산다오	是非哀樂盡忘筌
산중의 이 즐거움 참으로 맛이 있나니	山中此樂諒無價
학 타고 허리에 돈 차는 것 바라지 않소	不願駕鶴又腰錢
내 좋아하는 것 좋아하고 구속받지 않으면서	適自適無管束
일생 자유롭게 천명을 마칠 수 있기만을	但願一生放曠終天年

278 내가 …… 좋아하며 : 『장자莊子』 「변무駢拇」에 "남이 좋아하는 것만 덩달아 좋아하고, 정작 자기가 좋아하는 것은 좋아하지 못하는 자(適人之適而不自適其適者)"가 되지 말라는 말이 나오는데, 원문의 適自適은 여기에서 인용한 것이다.

이상 『해동 조계 제6세 원감 국사 가송海東曹溪第六世圓鑑國師歌頌』 끝
대덕大德 원년 정유년(1297년) 충렬왕 23년 모일에 문인門人 진경眞冏이 쓰다.

대덕大德 정유년에 개간開刊한 『해동 조계 제6세 원감 국사 가송海東曹溪第六世圓鑑國師歌頌』 즉 문인 진경眞冏의 서본書本은 세월이 오래 흐르면서 글자가 마멸되어 보는 사람이 안타깝게 여겼다. 이에 한가한 틈을 타서 사람들을 모아 다시 간행함으로써 널리 불후하게 전하려 한다.

정통正統 12년(1447년) 세종 29년 정묘년 7월 모일에 나주목羅州牧에서 개간하다
홍진弘眞 학비學丕 계담戒淡 학생 이초李初 선사 해의海義 극정克精
각수刻手 대선사 행환行還 승 혜원惠元
도색都色 전前 섭호장攝戶長 박근朴根
교정校正 성균생원 김사한金思漢
선교랑宣敎郞 나주목판관 겸 권농병마단련판관羅州牧判官兼勸農兵馬團練判官 한계미韓繼美
중직대부中直大夫 나주목사 겸 권농병마단련사羅州牧使兼勸農兵馬團練使 최효손崔孝孫
승의랑承議郞 도관찰출척사 경력소도사都觀察黜陟使經歷所都事 유柳○○
가선대부嘉善大夫 도관찰출척사 겸 감창안집전수권농관 학사제조이옥병마공사都觀察黜陟使兼監倉安集轉輸勸農管學士提調利獄兵馬公事 이사임李思任

발문跋文

달마 대사達磨大師가 말하기를 "가르침 밖에 따로 전하면서 문자를 세우지 않았다.(敎外別傳 不立文字)"라고 하였다. 조사師祖의 말씀을 누가 그르다고 할 수 있겠는가. 그렇긴 하지만 문文과 도道의 관계로 말하면, 산 너머 연기와 같고 담장 너머 뿔과 같으니, 그 연기를 보면 어찌 불이 있는 줄을 모를 것이며, 그 뿔을 보면 어찌 소가 있는 줄을 모르겠는가.

대저 외국과 우리나라는 공간적으로 땅이 서로 떨어진 것이 천만 리나 되고, 시간적으로 세대가 서로 떨어진 것이 천만 년이나 되지만, 그 글을 보기만 하면 작자作者의 뜻을 분명히 알 수가 있다. 그렇다면 이것 또한 귀하게 여겨야 하지 않겠는가.

원감 국사圓鑑國師는 조계曹溪의 물을 떠 마시고 회당晦堂[279]의 선禪에 참여하였다. 서술한 어록 한 질을 보면 글자마다 정화精華를 토해 내고 구절마다 현리玄理를 이야기해 주고 있다. 이를 읊노라면 맑은 쇳소리처럼 속진俗塵을 벗어난 취향을 발휘하고, 이를 음미하노라면 적적한 가운데 소리도 없고 냄새도 없는 심연深淵을 투사透寫하여, 자기도 모르는 사이에 손으로 춤추고 발로 구르게 되곤 한다. 그 글은 인위적으로 조작한 흔적이 전혀 없고, 그 뜻은 웅혼하여 마치 옥구슬이 소반 위를 구르는 것과 같으니, 우리 시가詩家의 활법活法을 깊이 얻은 자가 간혹 있다는 말은 바로 이런 분을 두고 한 말이 아니겠는가.

279 회당晦堂 : 수선사修禪社 5세世인 원오 국사圓悟國師 천영天英의 당호堂號이다.

본조本朝에서 문집을 아직 간행하지 않아 아름다운 글이 반쯤 좀먹고 묘한 글씨가 사라질 운명에 처했으니, 어찌 방관만 할 수가 있겠는가. 이 때문에 기궐씨(剞劂氏 : 판각하는 사람)에게 간행하도록 명하여, 국사國師의 참된 풍모가 땅에 떨어지지 않게 하려고 한다. 아, 이 일이 앞으로 발을 잘리는 죄에 해당될 것인가, 아니면 연성連城의 값을 얻게 될 것인가.[280]

연보延寶 경신년【일본 영원靈元의 연호로 우리나라 숙종肅宗 6년(1680년)이다.】4월에
천향산하淺香山下 사문沙門 소명小螟은
낙양洛陽 대은헌大隱軒에서 발문을 쓰다

연보延寶 8년 경신년 6월 초하루(林鐘之吉)에 간행하였다

280 이 일이 …… 것인가 : 사람들이 이 문집을 간행한 뜻을 제대로 알지 못하고서 비평할 것인지, 아니면 함께 공감하면서 진가眞價를 인정할 것인지 모르겠다는 말이다. 연성連城은 연성벽連城璧의 준말로, 전국시대 진秦나라 소왕秦昭王이 조趙나라 혜문왕惠文王에게 15성과 바꾸자고 청한 화씨벽和氏璧을 말한다. 춘추시대 초楚나라 사람 변화卞和가 진귀한 옥돌을 형산荊山에서 얻어 초왕楚王에게 바쳤다가 임금을 속인다는 누명을 쓰고 억울하게 두 차례나 발이 잘려 통곡을 하였는데, 나중에 가서야 겨우 왕에게 진가를 인정받고서 천하제일의 보배인 화씨벽和氏璧을 만들었다는 고사가 전한다. 『한비자韓非子』 권4 「화씨和氏」.

원감록圓鑑錄 인사印寫 발문

옛날 용맹존자(勇猛尊者 : 龍樹)가 인도印度에 출현하여 염부閻浮[281]의 글을 읽다가 읽을 만한 것이 없자, 가라迦羅 용궁龍宮에 들어가 그곳에 보관된 장경藏經을 모두 읽고 나서 『약본略本 화엄경華嚴經』을 송출誦出하여 염부 및 사방 천하에 반포하였다. 그 뒤에 삼장三藏이 계속 나와 번역해서 방외方外에 전한 것이 바로 이 대경大經이 아니겠는가.

지금 조계산曹溪山 제6세 원감 국사圓鑑國師가 지은 가송록歌頌錄 1책은 원래 본산本山 방판方板의 소장所藏인데 불행하게도 병화兵火에 소실되었고, 개인적으로 소장한 것도 없어서 접하기가 어려웠기 때문에 학자들이 매우 안타깝게 생각하였다.

무오년(1918년) 봄에 산승山僧 해은공海隱公이, 한성漢城에 있는 육당六堂 최공(崔公 : 崔南善)의 책 상자에 『원감록』이 보관되어 있다는 말을 듣고는, 가슴을 치며 크게 탄식하기를 "이것을 얻기 어려운 것이 용의 턱 아래에서 구슬을 빼내는 것보다도 더하다. 그러나 듣지 않았다면 모르지만 듣고서야 어떻게 구하지 않을 수 있겠는가."라고 하였다. 그리하여 즉시 행장을 꾸려 한성에 가서 육당六堂 최공(崔公)을 방문하여 책을 빌려서 옮겨 적고 원본을 돌려주었다. 이는 마치 옛 구슬을 다시 갈아서 더욱 빛을 내는 것과도 같았다. 이 책이 유통된 맥락을 적자면, 해은海隱이 육당六堂에

281 염부閻浮 : 수미산須彌山 사대주四大洲의 남주南洲에 있다는 염부제閻浮提의 준말이다. 원래는 인도를 가리키는 말이었으나, 나중에는 인간 세상의 총칭으로 쓰이게 되었다. 『장아함경長阿含經』 권18 「염부제주품閻浮提洲品」.

게 빌리고 육당은 아베(阿部)에게 빌리고, 아베는 또한 한당閑堂 선사에게 빌린 것이다. 이렇게 은공隱公이 책을 얻고는 뛸 듯이 기뻐하며 매우 보배로 여겼다. 그래서 책을 지니고 조계曹溪에 이르니, 대중이 모두 절하고서 보고는 서로 축하하기를 "포주浦珠가 되돌아오고, 화벽和璧을 온전히 지켰다."[282]고 하면서, 자기도 모르게 손으로 춤추고 발로 구르며 어찌 할 줄을 몰랐다. 그러나 판본으로 간행할 겨를이 없었으므로 관부官府에 고해 허락을 얻고 나서 단지 2백 부만 인쇄하여 나누어 보관하고는 장차 판각하는 인연이 돌아오기를 기다리기로 하였다.

아, 용맹자勇猛子는 여래가 입멸하고 738년의 시간이 흐른 뒤에 가라迦羅 용궁에 들어가서 대경大經을 송출誦出하였다. 그런데 해은공海隱公이 국사가 입멸하고 624년의 시간이 흐른 뒤에 경도京都에 올라가서 육당이 소장한 『원감록』을 가져왔으니, 해은의 공이 용맹보다 못하다고 할 수 없을 것이요, 육당과 아베의 공 역시 해은공보다 위라고 할 수는 없을 것이다. 그리고 한당의 공은 용장龍藏에 비할 수 있고, 인판印版의 공은 또 삼장三藏의 덕보다 못하지 않다고 할 것이다.

하늘에 있어서는 오성五星과 같고, 땅에 있어서는 오행五行과 같아서, 하나만 빠뜨려도 안 된다고 말할 수 있으니, 오연五緣이 모두 구비되어야 한다는 것은 참으로 속일 수 없는 일이라고 하겠다.

나는 조계종曹溪宗의 물결에 목을 적시고 국사의 법유法乳를 마시며 자

---

282 포주浦珠가 …… 지켰다 : 보물이 원래의 주인에게 돌아오게 되었다는 말이다. 합포合浦의 바다 속에서 진주가 많이 나오더니, 어느 태수太守가 탐욕을 부리자 점차 교지군交趾郡으로 진주가 옮겨 갔는데, 후한後漢의 맹상孟嘗이 합포에 부임하여 폐단을 개혁하고 청렴한 정사를 펼치자, 진주가 다시 예전 상태로 복귀하여 많이 나오기 시작했다는 진주귀포眞珠歸浦의 고사가 전한다. 『후한서後漢書』「순리전循吏傳」〈맹상孟嘗〉. 또 전국시대 조趙나라 인상여藺相如가 화씨벽和氏璧을 가지고 진秦나라에 갔다가, 15개의 성城과 바꾸겠다는 진나라의 약속이 미덥지 못하자, 다시 화씨벽을 온전히 보존해서 조나라로 돌려보냈던 완벽귀조完璧歸趙의 고사가 전한다. 『사기史記』「염파인상여열전廉頗藺相如列傳」.

란 지 지금 어언 40년이 되는데, 『원감록』을 받들어 읽노라니 나도 모르게 눈물이 흘러나오기만 한다. 이상과 같이 기록하여 대중에게 고하노니, 오직 달자達者는 함께 증명해 주리라 믿는 바이다.

상장上章【경】군탄涒灘【신】(1920년)에

조계曹溪 후학後學 보정寶鼎이 다송실茶松室에서 쓰다

원감시 보유

圓鑑詩 補遺

다보사에서 읊다

多寶寺吟

【전남 해남군 금강산에 있다.】

궁벽진 땅에 쇠한 풀들 아직 더부룩	地幽衰草尙蒙茸
송백은 겹겹으로 푸른 옥 당간일세	松檜重重碧玉幢
멋진 자취 남아 있는 일탑의 연하라면	一榻烟霞留勝迹
우리나라 복되게 하는 100년의 향화로세	百年香火福吾邦
흰 눈 깔아 놓은 듯한 빈 뜰의 달빛이요	空庭得月鋪晴雪
밤 강물 울부짖는 먼 골의 바람이라	遠壑來風吼夜江
장삼 뒤집어쓰고 추워서 잠 못 이루는 밤	衲被蒙頭寒不寐
벽 사이 등잔에선 난 같은 불꽃 토해 내네	壁間蘭焰吐殘釭

흥룡사에서 읊다

興龍寺吟

【전남 나주군 금강진錦江津 북쪽에 있다.】

성곽은 무너지고 초목만 무성한데 城郭摧頹草木深
당년에 왕의 행차 강변에 머물렀지 當年淸蹕駐江潯
화개가 의지했던 북산의 단풍나무요 北山霜樹欹華蓋
우림이 솟았던 남안의 내 낀 대숲이라 南岸烟篁聳羽林
연로에 날던 반디는 이끼 속에 묻혔고 輦路螢飛封蘚暈
궁문의 새소리는 솔 그늘에 갇혔어라 彤闈禽噪鏁松陰
무너진 절엔 가을바람에 실려 오는 저녁 매미 소리 秋風破院蟬聲晚
난간에 홀로 기대 고금의 감회에 젖네 獨倚欄干感古今

최이가 다향을 보낸 것을 사례한 시

謝崔怡送茶香韻

최이가 순천 지주사知奏事가 되어 글과 함께 다향과 『능엄경』을 보냈다. 사자가 돌아가며 답서를 요청하자, 스님이 말하기를 "나는 이미 속세를 떠났으니, 편지를 써서 왕복할 것이 뭐가 있겠는가." 라고 하였다. 그러나 사자가 굳이 청하므로 시를 지어 주었다.

여윈 학은 소나무 끝 달 속에 고요히 서 있고	瘦鶴靜翹松頂月
한가한 구름은 재 위의 바람을 사뿐히 좇네	閒雲輕逐嶺頭風
이 속의 면목은 천 리가 똑같을 텐데	箇中面目同千里
또 무슨 한 통의 말을 새로 펼치랴	何更新飜語一通

아우 문개가 벼슬길에 나아간 것을 축하한 시
祝舍弟文凱就官韻

【원개(元凱 : 원감 국사)의 동생이 장원급제하여 벼슬이 평양군수에 이르렀다고, 원개의 시에 적혀 있다.】

황금 방의 수석을 내가 차지했었는데 　 黃金榜首吾曾占
단계의 외과[283]를 아우도 거두었군그래 　 丹桂巍科子亦收
이는 천고 만고토록 보기 드문 일 　 千萬古來稀有事
한 집에서 용두[284]가 둘이나 나왔으니 　 一家生得二龍頭

283 단계丹桂의 외과巍科 : 장원급제를 비유한 말이다. 진 무제晉武帝 때 극선郤詵이 현량대책賢良對策에서 장원壯元을 하였는데, 소감을 묻는 무제의 질문에 "계수나무 숲의 가지 하나요, 곤륜산의 옥돌 한 조각이다.(桂林之一枝 崑山之片玉)"라고 답변한 고사에서 유래하여, 계수나무가 장원급제를 비유하는 말로 쓰이게 되었다. 『진서晉書』 권52 「극선전郤詵傳」.

284 용두龍頭 : 장원급제를 뜻하는 말이다. 고려 때 문과 장원급제자들의 모임을 용두회龍頭會라고 하였다.

금강 나루에서 읊다
錦江津吟

석양에 봉우리 그림자 물가에 지는데　　夕陽峯影落汀洲
해진 삿갓 마른 지팡이 나루터에 섰네　　破笠枯籐立渡頭
유유히 흐르는 강물 아득히 이어진 산　　江水悠悠山杳杳
가을 빛이 사람의 수심을 자아내누나　　不堪秋色動人愁

문편·소편·표편
文篇·疏篇·表篇

조계曹溪 후학後學 기산자(綺山子 : 林錫珍)가 수집蒐輯하였다

충경 왕사冲鏡王師[1]의 제문

| 지 사주之社主를 대신하여 지었다 |

아, 영靈이시여. 왕사王師께서는 자화慈和 온정溫靖하고 명백明白 탄이坦夷하였습니다. 행동거지가 자연스럽고 꾸미는 것이 하나도 없었으며, 언제나 태연히 담소하면서 항상 평상심을 유지하였습니다. 일찍이 속세를 벗어나 물외物外에서 노닐었으며, 학식은 삼교(三敎:儒佛道)를 아우르고 기상은 제방諸方을 압도하였습니다.

왕사께서는 오래도록 진각眞覺[2]의 문하에서 노닐고 깊이 소융小融[3]의 방안에 들어갔습니다. 학인學人을 제접提接할 때에는 하루 종일 자상하게 가르치면서 피곤한 줄을 몰랐고, 지리至理를 궁구窮究할 때에는 1년 내내 부지런히 탐구하며 싫어함이 없었습니다. 그래서 사생四生[4]이 나루를 건너는 다리처럼 의지하고, 칠중七衆[5]이 북두성처럼 우러러보았습니다.

---

1 충경 왕사冲鏡王師 : 조계산曹溪山 수선사修禪社 제4세 진명 국사眞明國師를 가리킨다. 속성은 이씨李氏이고, 이름은 혼원混元이다. 『동문선東文選』 권117에 그의 비명碑銘이 수록되어 있다.

2 진각眞覺 : 수선사 제2세 진각 국사 혜심慧諶을 가리킨다.

3 소융小融 : 수선사 제3세 청진 국사淸眞國師 몽여夢如를 가리킨다.

4 사생四生 : 네 종류의 중생이라는 뜻의 불교 용어로, 태생胎生·난생卵生·습생濕生·화생化生을 가리킨다.

5 칠중七衆 : 불교 교단을 구성하는 일곱 종류의 사람들로, 출가자出家者인 비구比丘·비구니比丘尼·사미沙彌·사미니沙彌尼·식차마나式叉摩那와, 재가자在家者인 우바새優婆

생각건대 비졸鄙拙한 저 역시 평소에 사모하는 마음이 간절하였습니다. 그러다가 화도花都에서 조서詔書를 응대하시던 때에 문하에 나아가 삭발하였고, 송교松嶠에서 법등法燈을 이으셨을 때에는 시봉侍奉하는 영광을 얻었으며, 귀부龜阜에 퇴휴退休하고 용만龍巒에 귀로歸老하셨을 때에도 걸음마다 항상 병석甁錫의 뒤를 따랐고, 때때로 겸추鉗鎚의 단련을 받곤 하였습니다.

하지만 근기가 얕고 미약하니 어떻게 감히 가죽을 얻고 골수를 얻을 수 있었겠습니까.[6] 그럼에도 불구하고 왕사께서는 깊이 자비를 베푸시어 간담肝膽을 모두 드러내 보여 주는 수고를 아끼지 않으셨습니다. 돌아보건대 24년 동안 받은 은혜야말로 천만억 겁劫에 걸친 다행스러운 인연이라고 할 것인데, 이제 버리고 떠나셨으니 어디에 의지하여 돌아간단 말입니까.

겨울 바지를 입고 여름 적삼을 벗듯 나고 죽는 것은 우리 집안의 유희遊戱요, 천당에 오르고 불토佛土에 가는 것 역시 우리 본분 상의 소요逍遙입니다. 그런데 더구나 지위는 임금의 스승이 되고 연세가 팔순八旬을 넘겼으며, 이름이 천하에 퍼지고 도道가 인천人天을 뒤덮은 분이야 더 말해 무엇하겠습니까.

교화 인연을 사방에 두루 끼치고 세제世諦를 따라 적멸寂滅에 드시어, 이미 앞뒤로 광명이 발하고 있는 만큼 시종 유감이 없게 되었다고 할 것입니다. 그렇긴 하지만 이 세상에서 영원히 이별하여 따를 수 없게 되었으니, 어느 날에 다시 만나기를 기대할 수 있겠습니까.

塞·우바이優婆夷를 가리킨다.

6 가죽을 …… 있었겠습니까 : 달마達磨가 제자 4인의 경지를 점검하면서, 3인에게는 각각 나의 가죽(皮)과 살(肉)과 뼈(骨)를 얻었다고 한 뒤에, 마지막 혜가慧可에 대해서는 나의 골수를 얻었다고 하며 의발衣鉢을 전한 고사가 전한다. 『경덕전등록景德傳燈錄』 권3 「보리달마菩提達磨」.

또 긴 들보가 이미 부러졌으니 앞으로 조실祖室을 누가 떠받칠 것이며, 큰 삿대가 홀연히 물속에 잠겼으니 고하苦河를 어떻게 건너가겠습니까. 그렇기 때문에 두 줄기 눈물이 흐르는 것을 금할 수가 없습니다. 이 어찌 저의 한 몸만을 위해서 그런 것이겠습니까.

다시 생각건대, 지난번에 단연檀筵에 참석하는 일 때문에 마침내 주실籌室에서 모시는 일을 하지 못했는데, 갑자기 위독하시다는 말씀을 듣고 허겁지겁 달려와 뵈었습니다마는, 입적入寂하실 즈음에 남기신 가르침을 어떻게 종용히 받들 수 있었겠습니까. 인연이 가장 두터운 것을 더욱 기뻐했던 저의 입장에서 볼 때, 점점 더해 가는 비통함과 사모의 정을 어떻게 가눌 수 있겠습니까. 마침 단칠斷七[7]의 날을 당하여 귀삼歸三[8]의 자리를 대략 베풀고, 이와 함께 변변찮은 제물을 올려 슬픈 마음을 쏟게 되었으니, 저의 정성을 밝게 살피시어 흠향해 주소서.

7 단칠斷七 : 사십구재四十九齋의 별칭이다. 사람이 죽은 뒤에 7일마다 재齋를 올리며 불사佛事를 행하다가, 칠칠七七, 즉 49일째 되는 날에 그치기 때문에 붙여진 이름이다.

8 귀삼歸三 : 귀의삼보歸依三寶의 준말로, 삼보 즉 불佛·법法·승僧에 귀의하는 것을 말한다.

혜소 국사慧炤國師의 제문

모년 모월 모일에 계족산鷄足山 정혜사定慧社 사문은 삼가 향다香茶와 몇 가지 제수祭羞를 바쳐 이 산문山門을 개창開創한 시조인 혜소 국사慧炤國師의 영전靈前에 공경히 제사를 올립니다.

삼가 생각건대, 법은 저절로 펼쳐지는 것이 아니라, 큰 기량의 소유자에 의해서 펼쳐지는 것이요, 그러한 기량의 소유자는 대대로 나오는 것이 아니라, 천 년에 한 번쯤 나오는 것이라고 여겨집니다.

생각건대, 우리 국사께서는 원력願力으로 이 땅에 몸을 나투시어, 타고난 자질이 영리하고 지혜가 밝은 가운데 밤낮으로 부지런히 오직 도道를 행하였습니다. 바다를 항해하여 서쪽으로 건너가서 정인淨因의 정수를 얻었으며, 동쪽 땅에 돌아와서는 교화가 한 시대를 적셔 주었습니다. 임금이 제자의 예를 갖추어 한 나라의 스승으로 삼으니, 사중四衆이 귀의하며 대하大廈의 연작燕雀처럼 서로 축하하였습니다.[9] 덧없는 영화榮華를 지푸라기처럼 여기고 숲속의 생활을 간절히 동경하여, 이 보방寶坊을 세우고서 여기에 돌아와 노년老年을 보내려고 하였는데, 그 뜻을 이루지 못한 채 너무도 일찍 세상을 버리셨습니다.

그 뒤로 자손이 대를 이어 큰 도량을 이루었는데, 근세에 들어와서 해마다 병란兵亂이 일어나고 흉년이 든 나머지 날이 가고 달이 갈수록 더욱 황폐해지고 있으니, 식견이 있는 사람이라면 그 누가 탄식하며 애석하게 여기지 않겠습니까.

---

9 사중四衆이 …… 축하하였습니다 : 사중은 불교의 비구比丘·비구니比丘尼·우바새優婆塞·우바이優婆夷, 즉 남녀 승려와 남녀 신도를 가리키는 말로, 사부중四部衆 혹은 사부대중四部大衆이라고도 한다. 또『회남자淮南子』「설림훈說林訓」에 "집을 크게 지으면 제비와 참새가 서로 축하하고, 목욕할 준비를 하면 벼룩과 이가 서로 애도한다.(大廈成而燕雀相賀 湯沐具而蟣蝨相弔)"라는 말이 나온다.

돌아보건대, 소자小子가 외람되게 남기신 자취를 잇게 되었으므로, 자비로운 음덕을 힘입어 이 도량을 다시 일으켜 세움으로써, 본원本願을 떨어뜨리지 않고 많은 복을 받게 하고자 합니다. 지금 원단元旦을 맞이하여 변변찮은 제물을 올리오니, 부디 보살펴 주시고 항상 여기에 관심을 기울여 주소서. 상향尙饗.

박량泊良 최 선사崔禪師의 제문

아, 영靈이시여. 선사는 품성이 화평하고 순수하였으며, 몸가짐이 검소하고 공손하였습니다. 젊은 나이에 승려가 되어 선종禪宗의 세계에서 활보하였습니다. 방외方外의 흥취가 뛰어나서 명리名利는 타기唾棄하였으며, 표연히 지팡이 하나로 새처럼 날고 구름처럼 다녔습니다. 중간에 환난을 만나 온갖 험한 일들을 겪었는데, 만 번 죽을 고비를 넘기면서 그 도가 더욱 빛을 발하였으니, 이는 마치 쇠가 단련을 받으면 받을수록 더욱 정미롭고 강해지는 것과 같았습니다.

여진餘塵이 아직 다하지 않아 다시 승려 대열에 발을 딛고서, 고질誥秩의 지위에 올라 사산四山의 주지를 역임하였습니다. 그러나 가는 곳마다 오직 경영에만 힘썼을 뿐, 처음부터 끝까지 절조를 지켜 옥같이 깨끗하고 얼음같이 맑았습니다. 주머니에 돈이 한 푼 없어도 도제徒弟가 무리 지어 모여들었으니, 그 덕과 그 행실은 시간이 갈수록 더욱 새로웠습니다. 인자하고 후덕하였으므로 반드시 건강하게 장수하리라 생각하였는데, 어찌하여 길을 재촉해서 이처럼 바쁘게 떠나갔단 말입니까.

나는 아동 때부터 그대와 노닐었는데, 지금 손을 헤아려 보니 어언 44년의 세월이 흘렀습니다. 평생의 교분이 실로 형제와 같았는데, 지금 부음訃音을 듣게 되었으니 그 애통함을 어떻게 표현할 수 있겠습니까. 한 발우의 밥과 석 잔의 차가 제물로는 너무도 변변치 못하다고 하겠습니다만 정성만큼은 여기에 비할 수가 없습니다. 영혼은 응당 어둡지 않을 것이니, 한 번 흠향해 주시기 바랍니다. 더 이상 무슨 말을 하겠습니까. 아, 슬프다, 내 마음이여.

이오李敖 상서尙書의 제문

아, 세차歲次는 수양(水羊 : 계미년 ; 1283년)에 있고 율려律呂는 협종(夾鍾 : 仲春)에 맞을 때 세 사람이 동행하여 오봉烏峯에 가서, 어깨를 나란히 하고 소매를 맞대며 몇 년을 함께 어울렸습니다. 이 인연으로 인해 세월이 갈수록 교분이 더욱 두터워져서 마치 형제처럼 우애하였습니다. 각기 출처出處가 다르고 간혹 행장行藏이 다를지라도 시종 막역하여 난초 향기[10]가 더욱 그윽이 풍겼습니다.

아, 하늘이 보우保佑하지 않아 운로雲老가 일찍 죽어서 거문고 줄을 끊은 슬픔[11]이 아직도 가슴속에 남아 있는데, 어찌하여 오늘날 공이 또 그 뒤를 이어서 떠난단 말입니까. 아, 나의 슬픈 심정이 어찌 끝이 있겠습니까. 머리를 돌려 사방을 돌아보니 오직 나 혼자만 남았습니다. 조용히 생각해 보면 어찌 슬프지 않을 수 있겠습니까.

공이 벼슬길에서 좌천되어 서원(西原 : 淸州)을 다스릴 적에 두 번이나 나를 불러서 날마다 대화를 나누었는데, 겨울철의 현암玄巖과 여름날 화정華井의 그 자리가 때때로 기억나면서 완연히 눈앞에 펼쳐지곤 하였습니다. 하지만 이제 모든 것이 끝났습니다. 이 세상에서는 더 이상 침상을 마주하는 일(對牀)[12]도 불가능하게 되었으니, 매양 생각이 여기에 미치면 늙

10 난초 향기 : 『주역周易』「계사전 상繫辭傳上」의 "두 사람이 마음을 같이하면 쇠도 자를 수 있고, 그런 사람들의 말에서는 난초 향기가 풍겨 나온다.(二人同心 其利斷金 同心之言 其臭如蘭)"라는 말을 인용한 것이다.

11 거문고 …… 슬픔 : 지기知己가 세상을 떠난 슬픔을 말한다. 춘추시대 거문고의 명인 백아伯牙가 연주할 때마다 그의 벗 종자기鍾子期가 제대로 알아듣고서 평을 하였는데, 종자기가 죽은 뒤로는 백아가 더 이상 지음知音이 없다면서 거문고 줄을 끊어 버리고 다시는 연주를 하지 않았다는 고사가 전한다. 『열자列子』「탕문湯問」, 『여씨춘추呂氏春秋』「본미本味」.

12 침상을 마주하는 일 : 형제나 친구가 오랫동안 헤어졌다가 다시 만나서 함께 잠을 자며 즐겁게 담소하는 것을 말한다. 당唐나라 시인 위응물韋應物의 시에 "나는 고을의 절부

은이의 눈물이 하염없이 쏟아지곤 합니다.

부음訃音을 들은 지 얼마 되지 않았는데, 벌써 십순(十旬 : 卒哭)이 돌아왔습니다. 이에 간소하게 재齋를 올려 선유仙遊를 인도하고, 아울러 변변찮은 제물을 베풀어 밝게 흠향해 주시기를 바라게 되었습니다. 영혼이 만약 어둡지 않다면, 나의 마음을 곡진히 살펴주소서.

節符를 사양하며 떠났고, 그대는 바깥 일에 끌려다니는 처지. 어찌 알았으랴 눈보라 치는 이 밤에, 다시 이렇게 침상을 마주하고 누워 잘 줄을.(余辭郡符去 爾爲外事牽 寧知風雪夜 復此對床眠)"이라는 구절이 나오는 데에서 유래한 것이다. 『위소주집韋蘇州集』 권3 〈시전진원상示全眞元常〉.

조사祖師에게 예참禮懺하며 발원한 글

석가모니께서 꽃을 집어 들자 마하가섭摩訶迦葉이 파안미소破顔微笑를 지었는데, 이로부터 인도에서 불법佛法의 등불이 28대를 전하였습니다.[13] 보리달마가 면벽面壁을 하자 신광神光이 팔을 잘랐는데, 이로부터 지나(支那 : 중국)에서 선禪의 불꽃이 6가家에 이어졌습니다.[14] 구봉九峯의 종파가 상구桑丘에 벌어짐에 이르러, 오엽五葉의 향기가 송교松嶠에 이어졌습니다.[15] 조사祖師의 법맥法脈이 이로부터 계속해서 이어지고, 선종禪宗의 물길이 이로부터 면면히 흘러내려 왔습니다. 이 문정門庭에 들어온 사람으로서 그 은력恩力을 받지 않은 자가 누가 있겠습니까.

삼가 생각건대, 제자가 난야練若[16]에 이름을 두고 외람되게 부도(浮圖 : 僧伽)에 자취를 끼었습니다만, 근기가 미약해서 선하禪河의 궁극까지 이르지는 못했어도, 서원誓願만은 원대해서 조실祖室을 붙들어 세우려는 뜻을

---

13 석가모니께서 …… 전하였습니다 : 제1대 마하가섭으로부터 제2대 아난존자阿難尊者를 거쳐 제28대 보리달마까지 인도의 불법이 이어졌다는 말이다. 영산회상靈山會上에서 석가가 염화시중拈花示衆했을 적에, 대중이 모두 침묵을 지키는 가운데 오직 가섭만이 빙그레 웃자, 석가가 "나에게 있는 정법안장正法眼藏·열반묘심涅槃妙心·실상무상實相無相·미묘법문微妙法門·불립문자不立文字·교외별전敎外別傳을 마하가섭에게 부촉하노라."라고 했다는 말이, 『불조통기佛祖統記』 권5와 『연등회요聯燈會要』 권1 등에 나온다.

14 보리달마菩提達磨가 …… 이어졌습니다 : 보리달마가 중국에 선을 전하여 초조初祖가 된 이후로 제2조 혜가慧可를 거쳐 제6조 혜능慧能에까지 중국의 선맥禪脈이 이어졌다는 말이다. 신광神光은 혜가의 초명初名이다. 그가 소림사로 달마를 찾아가서 밤새도록 눈이 쌓인 뜨락에 공손히 서서 도를 구했으나 달마는 면벽만을 한 채 한 마디 말도 건네지를 않았는데, 이에 신광이 계도戒刀로 자신의 왼쪽 팔을 찍어 그 팔을 바치자 달마가 혜가라고 이름을 지어 주고 비로소 입실入室을 허락했다는 '설중단비雪中斷臂'의 고사가 전한다. 『경덕전등록景德傳燈錄』 권3.

15 구봉九峯의 …… 이어졌습니다 : 구봉은 신라의 구산선문九山禪門을 가리키고, 오엽五葉은 송광사松廣寺 수선사修禪社의 다섯 국사國師를 가리킨다. 상구桑丘는 우리나라의 별칭이고, 송교松嶠는 송광사가 있는 조계산曹溪山의 별칭이다.

16 난야練若 : 범어梵語 āraṇyaka의 음역音譯인 아란야가阿練若迦의 준말로, 출가자가 수행하는 조용한 곳, 즉 사원을 말한다. 아란야阿蘭若 혹은 줄여서 난야蘭若라고도 한다.

항상 잊은 적이 없습니다. 그래서 저의 미천한 정성을 다하여 귀의하면 은밀히 가피加被해 주시리라고 여겨지기에, 참회하는 자리를 마련하여 약소하나마 공양하는 의식을 베풀게 되었습니다.

삼가 원하옵건대, 우리 대화상大和尙을 열성列聖께서 다함께 가호加護해 주시고, 백령百靈이 모두 호위해 주소서. 그리하여 색신色身이 항상 편안하여 음양의 두 기운이 조금도 어그러지는 일이 없게 해 주시고, 법랍法臘이 멀리 늘어나서 천지와 함께 장구하게 되도록 해 주소서.

다음으로 원하옵건대, 이 제자도 다생多生의 죄구罪垢를 씻어 버리고 역겁歷劫의 장애를 털어 버리게 해 주소서. 그리하여 지금 이 순간부터 미래가 다할 때까지, 신심과 근기가 더욱 굳건해져서 어느 세상에 태어나거나 이 문을 밟아서 거울 같은 지혜가 단번에 밝아지도록 해 주시고, 어디에 있든 간에 이 법을 널리 펼 수 있도록 해 주소서.

혹시 검수劍樹와 도산刀山의 지옥 위에 있거나 불구덩이와 끓는 기름 가마 속에 들어가더라도, 중생을 이롭게 할 수만 있다면, 끝내 목숨을 바치는 것도 사양하지 않을 것입니다. 반드시 중생의 세계가 모두 없어진 뒤에야 정각正覺의 원만한 과보를 얻으려고 노력할 것이니, 순야다舜若多[17]의 성질이 없어질 수는 있을지언정, 삭가라爍迦羅[18]의 마음만은 결코 흔들리는 일이 없을 것입니다. 널리 원하옵건대, 사생四生[19] 구류九類[20]가 다함께 시방十方 삼신三身[21]의 부처의 몸을 이룰 수 있게 해 주소서.

---

17 순야다舜若多 : 범어梵語 śūnyatā의 음역音譯으로, 공성空性으로 의역된다.

18 삭가라爍迦羅 : 범어 cakra의 음역으로, 금강金剛으로 의역된다.

19 사생四生 : 태생胎生·난생卵生·습생濕生·화생化生을 가리킨다.

20 구류九類 : 삼계三界 중생衆生이 출생하는 아홉 가지 형태를 말한다. 삼계 공통인 위의 '사생四生'에, 색계色界의 '유색有色'과 무색계無色界의 '무색無色'과 무색계 중에서 무상천無想天을 제외한 제천諸天의 '유상有想'과 무색계 중 무상천의 '무상無想'과 비상비비상처非想非非想處의 '비유상비무상非有想非無想'을 합한 것이다.

21 삼신三身 : 부처의 세 가지 몸, 즉 법신法身·보신報身·화신化身을 말한다.

거란본 대장경을 경찬慶讚한 소

| 원오 국사圓悟國師가 행하였다 |

도道는 이름과 모양을 초월하였고, 법法은 보이고 들리는 것을 떠났습니다. 그렇긴 하지만 바다를 건너고 강을 건너려면 배나 뗏목을 이용해야 하고, 물고기를 잡고 토끼를 잡으려면 통발이나 올가미를 빌려야 합니다. 그런데 더군다나 문장마다 반야般若의 광명을 드러내고 글자마다 비로자나毘盧遮那의 법인法印을 나타내고 있는 데야 더 말해 무엇하겠습니까. 그러니 어떻게 황권(黃卷 : 서책)을 떠나서 따로 현기玄機를 논할 수 있겠습니까.

삼가 생각건대, 조음潮音[22]을 모두 엮은 것을 해장海藏이라고 부르는데, 용수龍樹가 암송하여 서축西竺에 전하였고,[23] 법란法蘭이 말에 싣고 중화中華에 들어왔습니다.[24] 이는 구우일모九牛一毛에 지나지 않지만, 그래도 천

22 조음潮音 : 해조음海潮音의 준말로, 불보살의 장엄한 음성을 비유한 말이다.

23 용수龍樹가 …… 전하였고 : 불타가 입멸入滅하고 7백 년쯤 뒤에 용수가 용궁龍宮에서 『화엄경華嚴經』의 3본本을 보았는데, 상과 중 2본은 분량이 엄청나게 많아서 수지受持할 수 없었기 때문에 10만 게偈 48품品의 하본下本만 암송해서 인도에 전파했다는 기록이 당나라 법장法藏의 『화엄경전기華嚴經傳記』 권1에 전한다.

24 법란法蘭이 …… 들어왔습니다 : 후한後漢 명제明帝 영평永平 연간에, 천축天竺의 축법란竺法蘭과 섭마등攝摩騰 등 두 승려가 백마白馬에 불경을 싣고 낙양洛陽에 들어오자, 명제가 칙령을 내려 낙양의 서양문西陽門 외곽에 중국 최초의 정사精舍를 건립하게 하고 백마사白馬寺라고 칭했다는 기록이 있다. 『낙양가람기洛陽伽藍記』 「백마사白馬寺」.

함千函에 만축萬軸이나 되었습니다. 그래서 판각하여 간행하기가 어려워서 널리 유통시킬 수가 없었으며, 간혹 경영한 적이 있었어도 으레 정묘하지 못한 흠이 있곤 하였습니다.

그런데 이방異邦에서 들어온 이 대보大寶로 말하면, 권질卷秩을 축소하고 부수部數를 줄여서 2백 함函이 넘지 않게 하고, 얇은 종이에 조밀한 글자로 써서 1천 책冊이 되지 않게 하였는데, 이는 사람의 공력으로 이루어진 것이 결코 아니요, 귀신의 재주를 빌린 것 같은 느낌을 갖게 합니다.

대저 성하기도 하고 쇠하기도 하는 것은 만물의 이치요, 이루어졌다가 무너지는 것은 사물의 속성입니다. 이 대장大藏 역시 달로 흩어지고 날로 망가진 나머지 함函에는 권卷이 빠지고 권에는 폭幅이 빠졌으며, 먼지가 끼고 좀이 먹은 나머지 행行에는 자字가 부족하고 자에는 획畫이 부족하게 되었습니다. 그리하여 장차 남아 있는 것이 없게 될 지경에 처했으니, 참으로 비통하기 그지없는 일이었습니다.

제자가 삼가 듣건대, 옛것을 수선하는 것은 새로 만드는 것보다 배나 어렵다고 하였습니다. 하지만 선원사禪源寺에 우거寓居할 때부터 수선하려는 마음을 내었고, 송광사松廣社로 옮긴 뒤에는 더욱 온전히 복구해 보려고 있는 힘을 다하였습니다. 그리하여 함函과 권卷이 빠진 것은 인행印行하여 완전하게 만들고, 자字와 행行이 부족한 것은 글자를 써넣어서 갖추어지도록 하였습니다. 그리고 시주施主의 돈을 얻어서 그 목록을 쓰고, 궁중의 폐백을 받아서 표지를 장정裝幀한 뒤에, 낭함琅函에 담아 보장寶藏에 봉안하였습니다. 이것이 비록 삼베를 꿰매어 비단의 터진 곳을 메운 것 같기는 하지만, 그래도 돌을 구워 터진 하늘을 메운 것[25]과 같기도 해

25 돌을 …… 것 : 공공씨共工氏가 전욱顓頊과 싸우다가 성이 나서 부주산不周山을 머리로 치받자 하늘 기둥이 부러지면서 하늘은 서북쪽으로 기울고 땅은 동남쪽으로 꺼졌다는데, 이에 여와씨女媧氏가 자라의 다리를 잘라서 땅의 사방 기둥을 받쳐 세우고, 오색五色의 돌을 구워서 터진 하늘을 메웠다는 전설이 있다. 『회남자淮南子』「남명훈覽冥訓」,

서, 광채가 다시 나고 장엄莊嚴이 모두 갖추어지게 되었습니다.

이제 이 공사를 마치게 됨에 이를 기념하는 낙성落成의 의식을 행하면서, 1천 명의 선류禪流를 모아 구순九旬의 해회海會를 열게 되었습니다. 대장경을 펼쳐 연설하면 손과 눈이 서로 응하고, 전지詮旨를 찾아 얻으면 입과 마음이 같아질 것입니다. 어떤 이는 정혜定慧를 오롯이 하여 자신의 마음을 환히 볼 것이요, 어떤 이는 예념禮念을 열심히 하여 묵은 업장業障을 참회하며 없앨 것이니, 불법의 수레바퀴가 크게 구르는 곳에 지혜의 거울이 두루 비칠 것입니다.

삼가 원하옵건대, 【운운云云】 덕일德日이 불일佛日과 나란히 비치게 하고, 인풍仁風이 선풍禪風과 함께 불게 해 주소서. 그리하여 금륜(金輪 : 왕권)이 더욱 견고해져서 아름다운 복을 만년토록 받게 해 주시고, 옥엽(玉葉 : 왕족)이 더욱 번창해서 넘치는 향기를 백세百世토록 퍼뜨리게 해 주소서.

『열자列子』「탕문湯問」.

감로원甘露院에 들어가서 법수法壽를 축원한 소

보광당普光堂 위의 참다운 광명은 청동 거울로 간담을 비추는 것과 같고, 자인암慈忍庵 안의 법유法乳는 감로甘露를 가져와서 마음에 붓는 것과 같습니다. 이에 사심 없는 각응覺應에 의지하여 끝없는 스승의 은혜에 조금이라도 보답하려 합니다.

삼가 생각건대, 제자는 어려서부터 선문禪門에 의지하며 진승眞乘을 깊이 사모하였습니다. 그래서 어버이에게 여러 번 글을 올려 출가하겠다고 간청하였습니만, 다겁多劫에 지은 중한 업장業障을 어떻게 할 수가 없어서 속진俗塵을 쉽게 벗어날 수가 없었습니다. 그리하여 10년 동안이나 세상일에 쫓기며 살아왔으나, 처음에 다짐했던 마음을 하루도 잊은 적이 없었습니다.

그러다가 마침 우리 송령 화상松嶺和尙이 저 화산도량花山道場에 계셨으므로, 평소의 뜻을 이루고 싶어서 마침내 공경히 찾아뵙고 말씀드렸더니, 숙세宿世의 인연이 계합되었는지 즉시 머리를 끄덕이며 저의 청을 들어주셨습니다. 그래서 황매黃梅의 파강簸糠[26]에는 부끄러워도, 단하丹霞의 잔초剗草[27]를 본받을 수 있었는데, 뒤이어 남쪽에 가서 두루 선지식을 찾아

26 황매黃梅의 파강簸糠 : 육조 대사六祖大師 혜능慧能이 처음 황매산黃梅山으로 오조五祖 홍인弘忍을 찾아갔을 때, 홍인이 그의 법기法器를 알아보고는 짐짓 8개월 동안 방아를 찧게 하고는, 조용히 방앗간으로 홀로 찾아가서 방아는 다 찧었느냐고 묻자, 혜능이 방아는 오래 전에 다 찧었고 '키로 쭉정이를 까부는 일(簸糠)'만 남았다고 대답한 일화를 말한다.

27 단하丹霞의 잔초剗草 : 당나라 단하 천연丹霞天然 선사가 석두 희천石頭希遷을 찾아가자, 석두가 3년 동안 부엌일을 시키다가, 어느 날 갑자기 "내일은 불전 앞의 풀을 깎겠다.(來日剗佛殿前草)"라고 대중에게 고하였는데, 이 말을 듣고 대중은 모두 낫을 들고서 풀을 베었으나, 단하만은 대야에 물을 떠서 머리를 감고 석두 앞에 꿇어앉으니, 석두가 웃으면서 머리를 깎아 준 일화를 말한다.『경덕전등록景德傳燈錄』 권14「단하천연丹霞天然」.

보라는(南詢) 가르침을 받고서,[28] 오래도록 북쪽 하늘을 바라보며 은혜를 사모해 오다가, 조계曹溪의 법석法席을 이으셨을 때에 비로소 적취(積翠 : 청산) 속에서 시자侍者로 모실 수 있었습니다.

그로부터 특별히 사랑하고 보살피면서 지금까지 오랫동안 가르침을 베풀어 주셨습니다. 스승의 간절한 노파심은 항상 뱃속에 있는 것까지 모두 쏟아 주셨지만, 제자는 광자狂者처럼 우둔하여 손가락에 묻혀 입술을 적시며 맛보지도 못하였습니다. 그래서 입실入室한 사람 축에도 끼이지 못했으니, 더구나 집안을 이을 자식이 될 수 있었겠습니까.

저는 성품이 한적한 것을 좋아하고 행동은 규칙에 얽매이는 것을 싫어하는 만큼, 그저 운수雲水의 신세가 되기에 적당할 뿐이니, 어찌 총림叢林의 수령이 되기에 합당하겠습니까. 그럼에도 불구하고 화상和尙께서는 자식을 불쌍하게 여겨 추한 것을 감싸 주시고, 사람을 취함에 완벽함을 요구하지 않으시어, 천상의 덕음德音으로 유도하며 관동關東의 명찰名刹을 맡기셨습니다.

처음에 명을 듣고서 조용히 자신을 돌아보건대, 멋대로 행동하는 몸을 승묵繩墨의 장소에 놔두게 되면, 그 모양이 마치 우리에 갇힌 원숭이와 같을 것이요, 무지몽매한 몸이 사범師範의 직책을 맡게 되면, 그 형세가 마치 수레 위에 올라 탄 학鶴[29]과 같을 것이라는 생각이 들었습니다. 이 두 가지 길 모두 가당치 않으므로, 백 번 생각을 해도 받을 수 없다고 여겨졌으나, 호겁浩劫의 은정을 해칠까 두려워서 평소의 바람을 포기할 수밖에 없었습니다. 그리하여 비구들과 함께 사원에 와서 향화香火를 사르며 얼

28 남쪽에 …… 받고서 : 선재 동자가 남방의 1백 10성城을 여행하며 선지식을 찾아다닌 고사를 인용하여 표현한 것.

29 수레 …… 학鶴 : 자격도 없이 분수에 넘치는 자리에 처하는 것을 비유하는 말이다. 춘추시대 위衛나라 의공懿公이 학을 좋아해서 대부大夫가 타는 수레에 그 학을 태우고 다녔다는 고사에서 나온 것이다. 『춘추좌씨전春秋左氏傳』 민공閔公 2년.

마 동안 시간을 보내기로 하였으니, 이것이 비록 소자의 본회本懷는 아니라고 하더라도, 대인大人의 후의厚意에서 나온 일이기 때문이었습니다.

이에 범연梵筵의 수승殊勝한 자리를 마련하여 법랍法臘이 장구해지기를 기도하면서, 이 참공덕이 신묘한 불감佛鑒에 감응되기를 바라는 바입니다. 삼가 원하옵건대, 우리 대화상大和尙을 천룡이 함께 호위하여 수명이 동원 노인東院老人[30]과 가지런해지게 하고, 조야朝野가 모두 귀의하여 지위가 남양 고불南陽古佛[31]과 동등하게 해 주소서.

---

30 동원 노인東院老人 : 조주趙州 관음원觀音院, 즉 동원東院에 머물며 선풍禪風을 떨치다가 120세의 나이로 입적한 당나라 조주 종심趙州從諗 선사를 말한다.

31 남양 고불南陽古佛 : 당나라의 남양 혜충南陽慧忠 국사國師를 말한다. 고불古佛은 덕이 높은 승려에 대한 존칭인데, 장벽墻壁이나 와력瓦礫 속에도 고불의 마음이 들어 있다는 혜충의 무정설법無情說法이 유명하기 때문에 충지가 이렇게 호칭한 것이 아닌가 한다. 그는 현종玄宗·숙종肅宗·대종代宗 삼조三朝에 걸쳐 깍듯한 예우를 받았다.

정혜원定慧院에 들어가서 법수法壽를 축원한 소

감응하는 길이 열리면 천 기千機 만 기萬機가 일제히 응하는 법이지만, 사제師弟로 만나는 인연은 일 겁一劫 이 겁二劫을 통해서 이루어지는 것이 아닙니다. 이에 자비로운 음덕에 의지해서 조금이라도 법유法乳에 보답하려 합니다.

삼가 생각건대, 제자의 식견은 후배를 깨우치기에 미약하고, 도는 선배와 나란히 하기에 부족합니다. 그럼에도 불구하고 처음에 어령魚嶺 북쪽 수승殊勝한 가람의 법석을 외람되게 차지했다가, 이번에는 또 계봉雞峯 앞쪽 청정한 사찰의 향 피우는 일을 맡게 되었습니다. 이 사찰은 두 시냇물이 휘감고 돌아 속진俗塵의 인연이 한 점도 없고, 1천 봉우리가 공중에 서려서 십분 상쾌한 기운이 저절로 우러납니다. 실로 도를 닦기에 빼어난 땅이요, 참선하기에 알맞은 그윽한 구역이라고 하겠습니다.

돌아보건대, 옛날 혜소 성사慧炤聖師께서 다행히 예종과 같은 명군明君의 시대를 만나, 10년 동안 머문 도성의 번잡함을 싫어하여, 천 리 멀리 맑고 그윽한 임학林壑을 생각하시고는, 장차 이 산에 돌아와서 노년을 보낼 요량으로, 마침내 이 사찰을 창건하셨습니다. 그리고 청진 국사(淸眞國師 : 수선사 제3세)의 시대에 내려와서는 크게 선풍禪風을 떨치셨고, 충경 국사(冲鏡國師 : 수선사 제4세)의 시대에 이르러서는 계속해서 조사祖師의 도道를 붙들어 일으키셨습니다. 무릇 이 경내에 거하려면 반드시 그만한 자격을 갖추어야 할 텐데, 제가 무슨 인연으로 말품末品의 용렬한 자질을 가지고서 전인前人의 높은 자취를 외람되게 밟게 되었단 말입니까.

이는 대개 용맹龍猛의 발우 안에 바늘을 집어넣지는 못했지만,[32] 석두石

---

32 용맹龍猛의 …… 못했지만 : 용수龍樹에게 가나제바迦那提婆가 찾아왔을 때, 용수가 지혜를 시험해 볼 목적으로 제자에게 명하여 물을 가득 채운 발우를 그의 앞에 놓게 하였는데, 제바가 즉시 바늘 하나를 물속에 집어넣자, 용수가 크게 찬탄하며 제자로 삼은

頭의 불전 앞에서 풀을 깎은 인연[33]이 있기 때문입니다. 그리하여 과거에 여러 해 동안 모실 수 있었던 덕분에, 오늘날 다시 단련을 받게 되었고, 심지어는 몸소 이끌어 정혜원定慧院에 들어오게 하며 손수 의발을 전수해 주시기까지 하였으니, 평생토록 베풀어 주신 이 자비와 사랑이야말로, 억만 겁이 다한들 어떻게 다 말할 수 있겠습니까. 탕공옥帑空屋의 노인은 필시 그 근심을 감당치 못했을 것입니다만, 덕원경德原境의 가자佳子는 항상 즐겁게 지내기만 하였습니다. 은덕을 갚으려니 힘이 부족한 것이 부끄럽습니다만, 복을 비는 마음만은 실로 참다운 정성에서 우러나왔습니다.

이에 길일을 택하여 특별히 범연梵筵을 마련하였으니, 한 가닥 향의 구름이 피어 일어남에 시방十方 찰해刹海에 그 향기가 널리 퍼질 것입니다. 삼가 원하옵건대, 연월年月의 재액이 모두 없어지고, 음양의 요기妖氣도 금세 풀어지게 해 주소서. 그리고 강건한 기운을 항상 유지하여 천금의 신약神藥도 쓸모없게 해 주시고, 수명이 더욱 늘어나서 한 꿰미의 염주알로 세어도 모자라게 해 주소서. .

뒤에 묘법을 전수해 주었다는 일화가 전한다. 제바는 뒤에 서천西天의 제15조祖가 되어 인도 각지를 유력하면서 외도外道를 조복調伏했다고 한다. 발우에 가득 물을 담은 것은 용수의 충만한 지혜를 상징하고, 바늘을 집어넣은 것은 밑바닥까지 철두철미하게 알고 싶다는 뜻을 표현한 것이라고 한다. 용맹龍猛은 용수의 별칭이다. 『대당서역기大唐西域記』 권10과 『경덕전등록景德傳燈錄』 권2 등에 나온다.

33 석두石頭의 … 인연 : 356쪽 주 27 참조.

법수法壽를 축원하는 재齋를 올리며 지은 소

| 원오 국사圓悟國師를 위해서 행하였다 |

1천 겹 보주寶珠의 영상影像 속에는 성인과 범부가 함께 들어 있고, 한 면面 고경古鏡의 광채 속에는 스승과 제자가 같이 비칩니다. 이법계理法界에는 피아彼我의 차이가 없을지라도, 사법계事法界에는 자타의 구별이 있습니다. 귀의함이 없는 귀의로 부처님께 귀의하며, 축원함이 없는 축원으로 스승님을 축원하려 합니다.

생각건대, 우리 조계曹溪의 노화상老和尙이야말로 진단震旦의 대사문大沙門으로서, 한번 용광로와 풀무를 설치하여 각종 근기를 제접提接하심에, 얼마나 많은 인천人天들이 그 복을 받았는지 모릅니다. 자비의 화신으로 출현하여 범속凡俗을 따라 동진同塵[34]하시다 보니, 추위와 더위가 반복해서 뒤바뀌며 어느새 춘추가 환갑이 되셨습니다. 그러니 눈이 멀어 헤매는 자의 입장에서 생각한다면, 어찌 겁나고 두려운 심정을 품지 않을 수 있겠습니까.

이에 물방울처럼 작은 공덕의 인연을 닦아, 허공처럼 끝없는 수명을 축원하면서, 한 조각 참된 이 정성이 시방을 비추는 묘한 거울에 감응되기를 바라는 바입니다. 삼가 원하옵건대, 대화상大和尙의 법랍이 장구해져서 갑자甲子가 하늘을 일주一周해도 늙지 않게 해 주시고, 색신色身이 영원히 강건해져서 비람毘嵐[35]이 산악을 무너뜨려도 항상 강녕하게 해 주소서.

---

34 동진同塵 : 화광동진和光同塵의 준말로, 특별히 자기를 내세우지 않고 세상과 원만하게 화합하는 것을 말한다. 『노자老子』 4장의 "빛을 부드럽게 하여 티끌과 함께 한다.(和其光 同其塵)"라는 말에서 나온 것이다.

35 비람毘嵐 : 태풍의 별칭.

원나라 황제를 축수祝壽하는 재를 올리면서 지은 소

| 토전土田을 돌려준 것에 대해 감사하며 본사本社를 대신하여 짓다 |

성천자聖天子의 우악優渥한 은혜는 아무리 멀어도 미치지 않는 곳이 없고, 대각황大覺皇의 묘명妙明한 조감照鑑은 감응이 있으면 반드시 통하게 마련입니다.[36] 이에 자비로운 음덕에 의지하여, 내려 주신 큰 복에 조금이라도 보답하려 합니다.

삼가 생각건대, 제자는 5대 조문祖門을 외람되게 이어 받아, 지금 선석禪席을 자격도 없이 주관하고 있는데, 비록 황벽荒僻한 모퉁이에 거하고 있지만, 특별히 성명聖明의 교화를 입고 있습니다. 배고프면 밥 먹고 목마르면 물 마시는 것 모두가 순舜 임금의 은덕이기에, 저녁에 등을 켜고 아침에 향을 사르면서 오직 요년堯年[37]을 축원하고 있습니다.

더구나 지금 특별히 우로雨露의 은혜를 드리워 멀리 토전土田을 내려 주셨으니, 그 기쁨은 마른 나무가 봄을 만난 것과 같고, 그 상쾌함은 땅바닥 위의 물고기가 물을 얻은 것과 같습니다. 하늘의 은택이 이미 보통을 뛰어넘었으니, 태양을 향하는 해바라기의 마음이 어찌 평시보다 갑절이 되지 않을 수 있겠습니까.

---

36 대각황大覺皇의 …… 마련입니다 : 대각황은 부처의 별칭이다. 감응이 있으면 통한다는 말은, 『주역周易』「계사전 상繫辭傳上」의 "적막한 가운데 움직이지 않고 있다가도 일단 감응을 하게 되면 마침내 이 세상의 모든 일에 통하게 되는 것이다.(寂然不動 感而遂通天下之故)"라는 말에서 나온 것이다. 또 묘명妙明이라는 말과 관련하여, 송나라 주돈이周敦頤의 『통서通書』「성聖」 제4에 "적연부동寂然不動한 것이 성誠이요, 감이수통感而遂通하는 것이 신神이요, 움직이려 하면서도 아직 형체를 드러내지 않은 채 유有와 무無의 사이에 있는 것이 기幾이다. 성誠은 정精하기 때문에 명明하고, 신神은 응應하기 때문에 묘妙하고, 기幾는 미微하기 때문에 유幽하다. 성과 신과 기의 요소를 모두 갖춘 분을 성인聖人이라고 한다."라는 말이 나온다.

37 요년堯年 : 요 임금의 수명이라는 말인데, 옛날 화봉인華封人, 즉 화華 땅을 지키는 사람이 요 임금에게 수壽와 부富와 다남多男을 기원하며 축도를 올렸다는 이야기가 『장자莊子』「천지天地」에 나온다.

이에 중구重九의 명절을 맞이하여 대천大千의 찰토刹土에 널리 예배를 올리게 되었습니다. 귀의하는 심정이 간절하여 사람은 많아도 마음은 하나요, 기원하는 마음이 진실하여 입은 달라도 목소리는 똑같으니, 물방울처럼 작은 이 공덕이 거울처럼 비추는 불지佛智에 감응되었으면 합니다. 삼가 원하옵건대, 황제 폐하께서는 억만 년이 다하도록 부모가 되어 만백성을 길러 주시고, 백천 세世가 다하도록 자손에게 전하여 길이 사해가 안정되도록 해 주소서.

또 又

| 본사本社에서 행하였다 |

밝은 달이 하늘 가운데에 솟아오름에, 아무리 깊은 곳에 있는 자라 할지라도 반드시 비추어 줍니다. 그러니 해바라기의 마음으로 임금을 떠받듦에, 아무리 멀리 있다 하더라도 어찌 마음을 기울이지 않을 수 있겠습니까. 이에 참된 음덕에 의지하여 제왕의 장수長壽를 기원하려 합니다.

삼가 생각건대, 제자가 멀리 황복荒服[38]에 살고 있지만 다행히 성조聖朝의 시대를 만난 덕분에, 자격도 없이 오세五世의 조문祖門을 이어서, 외람되게 삼한의 선석禪席을 주관하게 되었습니다. 황천皇天이 신소辰所에 떨어져 있어서 공북拱北의 반열에 참여하지는 못합니다마는,[39] 솔토率土가 모두 왕신王臣이라서 그래도 기남暨南의 교화를 입었습니다.[40]

우리가 편안히 잠자고 우리가 편안히 밥 먹는 것이, 어느 분의 넓은 은혜 때문이며, 어느 분의 큰 은덕 때문이겠습니까. 이에 그지없이 감격하여 마음에 새기면서, 나름대로 보답할 길을 찾게 되었습니다. 그런데 황

---

38 황복荒服 : 왕기王畿에서 2천 5백 리 떨어진 지역으로, 오복五服 중에서 가장 먼 중국의 변두리이다.

39 황천皇天이 …… 못합니다마는 : 황제의 도성이 북두성처럼 멀리 떨어져 있어서 직접 찾아가서 조회朝會하는 대열에 참여하지 못한다는 말이다. 신소辰所는 북두성이 있는 곳을 말하고, 공북拱北은 뭇 별들이 북두성을 옹위하는 것처럼 신하가 임금을 모시는 것을 말하는데, 『논어論語』「위정爲政」의 "덕정德政을 펴게 되면, 북두성이 가만히 제자리를 지키고 있어도 뭇 별들이 옹위하는 것처럼 될 것이다.(爲政以德 譬如北辰居其所而衆星共之)"라는 말에서 발췌한 것이다.

40 솔토率土가 …… 입었습니다 : 온 천하 사람들이 모두 원나라 황제의 신하라서, 남쪽의 고려에 있는 충지 역시 그 교화를 받게 되었다는 말이다. 『시경詩經』「소아小雅」〈북산北山〉의 "하늘 아래 모든 곳이 왕의 땅 아님이 없으며, 땅의 모든 물가에 이르기까지 왕의 신하 아님이 없다.(普天之下 莫非王土 率土之濱 莫非王臣)"라는 말과, 『서경書經』「우공禹貢」 말미의 "동쪽으로는 바다에까지 다다랐고, 서쪽으로는 유사에까지 이르렀으며, 북쪽과 남쪽에도 모두 그 힘이 미쳐서, 우禹의 명성과 교화가 온 세상에 퍼지게 되었다.(東漸于海 西被于流沙 朔南暨 聲敎訖于四海)"라는 말을 발췌한 것이다.

제께서 부유하기로는 구주九州를 소유하셨으니 그 부를 어떻게 더 보태드리겠으며, 귀하기로는 만승천자가 되셨으니 그 귀를 어떻게 더 보태드리겠습니까. 다만 자신의 분수상에서 마음대로 할 수 없는 것이 있으니, 오직 수명을 비는 이외에는 더 축원할 것이 없다고 하겠습니다.

그래서 향화香火하는 하나의 장소에서 아침마다 저녁마다 정진하며, 오직 강릉岡陵처럼[41] 억만 년 동안 장수하시라고 마음마다 생각마다 기도드리고 있습니다마는, 그래도 훈공熏功이 지극하지 못할까 걱정되기에 특별히 범연梵筵을 베풀어 따로 재齋를 올리게 되었으니, 이 간절한 정성이 저 원명圓明한 조감照鑑에 계합되기만 바랄 따름입니다.

삼가 원하옵건대, 황제 폐하께서 양의(兩儀 : 천지)와 수명을 나란히 하시고, 이요(二耀 : 일월)와 밝음이 같게 해 주소서. 그리고 우로雨露에 젖은 곳 모두 신복臣僕이 되게 해 주시고, 건곤乾坤처럼 오래 지속될 계통을 드리워서 길이 자손에게 전할 수 있게 해 주소서.

41 강릉岡陵처럼 : 『시경詩經』「소아小雅」〈천보天保〉에, "저 멧부리처럼, 저 구릉처럼(如岡如陵)" 하는 식으로, 아홉 가지의 예를 들어 임금의 만수무강을 기원하는 이른바 '구여지축九如之祝'이 나온다.

또 又

자비의 광명은 걸림이 없어서 법계의 티끌 속에까지 빠짐없이 비추고, 밝은 은택은 사사로움이 없어서 바다 모퉁이 숲속까지 적셔 줍니다. 어찌 진경眞境의 뛰어난 공덕을 맺어서 황궐皇闕의 장수를 기원하지 않을 수 있겠습니까.

삼가 생각건대, 제자는 외람되게 조문祖門을 계승하여 황복荒服에 멀리 거하고 있습니다. 성주聖主께서 구토九土를 통치하며 군림하시면서부터 소방小邦은 하나의 하늘을 따로 모시게 되었습니다. 더군다나 조지詔旨를 거듭 내리시어 우리 승려들이 편히 살게 해 주신 은혜이겠습니까. 세 칸의 오두막 아래에서 배고프면 밥 먹고 목마르면 물마시게 된 것 역시 먼 곳까지 편안하게 해 주시려는 인덕仁德 아님이 없습니다. 사계절 사이에 저녁에는 등을 켜고 새벽에는 향을 사르는 것 또한 오로지 장수를 축원하기 위해서입니다.

이에 범석梵席을 펼치고서 특별히 훈과熏科를 거행하게 되었습니다. 점점이 켜진 등불의 심지에는 요堯 임금 뜨락의 상서로운 태양이 빛을 더하고, 삼삼鬖鬖히 나부끼는 불자拂子의 꼬리에는 순舜 임금 궁전의 훈훈한 바람이 더욱 불어옵니다. 정성을 이렇게 가했으니, 감응이 어찌 빨리 이루어지지 않겠습니까.

삼가 원하옵건대, 황제 폐하에게 길상吉祥의 징조가 갖추어 이르고, 치세治世의 도구가 모두 펼쳐지게 해 주소서. 그리하여 역수曆數가 멀리 늘어나 건곤乾坤과 함께 장구하게 되고, 천하가 모두 귀의하여 문궤文軌[42]가 같아지게 해 주소서.

---

42 문궤文軌 : 문자와 수레라는 말로, 세계가 통일되어 중국이라는 하나의 문화권 안에 편입되는 것을 의미하는 말로 곧잘 쓰이는 표현이다. 『중용中庸』의 "지금 온 천하가 같은 수레를 타고 같은 문자를 쓰게 되었다.(今天下車同軌 書同文)"라는 말에서 유래한 것이다.

또又

| 국기國碁 조 시랑曺侍郞이 행하였다 |

근기에 맞추는 현묘한 교화는 크고 작은 것을 모두 거두어 빠뜨리는 것이 없습니다. 임금을 사랑하는 참다운 마음 또한 어찌 멀고 가까움에 차이가 있겠습니까. 이에 작은 선善에 의지해서 견마犬馬의 정성을 조금이나마 펴고자 합니다.

삼가 생각건대, 제자는 타고난 자질이 용렬해서 다른 재주는 하나도 없고, 단지 바둑 두는 법을 익혀서 각진 곳을 빼앗고 관문에 부딪치는 것을 조금 알 뿐입니다. 일로一路도 통하지 못하는데 감히 기성碁聖으로 일컬어진 마수명馬綏明[43]을 본뜨겠습니까. 아홉 점(九枰)을 검토하지 못했으니 기선碁仙에게 배운 왕적신王積薪[44]에게 너무도 부끄럽습니다.

그런데 말품末品의 천한 재능을 지존께서 듣고 돌아보실 줄이야 어찌 생각이나 하였겠습니까. 그리하여 대궐로 불러들여 누차 격려하는 은혜를 가하시고, 도성에 거처하도록 명하여 빈번하게 은사를 내리셨습니다. 그래서 혹시 황량黃粱의 꿈[45]일까 두렵기만 하였으니, 대낮에 승천

---

43 기성碁聖으로 일컬어진 마수명馬綏明 : "바둑을 잘 두는 사람을 기성이라고 한다. 그래서 엄자경과 마수명에게 기성의 이름이 있는 것이다.(善圍碁者 世謂之碁聖 故嚴子卿馬綏明 有碁聖之名)"라는 말이 『포박자抱朴子』에 나온다고 『태평어람太平御覽』 권752 [교巧]에 실려 있다.

44 기선碁仙에게 배운 왕적신王積薪 : 왕적신은 당 현종唐玄宗 때의 한림학사로, 바둑의 고수였다. 그가 산골의 어느 집에 묵었을 때, 고부姑婦가 서로 동쪽과 서쪽 방에 앉아서 밤중에 등불도 없이 입으로 바둑을 두더니, 이윽고 시어머니가 며느리에게 "네가 졌다. 그러나 나는 너에게 아홉 점밖에 이기지 못했다.(子敗矣 吾止勝九枰耳)"라고 하였다. 다음 날 아침에 왕적신이 가르침을 청하자, 시어머니가 며느리에게 공수攻守에 대한 법을 가르쳐 주게 하였는데, 그 이후로 기예가 날로 발전하여 천하무적이 되었다고 한다. 당나라 설용약薛用弱이 지은 『집이기集異記』 「왕적신王積薪」에 이 이야기가 나온다. 여기서 기선碁仙은 고부姑婦를 가리킨다.

45 황량黃粱의 꿈 : 노생盧生이 도사 여옹呂翁의 베개를 베고 잠을 자는 동안 한평생의 부귀영화를 한껏 누렸는데, 잠을 깨고 보니 아직도 메조(黃粱) 밥이 지어지지 않았더라는

한 것[46]과 무슨 차이가 있었겠습니까.

그리고 심지어는 사신 일행에 끼어 고향에 돌아가게 함으로써, 소인이 고향을 그리워하는 정을 굽어 위로해 주셨습니다. 그지없이 감사하는 마음을 한 순간도 잊은 적이 없으니, 장수를 축원하는 이 정성을 언제 잠시라도 망각한 적이 있었겠습니까.

다행히 이 수선修禪의 정사精舍는 평소에 성수聖壽를 축원하는 도량이기에, 여기에 범연梵筵을 베풀어서 조사祖師의 도를 펼치게 되었습니다. 공력이 너무 박해서 한 줌의 흙으로 태산泰山에 보태는 것과 같기도 합니다만, 만약 감응이 통한다면 하늘을 메우는 연석鍊石[47]에 비길 수도 있을 것입니다. 삼가 원하옵건대, 우리 황제 폐하의 밝음이 해와 달과 같게 하고, 덕이 하늘과 땅을 덮게 해 주소서. 그리하여 사해를 합쳐 한 집안으로 만들어서 태평의 세상을 길이 다스리고, 만 년 그리고 억만 년이 지나도록 항상 늙지 않는 봄을 맞게 해 주소서.

꿈 이야기로, 인간 세상의 영욕榮辱이 한바탕 꿈처럼 부질없는 것을 가리킨다.

46 대낮에 승천한 것 : 신선과 같은 생활이라는 말이다. 한漢나라 회남왕淮南王 유안劉安이 신선이 되는 단약丹藥을 제련하여 온 가족을 이끌고 대낮에 승천했다는 이야기가 『신선전神仙傳』「유안劉安」에 전한다.

47 하늘을 메우는 연석鍊石 : 오색 돌을 구워서 터진 하늘을 메웠다는 여와씨女媧氏의 전설을 말함.

축수소 祝壽疏

세상 속에서 만물을 이롭게 하는 자비를 동체同體라고 합니다. 산림 속에서 임금을 축원하는 정성에 어찌 두 마음이 있겠습니까. 더군다나 특별히 진휼賑恤해 주시는 사은私恩을 받았으니, 길이 복을 받으시라고 기원하는 마음이 어찌 갑절이나 되지 않겠습니까.

생각건대, 이 선류禪流의 총림이야말로 우리 조사의 가르침의 연원이 되는 곳입니다. 사람들이 공력을 가하여 법륜이 항상 구르게 하고 있습니다만, 먹을 것이 입에 부족해서 발우가 자주 비는 것을 다 함께 걱정하였습니다. 그런데 임금님께서 이 사정을 환히 굽어 살피시고, 특별히 하늘의 우로雨露를 내리시어, 한 달분의 양식을 주실 줄이야 어찌 생각이나 했겠습니까. 다시는 물고기들이 서로 거품으로 적셔 주지 않아도 될 것은 물론이요,[48] 매미의 뱃속(蟬腸)[49]이 홀연히 윤택해져서 기쁘기만 합니다.

이에 정월 기망(旣望 : 16일)부터 2월 보름까지, 특별히 법연法筵을 마련하여 정성껏 재齋를 올리게 되었으니, 간절한 이 마음이 원명圓明한 저 불감佛鑒에 감응되었으면 합니다. 삼가 원하옵건대, 하늘의 복을 받아 보력寶曆이 억만 년만큼 늘어나고, 황제의 보살핌을 받아 사방의 전쟁이 종식되도록 해 주소서. 그리고 후비后妃와 원자元子도 다함께 편안하고, 종척宗戚과 의친懿親 모두 화목하게 해 주소서.

---

48 물고기들이 …… 물론이요 : 『장자莊子』「대종사大宗師」의 "물이 바짝 말라 물고기들이 땅바닥에 처하게 되면, 서로들 김을 내뿜어 축축하게 해 주고 서로들 거품으로 적셔 준다.(相呴以濕 相濡以沫)"라는 말을 인용한 것이다.

49 매미의 뱃속 : 매미는 이슬만 마셔서 뱃속이 텅 비고, 거북이는 배고픔을 참아 창자가 가늘기 때문에, 곤궁함을 비유할 때 선복귀장蟬腹龜腸이라는 말을 쓰게 되었다고 한다. 『남제서南齊書』「왕승건전王僧虔傳」에 "선복귀장의 처지로 지낸 날이 이미 오래되었다.(蟬腹龜腸 爲日已久)"라는 말이 나온다.

또 又

능감菱鑑[50]은 시방에 걸림이 없으니, 티끌이 조금이라도 생기는 것을 어찌 용납하겠습니까. 규심葵心은 하루도 해를 향하지 않는 날이 없는데, 더구나 태양이 특별히 비춰 주는 은혜를 입었음이겠습니까. 이에 부처님의 도움에 의지해서, 임금님의 은혜에 조금이라도 보답하고자 합니다.

생각건대, 우리 산문山門은 현재 대표적인 선림禪林이라고 할 것입니다. 납자衲子들이 모여들어 항상 2백여 인을 밑돌지 않는데, 공양하는 비용이 모자라서 한두 달도 지탱하기가 어렵습니다. 그래서 소찬疏餐도 공급하지 못해 승려들이 거의 머물 수 없는 지경이 되었는데, 한 봉封의 자니(紫泥 : 詔書)를 드리워 백 석의 백미를 하사하실 줄이야 어찌 생각이나 했겠습니까. 이는 수석水石의 영광으로서 총림에 기쁨이 흘러넘칩니다.

오랫동안 학철涸轍에서 곤욕을 당하던 물고기[51]가 홀연히 물을 얻었고, 10년 동안 소나무에 깃들이던 학이 다시는 둥지를 옮길 필요가 없게 되었습니다. 그러니 어찌 향화香火의 공을 더욱 근실히 하여, 강릉岡陵[52]의 복을 기원하지 않을 수 있겠습니까. 이에 범석梵席을 마련하여 특별히 훈과熏科를 베풀게 되었으니, 진실한 이 정성이 묘명妙明한 저 불감佛鑑에 감응되었으면 합니다.

삼가 원하옵건대, 주상 폐하께서는 낟알 하나를 1년으로 계산하여 백곡斛을 다해도 수명이 다하지 않게 해 주시고, 1만 흐름이 만복의 근원이 되어서 사해의 바다가 마르는 한이 있어도 복은 다함이 없게 해 주소서.

---

50 능감菱鑑 : 뒤에 마름꽃이 새겨진 구리 거울. 여기서는 부처님의 밝은 감식안을 말함.

51 학철涸轍에서 …… 물고기 : 곤경에 처해서 다급하게 구원을 요청할 때 쓰는 말이다. 『장자莊子』「외물外物」에, 수레바퀴 자국(涸轍)에 고인 얕은 물 속에서 메말라 죽어 가며 헐떡이는 붕어가 물을 조금만 부어 주면 살 수 있겠다고 애원하는 '학철부어涸轍鮒魚'의 이야기가 나온다.

52 강릉岡陵 : 365쪽 주 41 참조.

또 又

각월覺月의 외로운 바퀴는 흩어져서 1천 강물에 그림자를 드리우고, 심향心香의 한 조각 향기는 퍼져서 구중궁궐의 상서를 이룹니다. 이에 수승한 공덕에 의지해서, 오래 사시기를 축원하는 바입니다.

삼가 생각건대, 제자는 성조盛朝의 시대를 만나 크나큰 사은私恩을 입었습니다. 넓은 하늘 아래 어느 지역인들 우리 임금님이 사랑하여 길러 주지 않겠습니까마는, 맑은 시냇가 경치 좋은 산속에서 우리처럼 소요逍遙하는 자가 또 어디에 있겠습니까. 그러고 보면 이렇게 향화香火를 올리면서 기원하는 것이야말로 총림에서 응당 행할 일이라고 하겠습니다.

그래서 바야흐로 구순九旬의 해회海會가 열리고 있는 지금, 특별히 일일一日의 공운供雲을 일으키게 되었습니다. 옥 불자拂子에 바람이 이니 천룡天龍도 자연히 귀를 기울이고, 청동 화로에 향불을 사르니 조불祖佛도 어느새 머리를 끄덕입니다.

삼가 원하옵건대, 【운운云云】 바다와 산이 길상吉祥을 내고 하늘과 땅이 상서祥瑞를 빚는 이때, 항상 건강을 유지하여 다함이 없는 춘추를 누리시고, 국가가 항상 안정되어 태평의 일월을 누리게 해 주소서. 그리고 후비의 궁전도 태평하고, 세자의 궁전도 강녕하게 해 주소서.

또 又

우리 임금이 오래 사시고 우리나라가 장구하라고 평생토록 마음 가득 정성을 바치고, 부처님에게 귀의하고 승가僧伽에 귀의하며 어디서든 가는 곳마다 향화를 올립니다.

삼가 생각건대, 제자는 겨울에 규령圭嶺에서 지내다가 봄에 조계산으로 돌아왔습니다. 그곳에 있거나 이곳에 있거나 임금님의 은혜가 똑같이 망극하니, 나가거나 들어오거나 불공을 올리는 일에 어찌 간격이 있겠습니까. 그러므로 육시六時에 만세를 산호山呼하는 것[53]은 실로 두 곳에서 매일 똑같이 행하고 있는 일입니다.

이에 범석梵席을 마련하여 특별히 훈과熏科를 베푸니, 심향心香의 한 가닥 연기에, 각월覺月이 1천 강물에 그림자를 드리웁니다. 삼가 원하옵건대, 황상 폐하께서 봄부터 섣달까지 항상 옥촉玉燭의 조화[54]를 이루게 하시고, 천지보다도 더 영원히 공고한 금륜金輪을 이루게 해 주소서.

53 육시六時에 …… 것 : 항상 임금을 위해 만세를 부르며 축수祝壽한다는 말이다. 육시는 주야晝夜를 여섯으로 나누는 불교의 시간 구분법으로, 아침(晨朝)·낮(日中)·해질 녘(日沒)·초저녁(初夜)·밤중(中夜)·새벽(後夜)을 가리킨다. 산호山呼는 한 무제漢武帝가 숭산嵩山에 올라갔을 때, 어디선가 만세 소리가 세 번 들려왔다는 고사에서 나온 것이다. 숭호嵩呼라고도 한다.『한서漢書』「무제기武帝紀」.

54 옥촉玉燭의 조화 : 옥촉은 촛불이 온윤溫潤하게 밝게 비치듯 사시의 기후가 화창한 것을 말한다. 옥촉의 조화는 음양陰陽의 기운이 조화를 이루어서 계절에 따라 알맞은 기후가 펼쳐지듯이, 성군이 태평성대를 이루는 것을 가리킨다.

축성소 祝聖疏

| 남쪽으로 거둥하셨을 때 본사本社에서 행하였다 |

제불諸佛이 인행因行을 닦는 비원悲願은 만물을 이롭게 함에 있고, 노승이 도를 연설하는 공력은 오직 임금님을 축수祝壽하기 위함입니다. 더군다나 상정常情을 크게 뛰어넘어 우악한 은혜를 특별히 받았음이겠습니까.

삼가 생각건대, 제자는 석원釋苑의 진부한 인물이요 황조皇朝의 낡은 물건입니다. 한가로운 구름이 산을 그리워하듯, 그저 깊은 숲속에서 옹졸하게 사는 것만 알 뿐, 병든 새가 갈대밭에 둥지를 틀 듯, 행전行殿에 나아가 배알하는 영광은 아직 얻지 못하였습니다. 그리하여 오직 종소리와 목어木魚를 따라 향을 사르고 등불을 켜면서, 임금님의 행차가 강녕하시기만을 우러러 빌 따름이었습니다. 그런데 과분하게 돌아보시면서 온유한 조서를 내려 주실 줄이야 어찌 생각이나 했겠습니까. 조서를 펼쳐서 다 읽기도 전에 그지없이 황공한 심정을 가눌 수가 없었습니다. 내려 주신 열 장의 글이 눈에 가득하고, 하사하신 한 꾸러미의 향이 코를 찌르니, 정호庭戶에 빛이 나고 총림叢林에 은총이 흘러넘칩니다.

제가 외람되게 오대五代의 뒤를 이어 조사祖師 문중의 유서遺緖를 그런대로 지켜 오고 있습니다만, 삼조三朝를 차례로 섬기는 동안 성대聖代처럼 후한 은혜를 받은 적은 일찍이 없었습니다. 그런데 하늘에까지 사무친 은덕을 가슴에 새겨 간직해 오면서도, 그 은혜를 갚기 위해 보답할 길이 보이지 않았습니다. 이에 온몸의 성의를 다 바쳐서 특별히 복을 비는 법회法會를 열게 되었습니다. 육시六時의 오묘한 범음梵音은 맑은 하늘에 우레처럼 진동하고, 한 자루 불자拂子의 지고한 설법은 평지에 물결을 일으킵니다. 정성이 참으로 얕지 않으니, 지체 없이 감응이 있을 것으로 확신합니다.

삼가 원하옵건대, 【운운云云】 항상 옥촉玉燭의 조화를 이루는 가운데, 선기璿璣[55]가 바르게 될 수 있도록 해 주소서. 하늘이 법가法駕를 보호하여 처음부터 끝까지 남수南狩[56]에 상서가 있게 하고, 귀신이 군공軍功을 도와 아침저녁으로 동정東征의 첩보捷報를 올리게 해 주소서. 행복은 천추千秋에서 다시 천추로 이어져 끝없이 향유하게 하고, 경사慶事는 만세萬世에서 다시 만세로 이어져 무궁히 흐르게 해 주소서. 그리고 끝내는 조사祖師의 도가 크게 행해지면서 국가의 기틀과 함께 영구히 전해지게 해 주소서.

---

55 선기璿璣 : 천체의 운행과 위치를 관측하던 기구인 선기옥형璿璣玉衡의 약칭으로, 혼천의渾天儀라고도 한다. 구형球形의 표면에 일월성신日月星辰을 그려 넣고 사각四脚의 틀 위에 올려놓고서 이를 회전시키며 천체를 관측하였는데, 고대에는 이 기구를 바로 잡는 것으로 정치의 기본을 삼았다. 『서경書經』「순전舜典」에 "선기옥형을 살펴 칠정을 가지런히 한다.(在璿璣玉衡 以齊七政)"라는 말이 나온다.

56 남수南狩 : 왕이 동정東征, 즉 일본 정벌을 독려하기 위해 남쪽 지방을 순시한 것을 말한다.

또 又

백옥白玉의 털[57]이 두루 진세塵世를 비치는 것은 아무리 찬탄해도 부족합니다. 황옥黃屋의 수레[58]가 멀리 해변에 임하는 것도 예전에 보지 못했던 일입니다. 이에 정성을 다해 부처님께 귀의하면서, 행재行在에서 강녕하시기를 기도드리는 바입니다.

삼가 생각건대, 제자는 외람되게 임천(林泉 : 승려)의 신분으로, 과분하게 소한(霄漢 : 하늘)의 은혜를 입었습니다. 그래서 하늘이 준 한 조각 충성심을 늙을수록 더욱 돈독히 지니고서, 날마다 삼호三呼의 축수祝壽[59]를 올리는 일을 죽을 때까지 계속하리라 다짐하고 있습니다.

그런데 더구나 지금 폐하께서 동정東征하라는 황제의 명을 받들어 친히 왕사王師를 거느리고 남쪽으로 거둥하시는 데야 더 말할 것이 있겠습니까. 장기瘴氣가 서린 먼 지방에 행차하시노라면 고생이 막심할 것이요, 군대의 일이 번잡해서 성명聖明의 염려를 끼치게 될까 두렵습니다. 국가에 어려움이 많은 지금이야말로, 산승山僧이 복을 빌어야 할 때라고 하겠습니다.

이에 특별히 정진精進의 공을 닦아서 자비의 도움을 빌리고자 합니다. 신비한 주문을 외우고 성호聖號를 일컬음에 입마다 모두 같은 목소리요, 조사祖師의 가르침을 이야기하고 진종眞宗을 연설함에 마음마다 모두 다른 생각이 없습니다.

---

57 백옥白玉의 털 : 여래如來 32상相의 하나로, 미간眉間에 있다는 백옥과 같은 흰 털을 말하는데, 거기에서 대광명大光明을 발산하여 시방 세계十方世界를 비춘다고 한다. 백호白毫 혹은 옥호玉毫라고 한다.

58 황옥黃屋의 수레 : 누런 비단으로 덮개를 만든 수레라는 뜻으로, 제왕의 전용 수레를 말한다.

59 삼호三呼의 축수祝壽 : 숭산嵩山에서 만세 소리가 세 번 들려왔다는 한 무제漢武帝의 고사를 인용한 것.

삼가 원하옵건대, 주상 폐하께서 행차할 때는 백령百靈의 호위를 받고 움직일 때는 삼보三寶의 가지加持를 입게 해 주소서. 그리하여 동해에 위엄을 떨쳐 곧바로 섬 오랑캐들이 귀순하게 하고, 북신(北辰 : 皇宮)에 첩보捷報를 올려 천자의 표창을 받게 해 주소서.

또又

부처님의 열쇠가 근기에 따라 열림에 이로움이 중생에게 흡족하고, 임금님의 수레가 먼 중국에서 돌아옴에 경사가 온 나라에 흘러넘칩니다.

삼가 생각건대, 제자는 다행히 화계華界를 만나 외람되게 선총禪叢을 맡았습니다. 조야朝野의 멀고 가까운 곳 모두 편안한 것이 임금님의 차별 없는 지인至仁에 똑같이 몸을 적신 덕분이라고 하겠습니다만, 산림 속에서 편안히 잠을 자고 편안히 밥을 먹는 것이야말로 더욱 특별히 성덕盛德을 받았기 때문이라고 하겠습니다. 그러므로 어느 때나 정성껏 법회를 열어서, 매일 복과 이익을 받게 되기만을 기원해 왔습니다.

그런데 더구나 삼궁三宮이 수레를 나란히 하여, 만 리 멀리 중국에 입조入朝하는 때를 만났음이겠습니까. 관산關山을 그리워하며 바라보시는 그 심정이야말로 여러 달이 항상 하루 같았을 것이니, 총림叢林에서 향화를 올리며 기도하는 간절한 정성 또한 육시六時에 두 마음이 있지 않았습니다.

그런데 과연 듣건대, 황제의 뜰에서 조회를 하고 마침내 하늘의 돌보심을 특별히 받은 뒤에, 곧바로 수레를 돌려 이미 우리 강토에 돌아오셨다고 하였습니다. 뛸 듯이 기쁜 심정이 실로 평시의 두 배는 되니, 축원하는 의식을 어찌 상례常例에만 따를 수 있겠습니까. 이에 특별히 법석을 열어서 수승한 공덕을 맺으려 하니, 하나의 화로火爐에서는 시방 세계에 향기를 내뿜고, 외로운 달은 1만 물결에 그림자를 드리웁니다.

삼가 원하옵건대, 주상 폐하는 옥력玉曆과 금륜金輪이 더욱 장구해져서 천지天地가 다하도록 끝이 없게 해 주시고, 선궁(璿宮 : 왕후)과 동금(銅禁 : 세자) 역시 모두 강녕하여 송춘松椿과 더불어 늙지 않게 해 주소서. 그리고 국운國運이 길이 안정되어 전쟁이 없어지고, 천문天文이 항상 정대해서 기후가 때에 맞게 해 주소서.

또又

가을 연못에 달이 밝게 비치듯, 부처님의 자비로운 광명이 빠짐없이 비치는 것은 불가사의한 일이요, 북쪽 사막 머나먼 하늘 길을 임금님의 행차가 무사히 다녀온 것은 경사스러운 일입니다. 이에 수승한 의채儀采에 의지하여 창성한 복을 돕고자 합니다.

삼가 생각건대, 우리 동한東韓이 상국上國에 조회하러 갈 때 길이 먼 것이 예나 이제나 걱정이었고, 풍토의 습관이 또 피차 달랐기 때문에 한 해 걸러 한 번씩 가는 것도 그 행로를 더러 어렵게 여겼습니다. 그런데 더구나 반년에 두 번씩 조회하러 가는 데다, 시절이 또 혹한의 겨울철인 데야 더 말할 것이 있겠습니까. 그럼에도 불구하고 밤을 낮 삼아 말을 달려서 마침내 약속한 기한에 맞추었으니, 이는 임금님께서 백성들이 베개를 높이 하고 편히 잠들 수 있게 해 주려고 마음을 쓰셨기 때문입니다. 이처럼 성덕이 깊은 것을 생각하면, 온 나라 사람들이 신명身命을 다 바쳐도 갚기 어렵다고 할 것입니다.

생각건대, 산림 속의 이 늙은 중은 평소에 충성의 단심丹心을 품고 있다가, 거가車駕가 길을 떠났다는 말을 처음 듣고는, 편안히 밥을 먹고 잠잘 겨를이 없었습니다. 그래서 등을 켜고 향을 피운 많은 날 동안 마음 마음이 항상 길 가운데에 걸려 있었고, 꿈을 꾸며 잠든 며칠 밤 동안 걸음 걸음이 항상 수레 뒤를 따르곤 하였습니다. 그런데 과연 하늘의 도움으로 제대로 조회하였음은 물론이요, 황제의 우악한 은혜를 받고서 빨리 돌아오시게 되었으니, 어찌 정진의 공을 다하여 갑절이나 더 간절히 영장靈長의 축도祝禱를 하지 않을 수 있겠습니까.

이에 범석梵席을 베풀고 특별히 법륜을 굴리니, 설법의 가루가 옥 불자拂子의 바람에 나부끼고, 공양의 구름이 목어木魚의 새벽에 일어납니다. 삼가 원하옵건대, 삼강三綱이 바르게 서고, 십서十瑞[60]가 모두 이르게 해 주소서. 그리고 언제나 황제의 은혜를 받아 끝까지 화락하게 해 주시고, 날마다 후비와 더불어 복을 누리며 장수하고 강녕하게 해 주소서.

60 십서十瑞 : 요堯 임금 때 나타났다는 열 가지 상서祥瑞를 말한다. 남조南朝 양임방梁任昉이 지은 『술이기述異記』 권상卷上에 "요 임금이 어질어서 하루에 열 가지 상서가 나타났는데 그것은 다음과 같다. 궁중의 풀이 벼로 변했다. 봉황이 뜰에 내려왔다. 신룡이 궁중의 못에 출현했다. 역초가 섬돌에 돋아났다. 궁중의 새가 오색찬란했다. 까마귀가 하얗게 변했다. 신목에 연꽃이 피었다. 부채 만드는 부들 풀이 부엌에 돋아났다. 경성이 하늘에 빛났다. 감로가 땅에 내렸다.(堯爲仁君 一日十瑞 宮中芻化爲禾 鳳凰止於庭 神龍見於宮沼 曆草生階 宮禽五色 烏化白 神木生蓮 箑蒲生廚 景星耀於天 甘露降於地)"라는 말이 나온다.

또又

| 와룡사臥龍寺에 들어가 영英 선사가 행하였다 |

성경聖境의 자비는 만물을 이롭게 하는 데에 절실하여, 뭇 근기에 널리 응해 줍니다. 승가僧伽의 직분은 임금을 축수祝壽하는 데에 있는데, 더군다나 특별한 은택을 입었음이겠습니까. 그러니 어찌 범연梵筵을 펼쳐서 임금님의 장수를 기원하지 않겠습니까.

생각건대 자운종파慈雲宗派의 이 도량은 바로 충경 국사冲鏡國師의 음덕으로 이루어진 곳입니다. 경계境界와 거처가 수승하여 구산九山의 학자들이 귀의하는 곳이요, 이름과 품격이 높아서 한 시대의 큰 선사들만이 주석住錫하는 곳입니다. 나 같은 사람은 근기가 미약하고 성품이 우둔하며 식견이 어둡고 재주가 서툴러서 제자의 대열에 참여하기도 부끄러운데, 감히 선사先師의 방에 들어가기를 바라겠습니까.

그런데 지금 다행히 성조盛朝의 시대를 만나 우악한 은혜를 흠뻑 받은 나머지, 갑자기 순서에 끼이지도 못하는 보잘것없는 몸이 외람되게 감당하기 어려운 큰 그릇을 받게 되었습니다. 처음에는 깜짝 놀라면서 남가南柯의 꿈[61]을 꾸고 있는가 의심하였으나, 나중에 한가로이 거하다 보니 오히려 상계上界에 날아 오른 듯한 느낌이 들었습니다. 이처럼 크나큰 복에 조금이라도 보답하려면, 기도 드리는 일에 더욱 공력을 기울여야 할 것입니다.

이에 특별히 향화의 자리를 개설하여 강릉岡陵과 같은 수명[62]을 빌게

---

61 남가南柯의 꿈 : 순우분淳于棼이란 사람이 괴목槐木 아래에 술 취해서 잠깐 누워 잠든 사이에 괴안국槐安國의 부마駙馬가 되어 남가南柯의 태수로 30년 동안 있으면서 온갖 부귀영화를 누렸는데, 꿈을 깨고 보니 괴안국은 바로 괴목의 남쪽 가지 밑에 있는 개미의 구멍이었다는 이야기가 당唐나라 이공좌李公佐의 〈남가태수전南柯太守傳〉에 나온다.

62 강릉岡陵과 같은 수명 : 365쪽 주 41 참조

되었습니다. 총림을 다시 정비하니 선대先代의 전형典型이 의연依然하고, 종고鍾鼓를 새롭게 하니 한 시대의 광채가 유난히 더합니다. 참다운 정성이 이르는 곳에 묘한 불감佛鑒이 즉시 조응할 것입니다.

삼가 원하옵건대, 황제 폐하에게 부처님의 도움이 신속하게 더해지고, 하늘의 상서祥瑞가 더욱 많이 이르게 하소서. 후위(后闈 : 후비 거처)에도 길상吉祥이 가해져 장수하면서 춘추를 알지 못하게 하시고, 항상 제곤(帝閫 : 황제 거처)의 사랑을 받으며 사직이 길이 편안해지게 하소서.

또又

| 대가大駕가 남쪽으로 거둥하셨을 때 |

제불諸佛은 사심이 없으므로 구류九類와 사생四生[63]이 모두 우러러보고, 한 사람의 경사가 있음에(一人有慶)[64] 삼한의 만백성이 다 함께 즐거워합니다. 그런데 더군다나 산야에 있는 몸이 일찍이 하늘의 은택을 입은 데야 더 말할 것이 있겠습니까.

삼가 생각건대, 우리 임금님은 공경히 천조天朝를 섬기면서, 공북拱北[65]의 충성심을 바쳐 정동征東[66]의 명을 청하였습니다. 이에 황제가 곧바로 유음兪音을 내리고 은총을 거듭 가하면서, 중서中書의 승상丞相으로 지위를 올리고 행성行省의 병권兵權을 수여하였으니, 그 광채가 사해에 빛나고 그 위엄이 양국兩國에 떨쳐졌습니다. 이는 바로 성덕으로 말미암은 것이니, 어찌 황기皇基가 더욱 공고해지도록 기도하지 않을 수 있겠습니까.

이에 범채梵采를 베풀어 특별히 훈공熏功을 올리게 되었습니다. 납의衲衣를 입은 승려들의 산이 무너질 듯한 예념禮念은 우레처럼 우렁차고, 불자拂子를 휘두르며 병의 물을 쏟듯 하는 문답問答에 법운法雲이 뭉게뭉게 일어납니다. 이 참다운 정성에 저 묘한 불감佛鑒이 조응해 주시리라 믿습니다.

삼가 원하옵건대, 황상 폐하께서 백령百靈의 도움을 받고 삼보三寶의

63 구류九類와 사생四生 : 352쪽 주 19, 20 참조.

64 한 사람의 경사가 있음에 : 한 사람은 임금을 가리킨다. 『서경書經』「여형呂刑」에 "위로 임금 한 사람이 선정善政을 베풀어 경사가 있게 되면, 아래로 만백성이 그 은택을 받게 되어, 그 편안함이 영원히 지속될 것이다.(一人有慶 兆民賴之 其寧惟永)"라는 말이 나온다.

65 공북拱北 : 364쪽 주 39 참조.

66 정동征東 : 일본 정벌을 뜻하는 말이다. 원 세조元世祖가 일본 정벌을 위해 고려에 정동행중서성征東行中書省을 설치하고, 충렬왕忠烈王을 승상에 임명하였다.

가지加持를 입어, 돛을 올리기 전에 바로 왜국倭國의 임금이 함벽銜璧[67]을 하고, 전쟁의 먼지가 이는 대신 순舜 임금처럼 수의垂衣의 정치[68]를 행하게 해 주소서.

---

67 함벽銜璧 : 입에 구슬을 물었다는 뜻으로, 투항을 뜻하는 말이다. 옛날 죽은 사람을 염斂할 때에 입에 구슬을 머금게 했으므로, 항복하는 사람이 죽은 사람의 행색을 취하는 것이다. 『춘추좌씨전春秋左氏傳』 희공僖公 6년에 "허나라 군주인 남작이 앞으로 손을 묶고 구슬을 입에 물었으며, 그의 대부는 상복喪服을 입고, 사는 관을 등에 졌다.(許男面縛銜璧 大夫衰絰 士輿櫬)"라는 말이 나온다.

68 수의垂衣의 정치 : 옷을 드리우고 가만히 앉아서 행하는 무위無爲의 정치라는 말로, 성군聖君의 덕치德治를 가리킨다. 『주역周易』 「계사전 하繫辭傳下」에 "황제와 요순 시대에는 임금이 옷을 드리우고 가만히 자리에 앉아 있어도 천하가 그 덕에 힘입어 잘 다스려졌으니, 이는 천지자연의 법도를 취했기 때문이었다.(黃帝堯舜 垂衣裳而天下治 蓋取諸乾坤)"라는 말이 나온다.

또又

백호白毫의 광명이 만물을 비춤에, 시방에 빠뜨리는 곳이 조금도 없습니다. 옥색(玉色 : 임금의 안색)이 화기和氣를 잃는다면, 사해의 그 누가 편안히 거처하겠습니까. 더군다나 우둔한 이 중으로 말하면, 오랫동안 우악한 은혜를 입었으니 더 말할 것이 있겠습니까. 항상 임금님이 평안하시기를 간절히 빌었는데, 건강을 잃게 되실 줄이야 어찌 생각이나 하였겠습니까.

이 소식을 들은 이래로 오장五臟이 찢어지는 듯한 아픔을 참을 수 없었습니다. 병환을 낫게 할 방도를 강구한다면 무엇보다도 삼보三寶에 귀의하여 정진해야 할 것입니다. 그래서 이 법연法筵을 급히 마련하여 저의 미천한 정성을 다 바쳐서 정근精勤하게 되었습니다. 이 간절한 성의를 굽어살펴 지체 없이 감응해 주시리라고 확신합니다.

삼가 원하옵건대, 주상 폐하께서는 백령百靈의 호위를 받고 중성衆聖의 인도를 받아, 병환이 바로 쾌차함으로써 말등에 싣고 온 약도 필요 없게 해 주시고, 건강이 항상 쾌적하시어 거북 등의 도안圖案[69]에 길이 응하게 해 주소서.

---

69 거북 등의 도안圖案 : 하우씨夏禹氏 때에 낙수洛水에서 나온 신귀神龜의 등에 새겨져 있었다는 도안으로, 홍범洪範 구주九疇의 근거가 된 낙서洛書를 말하는데, 홍범구주 중에 장수를 포함한 오복五福의 항목이 들어 있기 때문에 이렇게 말한 것이다.

또 又

중생은 모두 부처님의 자식이기 때문에 똑같이 사심 없는 자비의 교화를 입고 있습니다. 그러나 온 나라 사람들이 모두 임금의 신하이지만 누가 나처럼 임금의 은혜를 후하게 입고 있겠습니까. 그러니 어찌 부처님의 묘한 구원의 힘에 의지하여 임금님의 장수를 빌지 않을 수 있겠습니까.

삼가 생각건대, 【운운云云】 본래 중생을 복되고 이롭게 할 능력도 없으면서, 오래도록 불법을 널리 전할 직책을 더럽혀 왔습니다. 그리고 어렵고 험한 시대를 만나서, 밥 먹고 잠잘 겨를도 거의 없었는데, 거룩하고 밝으신 우리 임금님 덕분에 향 피우고 등불을 켜는 일을 폐하지 않을 수 있었습니다.

그래서 언제나 정성을 다하여 축원을 해 왔는데, 더군다나 지금 특별히 우악한 은총을 거듭해서 받고 있으니 더 말할 것이 있겠습니까. 이에 하루 동안 재齋를 올리는 공덕을 닦아서 만 년의 크나큰 복을 기원하게 되었는바, 이 간절한 마음을 저 불감佛鑒은 두루 살펴주실 것입니다.

삼가 원하옵건대, 【운운】 부처님의 음덕이 항상 더해지고, 하늘의 상서祥瑞가 더욱 이르게 해 주소서. 그리하여 불로장생의 경사가 구중궁궐에 흡족해지고, 기취旣醉의 태평가太平歌[70]가 사해에 울려 퍼지게 해 주소서.

70 기취旣醉의 태평가太平歌 : 『시경詩經』「대아大雅」〈기취旣醉〉는 태평시대의 기상을 읊은 시인데, 그 중에 "이미 술에 흠뻑 취하였고 이미 덕에 배가 불렀다. 군자께선 만 년토록 큰 복을 누리시기를.(旣醉以酒 旣飽以德 君子萬年 介爾景福)"이라는 말이 나온다.

또 又

| 청주에서 행하였다 |

성범聖凡은 같은 몸이니 어느 곳이나 모두 만물을 제접提接하는 문이 됩니다. 향화香火가 몸 가는 대로 따르니 어느 곳인들 임금님을 축수祝壽하는 땅이 되지 않겠습니까. 이 적심赤心은 꾸민 것이 아니니, 현묘한 감응이 있을 것은 의심할 여지가 없습니다.

삼가 생각건대, 【운운】 학식이 불법佛法을 널리 전하기에 미흡하고, 도는 중생을 복되고 이롭게 하기에 부족합니다. 그래서 뱁새의 가지(鷦枝)를 지키면서[71] 계령鷄嶺의 깊은 숲속에 숨어 살 뿐인데, 조서를 홀연히 내리시어 낭성狼城의 수승한 회상會上에 나오라고 명하셨습니다. 어찌 감히 관산關山이 멀다고 꺼리겠습니까. 곧바로 대중과 함께 나아가서, 원각圓覺의 도량을 성대히 열고 계경契經의 의해義海를 부연하였으니, 날로 달로 오로지 한 것은 하늘처럼 장수하시기를 축원하는 일이었습니다.

그런데 더구나 지금 듣건대, 법가法駕의 명이 엄하여 장차 황제의 뜰에 나아가 조근朝覲하신다고 하니, 어찌 산에 한 줌의 흙을 더하는 힘을 다하여, 해바라기가 해를 향하는 정성을 더욱 닦지 않겠습니까. 이에 정진의 공력을 기울여 위로 원명圓明의 불감佛鑒에 고하는 바입니다.

삼가 생각건대, 【운운】 길상吉祥이 거듭 모여들고 회린悔吝이 속히 없어지게 해 주소서. 그리하여 귀신이 부지扶持해 주는 힘을 의지하여 가는 곳마다 이로움이 있게 하고, 우악한 황제의 은혜를 받아 금세 귀국하게 해 주소서.

71 뱁새의 가지를 지키면서 : 자기 능력을 알고서 분수를 지켰다는 말인데, 『장자莊子』「소요유逍遙遊」의 "뱁새는 깊은 숲에 둥지를 틀어도 의지하는 것은 나뭇가지 하나에 불과하다.(鷦鷯巢於深林 不過一枝)"라는 말에서 유래한 것이다.

또又

| 용지龍池 선사 참일旵日이 행하였다 |

부처님의 감응이 금세 드러나는 것은 달빛이 물속을 뚫고 비치는 것과 같습니다. 임금님의 은혜가 지중至重하니, 모기가 태산을 짊어진 것[72]처럼 어떻게 감당할 수 있겠습니까. 이에 자비의 문을 두드려서 임금님의 장수를 기원하고자 합니다.

삼가 생각건대, 제자는 조계曹溪의 적자嫡子요 품일品日[73]의 후손으로서, 나와서 독립獨立의 문인門人이 되었다가 다시 굴산崛山의 선려仙侶에 끼었습니다. 헛된 영예에 젖었던 까닭에 선석(選席 : 選佛場)의 대과大科에 외람되게 뽑혔는가 하면, 임금님의 큰 사은私恩을 잘못 받아서 비련批聯의 휘호徽號까지 받았습니다. 이것만으로도 저의 능력을 벗어난 큰 허물이라서, 항상 분수를 생각하며 편안하지 못했습니다.

그런데 금지金枝에 인연을 맺은 관계로, 마침내 직질職秩을 올리는 조서까지 받게 되었으니, 이 마음이 얼마나 송구한지는 실로 삼보三寶께서 증명해 주실 것입니다. 그러나 은덕을 보답할 길은 없고, 그저 축수祝壽하는 간절한 마음만이 있을 뿐입니다. 이에 송사(松社 : 松廣寺 修禪社)에 나아가 특별히 법연法筵을 마련하였으니, 공력은 비록 물방울처럼 지극히 미약할지라도, 정성만은 실로 붉은 한 조각 마음을 모두 기울였습니다.

삼가 원하옵건대, 신명께서 다함께 호위해 주시고, 조불祖佛께서 다같이 가지加持해 주소서. 그리하여 위제魏帝의 환약丸藥 하나[74]를 빌리지 않

72 모기가 …… 것 : 한계가 있는 인간의 힘을 비유하면서 "모기에게 태산을 짊어지게 하는 격이다.(使蚊負山)"라고 비평한 『장자莊子』 「응제왕應帝王」의 말을 인용한 것이다.

73 품일品日 : 신라 구산선문九山禪門의 하나인 사굴산闍崛山의 개조開祖 범일梵日의 별칭이다.

74 위제魏帝의 환약丸藥 하나 : 위제魏帝는 삼국시대 위魏나라 문제文帝, 즉 조비曹丕를 가리킨다. 그의 「절양류행折楊柳行」이라는 시에 "서산이 또 어찌나 높은지, 높고 높아 정말 끝이 없어라. 그 위에 선동 두 명이 있는데, 마시지도 않고 먹지도 않네. 그들이

고도 길이 불로장생하게 해 주시고, 당황唐皇의 십서十瑞[75]에 부끄럽지 않게 길이 태평시대를 누리게 해 주소서.

나에게 환약 하나 줬나니, 오색의 광채가 번쩍이누나. 약을 먹은 지 사오 일 만에, 가슴에서 깃털이 돋아났다네. 가뿐히 날아 구름을 올라타고, 순식간에 만억 리를 날아가네.(西山亦何高, 高高殊無極. 上有兩仙童, 不飮亦不食. 與我一丸藥, 光耀有五色. 服藥四五日, 胸臆生羽翼. 輕擧乘浮雲, 倏忽行萬億)"라는 말이 나온다. 그리고 이를 인용한 소식蘇軾의 시에 "위제의 환약 하나 무슨 필요 있으랴, 우선 노동의 차 일곱 잔이나 마셔야지.(何須魏帝一丸藥, 且盡盧仝七椀茶)"라는 구절이 보인다. 『蘇東坡詩集』 卷10 「遊諸佛舍一日飮釅茶七盞 戲書勤師壁」.

75 당황唐皇의 십서十瑞 : 당황은 도당씨陶唐氏, 즉 요堯 임금을 가리킨다. 십서는 요堯 임금 때 나타났다는 열 가지 상서祥瑞를 말한다. 379쪽 주 60 참조.

또又

| 본사本社에서 행하였다 |

만물에 응하여 그 몸을 백억으로 나투는 것은 부처님의 자비요, 천만 년을 사시라고 임금님의 장수를 축원하는 것은 사문沙門인 신의 직분입니다. 이에 승연勝筵을 베풀어 감히 미천한 정성을 펴고자 합니다.

삼가 생각건대, 【운운云云】 성품이 본래 성글고 게으른 데다 나이가 또 쇠했으므로, 그저 가난함을 편안히 여겨 토굴土窟이나 지키고 옹졸하게 생활하며 세월을 보냈습니다. 그런데 월남月南 정사精舍에 단나檀那의 승연勝緣이 있어서, 무너진 옛터에 절을 중건하고 낙성落成의 법회를 열 즈음에, 노승老僧이 주도하여 도道를 연설해 달라고 세 번이나 부탁하였는데, 그 말이 참으로 간절하였으므로 대중을 이끌고 기꺼이 오게 되었습니다.

하지만 해바라기처럼 해를 향하는 마음이야 몸을 지니고 있는 한 어찌 끝이 있겠습니까. 아침저녁으로 임금님을 향해 만세를 축원하는 간절한 심정은 장소가 바뀌어도 모두 마찬가지입니다. 오순五旬을 머무르기로 기약했으나, 공력은 석 달을 뛰어넘을 것인바, 다시 십분十分의 단심丹心을 기울여서 특별히 하루의 법연法筵을 마련하게 되었습니다. 염불하고 독경하는 소리가 우레가 울리듯 산이 무너지듯 하고, 물어보고 대답하는 광경이 구름이 일듯 병의 물을 쏟듯 합니다. 참다운 공이 맺히는 곳에, 신묘한 감응이 즉시 이를 것입니다.

삼가 원하옵건대, 【운운】 삼보三寶가 가지加持하고 백령百靈이 보호하는 가운데, 홍범洪範 구오九五의 복[76]을 밟고서 제복諸福을 불러 복이 계속해

76 홍범洪範 구오九五의 복: 기자箕子가 지은 홍범구주洪範九疇 가운데 아홉 번째로 나오는 오복五福을 말한다. 오복은 수壽·부富·강녕康寧·유호덕攸好德·고종명考終命이다.

서 모두 이르게 하고, 대춘大椿의 8천 년[77]을 묶어 1년으로 삼아서 해가 계속 끝없이 이어지게 하소서.

77 대춘大椿의 8천 년 : 『장자莊子』 「소요유逍遙遊」에 "상고시대에 대춘 나무가 있었는데, 이 나무는 8천 년을 봄으로 삼고 8천 년을 가을로 삼았다.(上古有大椿者 以八千歲爲春 以八千歲爲秋)"라는 말이 나온다.

또 又

| 노안부盧按部에서 행하였다 |

환히 비치는 능감菱鑑은 시방 세계 어디에도 걸림이 없고, 임금님을 받드는 신하의 해바라기 마음은 하루도 정성을 기울이지 않는 때가 없습니다. 이에 참다운 공덕을 맺어 큰 복을 우러러 기원하고자 합니다.

삼가 생각건대, 【운운】 용렬하고 비루한 몸으로 거룩하고 밝은 시대를 만났습니다. 그리하여 외람되게 조서를 받들어 초헌軺軒을 타는 소임을 맡았으며, 얼마 뒤에는 또 백서(栢署 : 御史臺)로 승진하여 부월斧鉞을 쥐는 대열에 참여하였습니다. 쓸모없는 이 몸이 어떻게 해서 이처럼 큰 은택을 자주 입게 되었단 말입니까. 생성生成해 주신 덕화德化가 천지보다도 더 중한데, 보답하는 공은 털끝만큼도 있지 않습니다. 이에 장엄한 불사에 의지하여, 우악한 황은皇恩에 조금이라도 보답하고자 합니다.

삼가 살펴보건대, 계봉雞峯의 고찰古刹은 취령鷲嶺의 유풍遺風[78]을 크게 드날리는 곳입니다. 이제 구순九旬의 회해會海가 처음 시작되는 때를 당하여, 사흘 동안 향기로운 공양의 구름을 피워 올리는 한편, 무너져 가는 낡은 건물을 수리하여 썩지 않을 멋진 인연을 닦고자 합니다. 가슴속의 정성을 모두 바치니, 환히 살펴 감통해 주시리라 믿습니다.

삼가 원하옵건대, 【운운】 황기皇基가 공고하여 경사가 흐르는 가운데 만세까지 멀리 번창하고, 후액(后掖 : 왕비의 궁전)이 강녕하여 기쁨이 넘치는 가운데 천추千秋토록 늙지 않게 해 주소서.

---

78 취령鷲嶺의 유풍遺風 : 부처의 가르침이라는 말이다. 취령은 석가가 설법을 한 영취산靈鷲山을 가리킨다.

또又

| 연곡鷰谷 린 선사隣禪師가 행하였다 |

감응의 길이 열리면 늙은 조개가 달의 정기를 받아 진주를 품을 수도 있습니다. 도유都兪[79]의 경사가 흡족하니 비룡飛龍이 하늘에 있는 것이 기쁩니다. 이에 메아리처럼 응답해 주는 사은私恩에 의지하여, 만세 삼창을 부르는 간절한 심정을 대략 표하고자 합니다.

삼가 생각건대, 【운운云云】 뛰어난 천품을 받고 태어나셨으나, 세운世運이 간난艱難한 시대를 만나셨습니다. 그리하여 만백성을 안정시키려고 생각하고 계시니, 어찌 자기 한 몸의 수고를 사양하시겠습니까. 이에 상국上國에 친히 조회하여 요조窈窕한 호구好逑[80]를 구하시고, 뒤이어 동한東韓에 돌아오시어 승평昇平의 대업을 회복하셨습니다. 그 덕분에 양국의 관계가 교칠膠漆처럼 공고해지고, 사방이 정반鼎盤처럼 안정되었으므로, 조정과 재야가 함께 기뻐하고 귀신과 사람이 서로 손뼉을 치고 있습니다.

삼가 생각건대, 제자는 선림禪林의 말엽末葉이요 석원釋苑의 고근孤根입니다. 아버지는 일찍이 황조皇祖의 조정에서 지우知遇를 받고 재상의 지위에 오르기까지 하였으며,[81] 자식은 또 성고聖考의 시대에 은혜를 받고 누차 이름 있는 가람을 옮겨 다녔습니다. 그러므로 뛸 듯이 기뻐하는 소승

79 도유都兪 : 임금과 신하가 허심탄회하게 대화하며 나라의 정사를 논의하는 것을 말한다. 『서경書經』「요전堯典」과 「익직益稷」 등에, 상대방의 의견에 찬성할 때에는 도都·유兪라고 하고, 반대할 때에는 우吁·불咈이라고 감탄사를 발한 것에서 유래한 것이다.

80 요조窈窕한 호구好逑 : 충렬왕에게 시집 온 원 세조元世祖의 딸 홀도노게리미실忽都魯揭里迷失 공주를 가리킨다. 『시경詩經』「주남周南」〈관저關雎〉에서 후비后妃인 태사太姒의 덕을 노래하며 "물수리는 강가 모래톱에서 다정하게 구구구, 요조숙녀는 군자의 좋은 짝이로세.(關關雎鳩 在河之洲 窈窕淑女 君子好逑)"라고 하였다.

81 아버지는 …… 하였으며 : 원감 국사의 부친이 아니고, 이 재齋를 올려 달라고 부탁한 어떤 승려의 부친을 가리키는 것으로 보아야 할 것이다. 원감 국사는 이 글을 대신 작성해 주었을 뿐이다.

小僧의 이 한 마음은 서민들이 사모하는 심정보다 1백 배는 더할 것입니다. 만약 조그마한 선善이라도 행하지 않는다면, 어떻게 이와 같은 마음을 보일 수가 있겠습니까. 이에 하루의 훈공熏功을 닦아서 시방을 비추는 불감佛鑒에 고하게 되었습니다.

삼가 원하옵건대, 【운운】 1백 가지 상서祥瑞가 거듭 모이고, 여러 가지 복이 모두 이르게 하소서. 그리하여 사해를 한 집안으로 합쳐서 창성하게 해 주고, 천추千秋 그리고 만세萬歲를 지나도록 장수하고 강녕하게 해 주소서.

또又

| 본사本社에서 행하였다 |

달이 1백 강물을 동시에 비추는 것처럼, 부처님의 조감照鑑은 끝이 없이 불가사의합니다. 임금님을 향해 하루도 마음을 기울이지 않는 때가 없는데, 더군다나 옥체가 불편하신 때를 당했음이겠습니까. 그러니 어찌 요익饒益하는 불력佛力에 의지해서 쾌차하시기를 빌지 않을 수 있겠습니까.

삼가 생각건대, 나라의 복이 더 늘어나기 위해서는, 신공神功으로 재조再造하는 힘을 의지해야 합니다. 그러므로 사직의 안위安危 여부는 임금님 한 분에게 달려 있기 때문에, 조야朝野가 모두 마음을 기울이며 억만 년토록 사시기를 기대하는 것입니다.

더구나 노물老物의 경우는 오래도록 큰 은덕을 입었으니 더 말할 것이 있겠습니까. 그래서 언제나 매일 행하는 일은, 오로지 임금님의 장수를 축원하는 일뿐입니다. 그런데 어떻게 하다가 미천한 정성이 지극하지 못해서, 건강을 조금 해치셨다는 소식을 홀연히 듣게 되었단 말입니까. 저도 모르게 심간心肝이 갑자기 무너져 내리면서, 손발을 어디에 두어야 할지 알지 못하겠습니다.

보호해 주시는 부처님의 자비에 의지하면 즉시 임금님의 잠자리가 편안해지실 것이기에, 특별히 수월水月의 도량을 열어서 강릉岡陵[82]과 같은 큰 복을 빌게 되었습니다. 이 정성이 간절한 만큼, 저 불감佛鑒이 자상하게 비춰 주실 것입니다.

삼가 원하옵건대,【운운云云】 연월年月의 액운厄運이 모두 소멸하고, 음양의 요기妖氣가 완전히 해소되게 하소서. 그리하여 병환이 즉시 완쾌되어

82 강릉岡陵 : 임금의 장수長壽를 빌 적에 쓰는 표현. 365쪽 주 41 참조.

하루아침에 위중해지는 일이 없게끔 하고, 옥체가 항상 청명하여 온갖 길상吉祥이 모여들게 해 주소서.

또 又

| 정월 초하루 |

각월覺月은 성공性空의 이치 끝까지 밝아서 천 찰千刹의 귀의하는 정성을 비추고, 심향心香은 법계法界에 온통 퍼져서 구중궁궐의 장수하는 상서祥瑞를 빚어냅니다.

삼가 생각건대, 제자는 불법을 널리 전하는 직분을 맡고서, 오로지 복과 이익을 비는 일에 공력을 쏟고 있습니다. 총림에서 24시간 정진하며 몸과 마음이 다른 데에 있지 않고, 제단에서 백세 천세를 기원하며 아침이나 저녁이나 그렇게 합니다. 더구나 지금 삼원三元[83]의 새해를 맞이하였으니, 어찌 제성諸聖의 말없는 가호加護를 의지하지 않겠습니까. 이에 특별히 하루 동안 불사를 닦아, 미천한 정성을 십분 기울이게 되었습니다. 조그마한 인연이 맺힌 곳이라도, 지혜의 거울은 즉시 감응해 주시리라 믿습니다.

삼가 원하옵건대, 황상 폐하께서는 옥전玉殿에 상서祥瑞가 모여들고 선궁璿宮에 경사가 늘어나도록 해 주소서. 그리하여 1천 재앙을 1만 복으로 돌려 복과 복이 계속해서 모이고, 억 년을 1년으로 계산하여 해와 해가 끝없이 이어지게 하소서.

83 삼원三元 : 연年 · 월月 · 일日의 시작인 1월 1일을 말한다.

대가大駕의 환국還國을 기념하며 장수를 축원한 소

자비의 법문法門이 활짝 열려, 서축西竺에서 발원한 불법이 중화에까지 흘러왔고, 임금님의 수레가 번개처럼 빨라, 아침에는 북쪽 제정帝庭에 계시다가 저녁에는 동쪽 강토에 귀환하셨습니다. 이에 불법에 귀의하는 힘을 다하여, 뛸 듯이 기쁜 이 심정을 조금 펴고자 합니다.

삼가 생각건대, 만 리나 되는 먼 길은 행차하기가 가볍지 않고, 구중궁궐의 귀하신 몸은 거동하기가 쉽지 않습니다. 그런데 쉽지 않은 일을 쉽게 여기고, 가볍지 않은 일을 가볍게 행하신 것은, 다른 이유가 아니라 바로 백성들이 함포고복含哺鼓腹하며 즐겁게 살아가도록 하기 위함이니, 이 은혜에 보답하고자 한다면, 사람들이 모두 분골쇄신 한다 해도 어떻게 다 갚을 수 있겠습니까. 이 때문에 전부田夫와 야부野婦가 목소리를 같이 하고, 초동樵童 목수牧豎가 모두 말하기를 "바라건대 우리 임금님이 복을 많이 받고 오래 사시어, 우리들을 편안히 살게 해 주소서."라고 하고 있습니다.

그런데 더구나 산야山野의 이 몸이야말로 천지의 교화를 우악하게 입은 데야 더 말해 무엇하겠습니까. 구름 속에 사는 몸이라서 구천九天과 멀리 떨어져 있다 해도, 임금님을 사랑하는 마음은 하루도 잊은 적이 없습니다. 이에 범석梵席을 베풀어 특별히 훈공熏功을 바치게 되었으니, 등불마다 한없는 광명을 나누어 법계法界에 두루할 것이요, 낱알마다 각종 향미香味로 변하여 성공性空에 충만할 것입니다.

삼가 원하옵건대, 【운운云云】 황제의 돌보심이 더욱 풍성해지고, 하늘의 복이 더욱 많이 이르게 해 주소서. 산악이 무너지고 바다가 마른 뒤에까지 길이 수명을 누리게 하시고, 항상 전쟁이 사라지고 풍년이 들게 하여 세상살이에 걱정이 없게 해 주소서. 그리고 왕비의 궁전에서는 관저關雎[84]

84 관저關雎 :『시경詩經』「주남周南」의 작품명인데, 주周나라 문왕文王이 요조숙녀인 후비

의 노래를 부르고, 세자의 궁전에서는 홍곡鴻鵠의 노래[85]가 울려 퍼지게 해 주소서.

와 만나 금슬처럼 사랑하는 것을 내용으로 하고 있다.

85 홍곡鴻鵠의 노래 : 세자의 지위가 굳건한 것을 뜻하는 노래이다. 한 고조漢高祖 유방이 여후呂后 소생의 태자를 폐하고 척부인戚夫人의 아들인 조왕趙王 여의如意를 대신 세우려 하였으나, 상산사호商山四皓가 태자를 보필하는 것을 보고는, 척부인을 불러 말하기를 "내가 태자를 바꾸려고 하였으나, 저 네 사람이 보필하여 우익이 이미 이루어졌으니, 흔들기 어렵게 되었다. 여후가 참으로 너의 주인이니라.(我欲易之 彼四人輔之 羽翼已成 難動矣 呂后真而主矣)"라고 하였다. 이에 척부인이 눈물을 흘리니, 고조가 "홍곡이 높이 날아 대번에 천리를 솟구쳤다. 우익이 이미 이루어져 사해를 횡단하는구나. 사해를 횡단하니 어떻게 하겠는가. 주살이 있다 해도 어디에 쓰겠는가.(鴻鵠高飛 一擧千里 羽翮已就 橫絕四海 橫絕四海 當可柰何 雖有矰繳 尚安所施)"라고 노래를 부르고는, 마침내 태자를 바꾸지 않았다. 이 노래를 홍곡가鴻鵠歌라고 칭한다. 『사기史記』「유후세가留侯世家」.

미타재彌陀齋의 소

| 이오李敖 상서가 행하였다 |

일곱 겹의 인다라망因陀羅網[86]을 둘러 장엄莊嚴한 나라를 극락정토라고 하고, 구품九品의 연대蓮臺[87]를 베풀어 인도하는 부처님을 아미타불이라고 합니다. 아미타 부처님이 매우 간절하게 48대원大願을 세우시고 천백억 화신化身으로 몸을 두루 나투시니, 요익饒益해 주시는 도움을 의지하기 위해서는, 어찌 모든 심력心力을 기울여 귀의하지 않을 수 있겠습니까.

삼가 생각건대, 제자는 한없이 오랜 옛날부터 중생들 사이에 끼어 어울리면서 선을 행한 것은 추호보다 작은 것으로도 비유할 수가 없고, 악을 지은 것은 허공계虛空界 전체로도 담기 어렵습니다. 그리하여 육도六道 윤회를 빠짐없이 받으면서 개두환면改頭換面[88]한 것이 얼마나 되는지 모르겠기에, 항상 참회하고 자책하며 머리를 싸매고 가슴 아프게 생각한 적이 실로 많습니다.

그래서 걸림 없는 자비의 힘을 입어 미래의 고뇌를 벗어나고자, 혹은 사제私第를 소제掃除하고 혹은 범궁梵宮에 나아가서 매양 보름날 새벽에

86 인다라망因陀羅網 : 제석천帝釋天의 궁전을 장엄한 보망寶網으로, 천제망天帝網 혹은 줄여서 제망帝網이라고 한다. 그물 하나하나에 모두 셀 수 없이 많은 보주寶珠가 붙어 있고, 그 보주 하나하나마다 모든 보주의 영상이 반영되어 중중무진하게 비치기 때문에, 『화엄경華嚴經』에서 일즉다一則多 다즉일多則一 상즉상입相卽相入의 뜻을 비유하는 말로 쓰고 있다.

87 구품九品의 연대蓮臺 : 극락정토極樂淨土에 왕생往生할 때 아홉 등급으로 나뉘는 연화대蓮花臺를 말한다. 『관무량수경觀無量壽經』에 의하면, 아홉 등급은 중생의 근기를 상품·중품·하품으로 분류하고, 이를 다시 상생上生·중생中生·하생下生으로 나눈 것인데, 이에 따라 왕생하는 정토도 구품의 정토로 나뉘고, 이들을 맞는 아미타불阿彌陀佛도 구품의 미타로 나뉘고, 수인手印도 구품의 수인으로 나뉘고, 염불하는 방법도 구품의 염불로 나뉜다고 한다.

88 개두환면改頭換面 : 중생이 육도 윤회 속에 있으면서, 단지 형상만 바뀔 뿐 신식神識은 변화하지 않는 것을 말한다.

성대하게 공양을 올리며, 앞으로 목숨이 다하도록 이렇게 하겠노라고 마음속에 다짐하였습니다.

이에 한 번 예배하며 한 번 염불하는 정성을 바치게 되었으니, 십명十明 십통十通[89]의 불감佛鑒이 조응해 주시리라 생각합니다. 삼가 원하옵건대, 제자의 신근信根이 더욱 견고해지고 업장業障이 곧바로 해소되게 해 주소서. 그리하여 지금은 가지加持를 입어서 복만 받고 재앙은 물러나게 해 주시고, 미래에는 인도를 받아서 피안에 왕생하여 아미타부처님을 뵙게 해 주소서.

89 십명十明 십통十通 : 『구화엄경舊華嚴經』 권28 「십명품十明品」에 나오는 열 가지 신통神通을 말하는데, 『신화엄경新華嚴經』 권44에는 '십명품'이 '십통품十通品'으로 되어 있다.

도원수都元帥 김 시중金侍中을 축수祝壽한 소

현관玄關에서 중생을 이롭게 하는 교화는 감응하면 반드시 통하게 마련이요, 주벌(朱閥 : 궁궐) 아래에서 복을 받드는 정성은 독실하지 않은 때가 없습니다. 더구나 예측할 수 없는 땅을 정벌하려면, 우환을 먼저 미연에 막아야 하지 않겠습니까.

삼가 생각건대, 현후賢侯는 성대聖代에 우뚝 태어나 일찍이 많은 전투에서 큰 공을 세우고, 마침내 양조兩朝에서 높은 직질職秩을 겸했으니, 중봉中奉과 중찬中贊이 모두 높은 직위요, 상장上將과 상상上相이 함께 귀한 자리였습니다. 초변貂弁과 선관蟬冠의 중망重望에 백관百官이 무릎을 꿇고서 걸었고, 호부虎符와 귀인龜印의 위엄에 삼군三軍이 팔뚝을 떨면서 두려워하였습니다.

이제 전차戰車를 몰고 외방에 나와서 장차 반항하는 만이蠻夷를 토벌하려 합니다. 처음에 1만 기병이 치달리는 것은 제갈공명이 촉蜀을 출발한 것[90]과 같고, 마침내 1천 척의 전함戰艦이 진격함은 왕준王濬이 오吳나라를 정벌한 것[91]을 압도합니다. 만약 이때에 부처님의 도움을 의지한다면, 금세 개선하여 돌아올 수 있을 것입니다.

이에 공양을 마련하여 특별히 의식을 거행하게 되었으니, 간절한 이 마음을 저 원명圓明한 불감佛鑒은 굽어살펴 주실 것입니다. 삼가 원하옵건대, 【운운云云】 하나의 돛이 바다를 잘 건너가서 왜구가 창끝을 거꾸로 향하고 귀순하게 하고, 1만 깃발이 무사히 돌아와 순舜 임금의 뜰에 가서 승

---

90 제갈공명諸葛孔明이 …… 것 : 촉蜀 후주後主 건흥建興 3년(225년)에 제갈량諸葛亮이 남중南中을 평정하여 4개 군郡을 재정비한 것을 가리킨다. 맹획孟獲을 일곱 번 놓아 주고 일곱 번 생포하여 심복心服하게 한 칠종칠금七縱七擒의 고사도 당시에 있었던 일이다.

91 왕준王濬이 …… 것 : 서진西晉의 용양장군龍驤將軍 왕준王濬이 촉蜀 땅에서 건조한 거대한 전함을 이끌고 금릉金陵을 공격하여 오吳나라를 멸망시킨 고사를 말한다. 『진서晉書』 권43 「왕준전王濬傳」.

첩勝捷을 바치게 해 주소서. 그리고 죽백竹帛에 공명을 드리우고, 송춘松椿 보다도 더 오래 살게 해 주소서.

충경 왕사冲鏡王師를 천도한 소

| 연지 사주淵之社主를 대신하여 짓다 |

지혜의 거울이 빛을 발하니, 호인胡人과 한인漢人이 동시에 나타나고, 세상의 등불이 빛을 감추니, 하늘과 땅이 하루아침에 어두워집니다. 이에 자비의 관문을 두드려, 보답하는 일을 엄숙히 거행합니다.

생각건대, 우리 스님께서는 세상에 응하여 본원本願을 받들어 행하며 선법禪法을 널리 펼치셨습니다. 교화가 인천人天에 흡족하여 일찍이 삼한의 표준이 되었고, 덕망이 조야朝野에 가득하여 마침내 이대(二代 : 高宗과 元宗)의 스승이 되었습니다. 그리하여 황가皇家의 복과 이익이 되어 만개의 눈이 우러러보았고, 조도祖道의 흥하고 망함이 한 몸에 달려 있었는데, 어찌하여 세상을 싫어하여 그만 길을 재촉해서 떠나셨습니까. 총림이 삭막해졌으니 누구를 의지할 것이며, 우주가 공허해졌으니 어디에 머무른단 말입니까. 애달프고 애달프게 땅에 주저앉으니, 유모 잃은 아이의 신세와 같습니다. 가련하고 가련하게 길을 잃고 방황하니, 집 잃은 개와 다를 것이 뭐가 있겠습니까.

생각건대, 평생의 행적으로 볼 때 응당 본지本地에서 우유優遊하시리라 생각됩니다만, 지금 재齋를 폐하지 않고 닦는 것은 대개 세속의 정을 따르는 일을 그만둘 수 없어서입니다. 칠칠재七七齋의 기일이 이르러서 삼삼보三三寶에 공양을 올리게 되었으니, 등불마다 광명대光明臺로 변화하여 법계를 두루 비추고, 쌀알마다 묘향찬妙香饌으로 변화하여 성공性空을 가득 채울 것이요, 구구한 이 마음도 저 불감佛鑑이 환히 살펴 주실 것입니다.

삼가 원하옵건대, 【운운云云】 곧바로 깨달음의 길에 올라 모든 달자達者들과 함께 어울려 노닐고, 다시 조사祖師의 문에 들어와서 하나의 중생도 빠뜨림 없이 구제하게 해 주소서.

충경 왕사沖鏡王師 소상재小祥齋의 소

| 원오 국사圓悟國師가 행하였다 |

제불諸佛은 중생을 위해 현신現身하여 자비의 문을 활짝 열고 인도해 주십니다. 스님이 세상을 떠나신 오늘, 세속의 예법에 따라 추모하는 재를 올립니다.

생각건대, 우리 충경沖鏡 노인은 바로 각성覺城의 초우初友로서, 화산花山의 법석法席을 이었을 뿐 아니라 송교松嶠(조계산)의 의발도 전수받았습니다. 처음이 있으면 끝이 있는 이 인연의 도리는 원수를 갚고 빚 받을 사람이 있는 것처럼 분명하지만, 이 세상에 나왔다가 떠나는 것을 슬퍼하며 사모하는 마음은 하늘과 땅으로도 비유할 수가 없습니다.

지금 연상練祥을 맞이하여 간략하게 불공을 올리게 되었으니, 이 일심一心의 간절한 뜻을 저 삼보三寶는 밝게 살펴주시리라 믿습니다. 삼가 원하옵건대, 충경 왕사께서는 예전에 익혔던 것이 모두 발현되어 걸음마다 부처의 길로 뛰어오르시고, 본래의 서원을 빠뜨리지 않고 티끌마다 교화의 문에 다시 들게 해 주소서.

최사립崔社立을 천도한 소

밝은 구슬은 널리 감응하여, 호인胡人과 한인漢人을 똑같이 비춰 줍니다. 큰 집이 갑자기 무너지면 제비와 참새가 어디에 의지하겠습니까.

삼가 생각건대, 허공 속의 꽃은 본래 일어나고 사라지는 것이 없습니다. 거울 속의 환상 또한 어찌 가고 오는 것이 있겠습니까. 그렇긴 하지만 일어나고 사라지는 것이 아닌데도 일어나고 사라지는 것이 완연히 보이고, 가고 오는 것이 아닌데도 가고 오는 것이 역력히 보입니다. 그러니 전도되긴 했지만 범인의 속정俗情에 따라서, 보지(報地 : 정토의 莊嚴)를 자뢰資賴하지 않을 수 있겠습니까.

이에 재일齋日을 맞이하여 간략하게 범석梵席을 베풀게 되었습니다. 삼가 원하옵건대, 최씨崔氏 존령尊靈께서는 일호一毫의 찰토刹土에도 현현顯現하는 자씨(慈氏 : 彌勒)의 누각 속에 걸터앉고, 만겁萬劫의 속진俗塵 속에 들어오는 보현普賢의 화림花林 안에서 함께 유희하게 해 주소서.

박량泊良 최 선사崔禪師를 천도한 소

가을 연못에 달빛이 비치는 것처럼, 불감佛鑒은 자연스럽게 사심 없이 응현應現[92]합니다. 밤에 골짜기에 숨긴 배도 옮겨지나니, 이는 바로 힘 있는 자가 등에 업고 달리기 때문입니다.[93]

생각건대, 세상을 떠난 박릉博陵[94]의 이 영혼은 우리 성교聖嶠의 옛 벗입니다. 우거한 자취가 각각 달라서 출처出處의 행장行藏을 같이하지는 못하였으나, 사귀는 마음이 워낙 굳어서 평생에 옛 우정을 잊은 적이 없었습니다. 그런데 환갑이 아직도 먼 나이에, 이렇게 빨리 갑자기 세상을 떠날 줄이야 어찌 생각이나 하였겠습니까.

죽음이 우리 인생의 피할 수 없는 운명이라 하지만, 어리석은 마음에 침통한 생각을 어떻게 참을 수 있겠습니까. 지금 마침 칠칠재七七齋를 올리는 날을 맞이하여, 삼삼보三三寶의 바다에 널리 불공을 올리게 되었습니다. 공덕의 인연은 비록 작다 하더라도, 두루 굽어살펴 감응해 주시리라 믿습니다.

삼가 원하옵건대, 【운운】 새로운 선업善業을 자뢰하고 묵은 훈습에서 빠져나와, 구품九品의 연화대蓮花臺 위를 한 걸음에 곧장 올라가고, 일곱 겹 인다라망因陀羅網의 영상 속에서 제성諸聖과 함께 유희遊戲하게 해 주소서.

---

92 응현應現 : 부처와 보살이 중생의 기연機緣에 응해서 현신現身하는 것을 뜻하는 불교 용어이다.

93 밤에 …… 때문입니다 : 인간이 어떻게 항거할 수 없는 운명적인 죽음을 형용한 말이다. 『장자莊子』 「대종사大宗師」의 "배를 골짜기에 숨기고 그물을 늪 속에 숨겨 두고는 이제 염려 없게 되었다고 사람들은 생각한다. 그러나 한밤중에 힘이 센 이가 등에 업고 달릴 수도 있는데, 어리석은 자들은 이 사실조차 깨닫지를 못한다.(夫藏舟於壑 藏山於澤 謂之固矣 然而夜半有力者負之而走 昧者不知也)"라는 말에서 나온 것이다.

94 박릉博陵 : 최씨崔氏의 별칭이다. 중국의 박릉 최씨가 유명하기 때문에, 그렇게 부르게 된 것이다.

망우亡友 이오李敖 상서尙書를 천도한 소

법신法身이 외물에 응하여 나타나는 것은 달이 강물에 비치는 것과 같고, 환질幻質이 인연을 따라서 없어지는 것은 허공 속에 떠 있는 꽃과 같습니다.

생각건대, 농서隴西 이공李公은 저 오합烏合의 산사[95]에서 알게 되었는데, 사람됨이 관후寬厚하고 불교에 대한 믿음이 정심하였습니다. 그가 선과 인을 좋아하였기 때문에, 반드시 오래 살고 귀하게 되리라고 생각하였는데, 운명을 원수와 상의한(命與仇謀) 나머지[96] 두 번이나 한산한 자리에 던져졌는가 하면, 도가 시대와 어긋나서 외방外方에 좌천을 당하기도 하였으니, 이는 마치 익조鷁鳥가 강풍 앞에 떠밀리고,[97] 메기가 대나무 위를 타고 올라가는 것[98]과 같았습니다.

그리하여 지위는 고작 단삼품單三品에 오르고, 연령은 60년을 채우지도 못한 채, 아직 팔좌八座[99]의 반열에도 끼이지 못하고서, 갑자기 구천九泉의

95 오합烏合의 산사 : 오합사烏合寺는 성주사聖住寺의 옛 이름이다. 충남 보령保寧 성주산聖住山에 있다. 백제 무왕武王 17년(616년)에 창건되었고, 신라 문성왕文聖王 때에 당나라에서 귀국한 무염無染 선사가 중건하고 선풍禪風을 떨쳤다. 오함사烏含寺 혹은 오회사烏會寺라고도 한다.

96 운명을 …… 나머지 : 한유韓愈의 「진학해進學解」에 "운명을 원수와 상의하여 낭패를 당한 것이 얼마나 되었던가.(命與仇謀 取敗幾時)"라는 말이 나온다.

97 익조鷁鳥가 …… 떠밀리고 : 익鷁이라는 물새 여섯 마리가 하늘 높이 날다가 거센 바람에 떠밀려 추락하자 송宋나라 사람들이 재변災變으로 여겨 위에 보고했다는 이야기가 『춘추좌씨전春秋左氏傳』 「희공僖公 16년」 조에 나온다.

98 메기가 …… 것 : 비늘도 없이 미끄럽기만 한 메기가 대나무를 타고 올라간다는 것은 무척 어려운 일이기 때문에, 아무리 힘을 들여도 잘 풀리지 않는 고난의 상황을 비유할 때 '점어죽간鮎魚竹竿'의 표현을 곧잘 쓴다. 송나라 매성유梅聖兪가 시로 이름을 날리면서도 30년 동안 관직을 얻지 못하다가 만년에 『당서唐書』를 편수하게 되었을 때, 아내에게 "자유스럽던 원숭이가 푸대 속에 들어가 구속당한 것 같다.(可謂猢猻入布袋矣)"고 호소하자, 아내가 "당신의 벼슬살이는 메기가 대나무를 타고 오르는 것과 다를 것이 없다.(君於仕宦 亦何異鮎魚上竹竿耶)"라고 대꾸했다는 고사가 구양수歐陽修의 『귀전록歸田錄』 권2에 나온다.

99 팔좌八座 : 팔좌상서八座尙書의 준말로, 판서급의 고위 관원을 뜻한다.

나그네가 되고 말았습니다. 평생의 친구로서 누가 감히 나보다 앞서겠습니까. 오늘의 비통함이 실로 형제에 뒤지지 않습니다. 그래서 승채勝采에 의지하여 청승淸升을 돕고자, 마침 백일百日의 재신齋辰을 맞아 시방 불해佛海에 두루 공양을 올리게 되었습니다.

삼가 원하옵건대, 【운운云云】 극락국에 왕생하여 여러 보살들과 함께 유희하고, 무량광불無量光佛을 친히 뵙고서 여래의 수기授記를 받도록 해 주소서.

어제御製의 족자를 하사받고 감사드리며 성수聖壽를 축원한 소

| 본사本社에서 행하였다 |

제불諸佛은 만물을 이롭게 해 주려는 자비심이 깊으니, 꾸밈없는 이 정성을 어찌 들어주지 않으시겠습니까. 노승老僧은 임금을 축수祝壽하는 직분을 지니고 있는데, 더군다나 특별히 하사하신 선물을 받았으니 더 말해 무엇하겠습니까.

삼가 생각건대, 제자는 궁벽진 산골에 거하면서도 임금님의 은혜에 흠뻑 젖어 살고 있습니다. 그런데 지난번에는 온유하게 유음兪音을 드리우며 특별히 희귀한 족자簇子를 내리기까지 하셨습니다. 천장天章의 두 절구絶句는 분호粉毫와 경척瓊尺이 청신하고, 신한宸翰의 여섯 줄은 금해金薤와 은구銀鉤가 수려합니다.[100]

봉미鳳尾[101]를 열기도 전에 정신이 아뜩해지면서 마치 용안龍顔을 뵈온 듯 황홀하기만 합니다. 불초不肖한 이 몸이 무슨 인연으로 과거에 볼 수 없었던 은총을 이처럼 갑자기 받게 되었단 말입니까. 감사하는 심정이 뼈에 사무치고, 기쁨의 눈물이 옷깃을 가득 적십니다. 그러니 붉은 노을과 대추(霞棗) 같은 한 조각 마음을 모두 바쳐서, 멧부리와 구릉 같은 임금님

---

100 천장天章의 …… 수려합니다 : 임금의 시문이 뛰어나고, 임금의 필체가 우수하다는 말이다. 천장天章은 천문天文과 같은 말로, 제왕의 시문을 뜻하고, 신한宸翰은 제왕의 묵적墨跡을 뜻한다. 분호粉毫와 경척瓊尺은 각각 화필畫筆과 옥척玉尺을 뜻한다. 참고로 당나라 두목杜牧의 [증장호贈張祜] 시에 "분호로는 오직 달을 그리고, 경척으로는 단지 구름을 잰다.(粉毫唯畫月 瓊尺只裁雲)"라는 표현이 나온다. 금해金薤는 염교의 잎을 거꾸로 한 것(倒薤葉書)과 같은 글씨라는 뜻으로, 전서篆書의 미칭이고, 은구銀鉤는 은빛 갈고리라는 뜻으로, 초서草書의 미칭이다.

101 봉미鳳尾 : 봉미조鳳尾詔의 준말로, 조서를 가리킨다. 진晉나라 원제元帝가 즉위한 뒤에 제후들의 주문奏文을 승낙하며 비답批答을 내린 초서草書의 글자 끝이 봉의 꼬리 모양과 비슷했기 때문에 그런 이름이 붙었다고 한다.

의 장수를 갑절이나 더 축원하지 않을 수 있겠습니까.

이에 범석梵席을 베풀고 특별히 훈공熏功을 올리게 되었으니, 하나의 화로에서 실 같은 향 연기가 피어나자마자, 1천 그릇에 바퀴처럼 둥근 달이 빠짐없이 빛을 드리울 것입니다. 삼가 원하옵건대, 주상主上 폐하께서는 옥력玉曆과 금륜金輪이 더욱 오래 지속되고, 선궁璿宮과 동금銅禁 모두 편안한 가운데, 길이 태평을 누리시며 함께 불로不老의 복을 받게 하소서. 그리고 기후가 알맞게 펼쳐져서 온갖 곡식이 풍년 들고, 천문天文이 제대로 운행하여 모든 정사가 고르게 이루어지도록 하소서.

영공의 장수를 축원한 소

| 감로사甘露寺에 들어가 행하였다 |

부처님의 자비의 빛은 못에 비친 달처럼 1천 물결에 일제히 나타나고, 임금님의 은혜로운 교화는 비와 이슬보다도 더 넓게 백 가지 물건을 동시에 적셔 줍니다.

삼가 생각건대, 【운운】 어려서 문장文章에 종사하다가, 뒤늦게 임학林壑에 투신하였습니다. 구름과 벗하고 달에 취하여 부세浮世의 한명閑名을 모두 잊었으며, 냇물을 마시고 나물밥을 먹으면서 평생의 일취逸趣에 자적自適하였습니다. 그런데 부평초처럼 떠도는 몸이 갑자기 향화香火의 주인이 될 줄이야 어찌 생각이나 하였겠습니까. 이것이 어찌 본심本心을 잃기만 한 것이겠습니까. 또한 미천한 분수에 넘치는 일이라고 할 것입니다. 그렇긴 하지만 여기에서 빠져나갈 길도 보이지 않기에, 탐탁하게 여기지 않으면서도 이 자리에 주저앉게 되었습니다.

이에 하안거가 바야흐로 시작되는 때에 범과梵科를 거행하여 특별히 공양을 올려 정근精勤하면서 영공의 장수를 기원하게 되었습니다. 있는 정성을 모두 바쳤으니 즉시 밝게 굽어살펴 주시리라 믿습니다. 삼가 원하옵건대, 【운운】 천 가지 상서祥瑞가 모여들고 백 가지 복덕福德이 이르게 해 주소서. 그리고 덕이 아형阿衡[102]과 부합되어 이윤伊尹의 순일한 덕(一德)에 매진하게 하고, 공이 대려帶礪[103]보다 높아서 맹씨孟氏의 삼달존三達

102 아형阿衡 : 재상에 해당하는 상商나라의 관직 이름인데, 보통 탕왕湯王의 아형이었던 이윤伊尹의 별칭으로 쓰인다. 『서경書經』「상서商書」에 이윤이 태갑太甲 임금을 경계한 함유 일덕咸有一德의 글이 있다.

103 대려帶礪 : 허리띠와 숫돌이라는 말로, 공신功臣을 봉작封爵하며 맹세할 때 쓰는 말이다. 한 고조漢高祖 유방劉邦이 개국 공신들을 책봉하면서 "황하가 변하여 허리띠처럼 되고, 태산이 바뀌어 숫돌처럼 될 때까지, 그대들의 나라가 영원히 존속되어 후손들에게 전해지도록 할 것을 맹세한다.(使河如帶 泰山若礪 國家永寧 爰及苗裔)"라고 말했

尊[104]을 누리게 해 주소서.

던 고사에서 유래한 것이다. 『사기史記』 권18 「고조공신후자연표高祖功臣侯者年表」.

104 삼달존三達尊 : 천하에 공통된 존경의 대상이 세 가지란 뜻으로, 『맹자孟子』 「공손추하公孫丑下」의 "천하에 공통으로 높여야 할 것이 세 가지가 있으니, 벼슬이 하나이고, 연치가 하나이고, 덕이 하나이다.(天下有達尊三 爵一齒一德一)"라는 말에서 나온 것이다.

은문恩門 이상二相 허許를 축수祝壽한 소

| 선종禪宗 선별감選別監 전승全昇이 행하였다 |

부처의 지혜는 매우 깊어서 밝은 거울이 속속들이 간담을 비추는 것과 같고, 상공相公의 은혜는 지극히 중해서 천 길 되는 큰 산이 어깨를 누르는 것과 같습니다. 그래서 불공을 올려 상서祥瑞를 축원하고자 합니다.

생각건대, 저력樗櫟과 같은 산목散木[105]이 외람되게 상공의 밝은 조감藻鑑을 입었습니다. 상공은 저를 자식처럼 여기셨고, 저도 상공을 아버지로 받들었습니다. 제가 2년 동안 도를 묻고 선禪을 배우느라, 기거起居의 시봉侍奉을 하지 못했습니다만, 장수와 복덕을 기원하는 한 마음이야 어떻게 자나 깨나 잊을 수가 있겠습니까.

더구나 지금 이 강토에서 전쟁이 크게 일어나고, 정호鼎湖에서 궁검弓劍이 홀연히 떨어졌는데,[106] 마침 저황(儲皇 : 세자, 즉 충렬왕을 가리킴)께서는 황제의 뜰에 조근朝覲하여 보위寶位가 오래도록 비게 되었고, 총재冢宰께서는 외방에 나가서 전함戰艦을 감독하느라 조정의 일을 돌볼 겨를이 없게 되었으니 더 말할 나위가 있겠습니까. 사직의 안위가 한 몸에 매어 있고 군국軍國의 책무가 한 손에 달렸으니, 아마도 지금처럼 노심초사하시는 때는 없으리라 생각합니다. 그러니 축원하는 일을 평시보다 갑절은 해

---

105 저력樗櫟과 같은 산목散木 : 저력은 가죽나무와 떡갈나무의 합칭으로, 크기만 할 뿐 아무 쓸모가 없어서 어떤 목수도 돌아보지 않는 나무라는 뜻의 겸사謙辭이다. 『장자莊子』「소요유逍遙遊」와 「인간세人間世」에 이에 대해 상세한 설명이 나온다. 산목은 재목감이 못 되는 나무를 가리킨다.

106 정호鼎湖에서 …… 떨어졌는데 : 원종元宗의 죽음을 비유한 말이다. 황제黃帝가 형산荊山 아래 정호鼎湖에서 솥을 만들어 연단鍊丹을 하다가 그 일을 끝내고서 용을 타고 승천할 적에 신하와 후궁 70여 인을 함께 데리고 갔는데, 여기에 참여하지 못한 소신小臣들이 용의 수염을 잡고 있다가 용의 수염이 빠지는 바람에 모두 떨어졌고, 이때 황제의 활도 함께 떨어졌으므로, 백성들이 그 활을 안고 부르짖으면서 울었다고 하여 그 활을 오호궁嗚呼弓이라고 했다는 전설이 전한다. 『사기史記』 권28 「봉선서封禪書」.

야 하지 않겠습니까.

이에 계봉雞峯에 나아가 특별히 상석象席을 베풀게 되었습니다. 경영하는 힘이 미약해서 공양供養이 성대하지는 못하다 해도, 정성만은 참으로 간절하니 곧바로 감통感通해 주시리라고 확신합니다.

삼가 원하옵건대,【운운】몸은 항상 경사스러운 집에 거하고, 발은 위태한 곳을 밟지 않게 해 주소서. 그리고 참죽과 계수(椿桂)처럼 항상 번영하여 천추토록 늙지 말고 난초와 창포(蘭蓀)처럼 무성하여 만세토록 꽃다운 향기를 전하게 해 주소서.

상당上堂하기를 청한 소

| 승평昇平 수령이 행하였다 |

1천 봉우리가 모인 산의 모습은 원래 기묘해서 지분脂粉을 바를 필요도 없고, 한 가닥 시내의 장광설廣長舌은 예전부터 끝없이 이야기를 들려주고 있습니다.[107] 눈앞에 드러난 현상을 통해서 우리는 비로소 온전한 깨달음에 이를 수가 있는 것입니다.

삼가 생각건대, 대화상大和尙 문하文下께서는 자비의 빛이 일월을 무색하게 하고, 그 기우氣宇는 천지를 집어삼킬 만한데 구름이 감싼 옛 집에서 마갈摩竭[108]의 아홉 겹 문을 닫고, 달빛이 잠긴 긴 강에서 화정의 조각배[109]를 젓고 계십니다.

지금 임금님의 수레가 멀리 떠나게 되었으므로, 조야朝野가 심연深淵에 임한 듯 근심에 휩싸여 있습니다. 그래서 집에 거하며 편히 쉴 겨를이 없게 되었으니, 나라와 임금을 축원하는 일이 어찌 급하지 않겠습니까.

삼가 바라옵건대, 잠깐 문호를 열어 약간 기봉機鋒을 펼쳐 주소서. 그리하여 짐승 모양 향로에서 연기가 퍼져 행궁行宮에 상서로운 안개를 빚게 하고, 손에 쥔 방棒에서 바람이 일어 귀로歸路의 요기妖氣를 말끔히 씻게 하소서.

---

107 한 가닥 …… 있습니다 : 참고로 소식蘇軾의 시에 "시냇물 소리는 바로 부처의 광장설이요, 산 빛 또한 청정한 법신法身이라고 하리.(溪聲便是廣長舌 山色豈非淸淨身)"라는 표현이 나온다. 『소동파시집蘇東坡詩集』 권23 「증동림총장로贈東林總長老」. 광장설廣長舌은 부처의 이른바 32가지 대인상大人相 가운데 하나로, 얼굴을 다 덮고 머리까지 올라간다는 긴 혀를 말하는데, 설법을 뛰어나게 잘하는 것을 말한다. 장광설長廣舌이라고도 한다.

108 마갈摩竭 : 석가가 설법했던 인도 중부 마갈타국摩竭陀國을 가리킨다. 수도는 왕사성王舍城이다.

109 화정華亭의 조각배 : 당唐나라 선자 화상船子和尙이 절강浙江 화정華亭에서 사람들을 배로 건네주며 설법하다가, 제자 협산 선회夾山善會를 얻어 법을 전한 뒤에 배를 엎어 버리고 떠난 고사를 인용한 것이다. 『조당집祖堂集』 권5, 『경덕전등록景德傳燈錄』 권14.

동안거를 시작하며 성수聖壽를 축원한 소

| 한사기韓謝奇가 행하였다 |

근기에 따라 두루 펼쳐지는 교화는 일시에 시방 세계에 빠짐없이 나타나고, 대궐을 연모하는 깊은 마음은 반년의 세월이 벌써 3년은 지난 듯합니다. 어찌 부처님께 귀의하는 의식에 의지해서 축원하는 정성을 조금이나마 펴지 않을 수 있겠습니까.

삼가 생각건대, 그동안 조정에서 가까이 모시다가 강호에 나와 수령을 맡게 되었습니다. 성상聖上의 모습이 눈에 선하니, 자나 깨나 잠시라도 잊은 적이 있겠습니까. 우로雨露의 은혜에 흠뻑 젖었으니 몸이 가루가 된다 한들 어떻게 보답하겠습니까. 다만 꾸밈없는 해바라기와 같은 마음으로, 만수무강하시기를 기원할 따름입니다.

다행히 우리 관내에 이 정사精舍가 있기에, 구순九旬의 회해(會海 : 安居)를 주선하면서, 먼저 하루 동안 공양의 구름을 일으키게 되었습니다. 설법하는 불자拂子에 바람이 일면서 입마다 침을 튀기며 병에서 물이 쏟아지듯 하고, 선감禪龕에 밤이 고요하니 마음마다 마른 나무와 불 꺼진 재가 되었습니다. 이와 같은 참다운 공력功力에 대해서, 저 묘한 불감佛鑑이 감응해 주시리라고 믿습니다.

삼가 원하옵건대, 【운운云云】 신명께서 힘을 합쳐 도와주시고, 불조佛祖께서 다 함께 가지加持해 주소서. 그리하여 성상의 복이 멀리 뻗어 천지와 시종을 함께 하고, 아름다운 징조가 모두 이르러서 조야朝野가 평안을 누리게 해 주소서.

또 又

부처님의 현묘한 감응은 만물을 이롭게 하는 중에 세 마음[110]을 갖추었고, 사문沙門인 신의 한 조각 단심丹心은 임금을 축원하는 외에 두 마음이 없습니다. 그러니 작은 선善이나마 의지하여 큰 복福을 축원하지 않을 수 있겠습니까.

삼가 생각건대, 화개오엽花開五葉[111]의 선문禪門을 이어 받아, 지유쌍봉地有雙峯[112]의 조실祖室에 들어갔습니다. 매양 구천九天의 우악한 은혜를 받아서 편안히 쉴 수 있으니, 억만 년 장수하시라고 기원하는 일을 감히 잠시라도 늦출 수 있겠습니까.

더군다나 지금은 천문天文이 누차 변고를 보이고, 국운國運이 다사다난한 때입니다. 동쪽 변방에서는 역로逆虜가 엿보는 것을 걱정하고, 궁금宮禁 안에서는 흉년이 다시 겹칠까 근심하고 있습니다. 이러한 때에 복을 빌지 않는다면 또 어느 날에 충성을 바치겠습니까.

그래서 이번에 상연象筵을 특별히 열어서, 저의 미약한 힘을 다하여 재齋를 올리게 되었습니다. 등잔 심지의 난초 불꽃은 시방을 두루 비추고,

---

110 세 마음 : 여러 가지 설이 있으나, 여기서는 아미타불阿彌陀佛의 48원願 중 제18원에 나오는 지심至心·신락심信樂心·욕생심欲生心을 말하지 않나 한다.

111 화개오엽花開五葉 : 오가五家로 분립한 중국의 선종禪宗을 말한다. 중국 불교佛教 선종의 초조初祖인 달마達磨가 "내가 본래 이 땅에 온 것은, 불법을 전해 미혹한 중생을 구제하기 위함이라. 하나의 꽃에서 다섯 잎이 나오리니, 열매를 맺는 것은 자연히 이루어지리라.(吾本來茲土 傳法救迷情 一花開五葉 結果自然成)"라고 예언하였는데, 과연 그의 말대로 육조六祖 혜능慧能 이후 조동曹洞·임제臨濟·운문雲門·위앙潙仰·법안法眼의 오파五派가 나와 성황을 이룬 고사가 전한다. 『경덕전등록景德傳燈錄』 권3 「보리달마菩提達摩」.

112 지유쌍봉地有雙峯 : 조계曹溪를 가리킨다. 조숙량曹叔良이 육조 대사六祖大師 혜능慧能에게 땅을 희사喜捨하여 거처하게 하였는데, "그 지역에 땅에 산봉우리 두 개와 큰 냇물이 있었으므로(地有雙峰大溪)", 조후曹侯의 성씨를 따라서 조계라고 칭했다는 기록이 『보림전寶林傳』에 전한다. 『선원몽구습유禪苑蒙求拾遺』 권1 「소림개화 조계귀근조少林開華曹溪歸根條」.

화로의 전단栴檀 향연香煙은 천계千界에 고루 퍼질 것이니, 참다운 공덕의 인연을 맺는 곳에 현묘한 불감佛鑑이 즉시 조응照應할 것입니다.

삼가 원하옵건대, 【운운云云】 제성諸聖께서는 말없이 가지加持해 주시고, 상천上天께서는 은밀히 보호해 주소서. 그리하여 대궐에는 경사가 있어서 왕후와 세자 모두 편안하게 해 주시고, 외경外境은 걱정이 없어져서 도적의 안개와 이리의 연기(狼煙)[113]가 완전히 사라지게 해 주소서.

---

113 이리의 연기 : 이리의 똥을 태운 연기라는 뜻인데, 그 연기가 바람이 불어도 흩어지지 않고 위로 곧장 올라가기 때문에, 옛날 군대에서 경보警報를 알리는 봉화로 썼다고 한다.

원나라 황제의 절일節日에 재를 올린 소

둥근 거울 속에서 인연을 따르는 부처님의 현묘한 감응은 어느 곳이나 두루 하지 않음이 없고, 넓은 하늘 아래에서 임금님을 축수하는 참다운 정성은 나보다 더한 이가 없을 것입니다. 마침 임금님이 탄생하신 영절令節을 맞아서, 부처님의 문에 요익饒益을 바라게 되었습니다.

삼가 생각건대, 제자는 황량한 구석에 살고 있으나, 다행히 성대한 시대를 만났습니다. 돌아보건대 이 작은 땅을 가지고 사대事大의 예의를 스스로 닦아, 궁벽진 산속에 있으면서도 항상 기남暨南의 교화[114]를 입었으므로, 하루 종일 기원하는 것은 오로지 만수무강을 비는 것뿐이었습니다. 그런데 더구나 전요電繞[115]의 절일節日을 맞았으니, 어찌 산호山呼[116]의 정성을 다하지 않겠습니까.

이에 청정한 범연梵筵을 펼쳐 특별히 성대한 불사를 닦게 되었습니다. 난초 같은 불꽃이 빛을 발하여 요堯 임금 시대의 서기瑞氣를 빚어 내고, 전단栴檀의 연기가 향기를 내뿜어 순舜 임금 궁전의 상서로운 구름으로 엉깁니다. 이 마음을 다하는 곳에, 저 불감佛鑑이 즉시 감통하리라 믿습니다.

---

114 기남暨南의 교화 : 남쪽에 미치는 교화라는 뜻으로, 고려에 대한 원나라의 영향력을 말한다. 『서경書經』「우공禹貢」 맨 마지막의 "동쪽으로는 바다에까지 번져 갔고, 서쪽으로는 유사 지역에까지 입혔으며, 북쪽과 남쪽의 끝까지 미쳤다. 그리하여 그의 풍성風聲과 교화가 사해에 다 미치자, 우가 검은 규를 폐백으로 올리면서 순舜 임금에게 그의 일이 완성되었다고 아뢰었다.(東漸于海 西被于流沙 朔南暨 聲敎訖于四海 禹錫玄圭 告厥成功)"라는 말에서 발췌한 것이다.

115 전요電繞 : 번갯불이 별을 휘감았다는 뜻으로, 임금의 생일을 비유할 때 쓰는 표현이다. 『사기史記』「오제 본기五帝本紀」에, 황제黃帝의 모친인 부보附寶가 기祁 땅 들판에 있을 적에, 번개가 크게 치며 북두칠성의 첫째 별을 휘감는 것(大電繞北斗樞星)을 보고는, 감응하여 잉태한 뒤 24개월이 지나서 황제를 낳았다는 전설이 실려 있다.

116 산호山呼 : 임금을 위해 만세를 부른다는 뜻.

삼가 원하옵건대, 【운운云云】 하늘처럼 광대하고 태양처럼 밝아지게 하소서. 금년으로부터 만 년을 누리시어 만 년 또 만 년으로 한없는 만년이 되게 하고, 후세에 천 세千世를 전하여 천 세 또 천 세로 한없는 천세가 되게 하소서.

정혜원定慧院에 들어가 하안거를 시작하면서 성수聖壽를 축원한 소

부처님의 메아리 같은 응답은 천진天眞의 교화로서 사람들이 간청하는 것은 반드시 들어줍니다. 임금님의 만세를 기원하는 것은 날마다 드리는 공이지만, 제가 지금 축원하는 심정은 그보다 배나 간절합니다. 이에 겨자씨처럼 자그마한 선에 의지하여 해바라기와 같은 충성심을 대략 표하고자 합니다.

삼가 생각건대, 제자는 어려서부터 진승眞乘를 사모하다가, 늦게야 선림禪林에 투신하였습니다. 그러나 단하丹霞의 선불選佛[117]만 본받으려 했을 뿐이니, 어찌 감히 노노盧老가 의발衣鉢을 전수받은 것[118]을 바랐겠습니까. 간신히 조사祖師의 풍도를 이어 받아 조계曹溪의 적자嫡子가 된 것만도 외람스러운 일인데, 과분하게 성상의 은덕을 입어 잘못 감로사甘露寺의 주인이 되었습니다. 하지만 저는 야성野性이 성글고 게을러서 중연衆緣에 얽매이는 것을 견디지 못했으므로, 몸을 거두어 조용히 물러나서 목숨이 다하도록 한가로이 노닐려고 하였는데, 봉조鳳詔의 덕음德音을 내리시어 계봉雞峯의 보찰寶刹을 다시 위임하실 줄이야 어찌 생각이나 하였겠습니까.

이 절로 말하면, 세 분의 국로國老가 향기를 전한 곳이요, 여러 선옹禪

---

117 단하丹霞의 선불選佛 : 진리를 추구하는 구도자의 열정을 뜻하는 말이다. 당나라 단하천연丹霞天然이 처음에 유학儒學을 익혀 과거科擧에 응시하려고 할 적에, 어떤 선객禪客이 "관리 뽑는 곳보다는 부처 뽑는 곳이 낫다(選官不如選佛)"라고 말하자, 단하가 "부처 뽑는 곳은 어디로 가야 하는가.(選佛當往何所)"라고 물으니, "지금 강서 마조馬祖 대사가 세상에 나왔으니, 그곳이 바로 부처 뽑는 곳이다.(今江西馬大師出世 是選佛之場)"라고 하였으므로, 마침내 과거를 그만두고 그곳에 가서 배알한 고사가 전한다. 『경덕전등록景德傳燈錄』 권14 「단하천연장丹霞天然章」.

118 노노盧老가 의발을 전수받은 것 : 혜능慧能이 5조祖 홍인弘忍의 인가를 받고 중국 선종의 6조가 된 것을 말한다. 혜능의 속성俗姓이 노씨盧氏이기 때문에 노노라고 한 것이다.

翁이 불꽃을 이은 곳입니다. 분수를 헤아려 보면 감당하기 어렵다 할지라도, 인을 당해서는 사양하지 않아야 하겠기에(當仁不讓),[119] 선류禪流와 함께 이 절에 도착해서, 처음으로 범석梵席을 열고 임금님을 축원하게 되었습니다. 1천 촉의 기이한 봉우리는 만고토록 연하煙霞의 빛이요, 육시六時의 청아한 범음梵音은 일신一新하는 종고鍾鼓의 소리입니다. 특별히 구하(九夏：安居)의 훈연熏筵을 베풀어, 만년의 장수를 축원하나니, 참된 정성이 이르는 곳에 오묘한 감응이 즉시 이를 것입니다.

삼가 원하옵건대, 【운운】 구중궁궐에 일월이 항상 새로워서 길이 불로不老의 복을 받으시고, 사방 변경에 풍진이 완전히 없어져서 태평세월을 누리게 해 주소서.

---

119 인仁을 …… 하겠기에 : 『논어論語』「위령공衛靈公」에 "인을 행해야 할 때에는 스승에게도 사양하지 않는 법이다.(當仁不讓於師)"라는 공자孔子의 말이 있다.

새로 보위寶位에 오른 것을 하례하며 성수聖壽를 축원한 소

일륜一輪의 달이 원만하니 두꺼비 그림자가 백천百川에 나뉘고, 구곡九曲의 강물이 맑으니 용龍이 천재千載에 나는 것을 보겠습니다. 이에 부처님께 귀의하는 공덕에 의지해서, 임금님의 등극을 축하하는 정성을 펴고자 합니다.

삼가 생각건대, 【운운】 임금님은 거룩하고 공경하는 자질을 지니시고, 어렵고 위태한 시대를 만났습니다. 풍상風霜 속에 만 리 길을 여행하는 수고를 빠짐없이 맛보면서, 빙탄氷炭과 같은 양국이 끝내 화친의 우호 관계를 맺게 하였습니다. 오늘날 우리나라에 무사히 도착하실 때까지, 몇 년이나 변방 요새에서 노숙하셨습니까.[120] 풍속을 따라 시대에 맞출 생각으로, 모습을 변하고 복장을 바꾸기까지 하였으며, 당가唐家의 옛 전례典例를 답습하여 마침내 규예嬀汭[121]의 새 즐거움을 이루었습니다. 이는 역대에 듣기 어려운 일로서 제후들이 발돋움하고 바라보았으니, 실로 만세토록 힘입을 일이지, 어찌 한때의 아름다움만으로 그치겠습니까.

행궁行宮이 아득히 북정北庭에 있을 적에, 선왕先王의 수레가 홀연히 하늘나라에 올라갔으므로, 조야朝野가 하늘을 쳐다보고 목을 늘이면서 주면

120 몇 년이나 …… 노숙하셨습니까 : 충렬왕이 세자의 신분으로, 원종元宗 12년(1271년) 6월에 몽고에 갔다가 이듬해 2월에 변발辮髮을 하고 호복胡服 차림으로 돌아왔으며, 그해 12월에 다시 원나라에 갔다가, 원종 15년(1274년) 6월에 부왕父王이 승하하자 그해 8월에 돌아와서 즉위하였다.

121 규예嬀汭 : 『서경書經』「요전堯典」의 "요 임금이 두 딸을 규수嬀水 북쪽에 시집보내 우순虞舜의 아내가 되게 하였다.(釐降二女于嬀汭 嬪于虞)"라는 말에서 나온 것으로, 신하가 황제의 딸과 결혼하는 것을 말하는데, 여기서는 고려의 충렬왕忠烈王이 원 세조元世祖의 딸인 제국대장공주齊國大長公主, 즉 장목왕후莊穆王后와 결혼한 것을 가리킨다.

周冕[122]이 끊어지지 않을까 염려하였는데, 승여乘輿를 타고 귀국하여 보위에 오르시니, 한의漢儀[123]가 옛날과 같다고 다투어 기뻐하였습니다. 아, 세상은 끝내 비색否塞하지 않아, 시절이 오면 다시 번창하게 마련입니다. 그래서 누란累卵의 시기를 당하여, 안정된 날을 다시 보게 되었으므로 화기和氣가 온 누리에 흘러넘치고 환성歡聲이 원근에 진동합니다.

생각건대, 궁벽한 골짜기의 이 노승은 실로 선조先朝의 구물舊物입니다. 방포(方袍 : 袈裟)와 원정(圓頂 : 삭발한 머리)의 겉모습은 다를지라도, 곧은 절개와 충성심은 마음속에 변함이 없습니다. 경사스러운 소식을 귀로 들은 때부터, 옷깃 가득 기쁨의 눈물을 가누지 못했습니다. 복리福利를 주는 능력은 없을지라도 기원하는 정성만은 지니고 있기에 범연梵筵을 베풀어 특별히 불사를 마련하였습니다.

불자拂子에서 서늘 기운이 이는 것은 요堯 임금의 바람이 멀리 퍼지게 돕고자 함이요, 등잔에서 불꽃을 토하는 것은 순舜 임금의 태양이 길이 빛나게 도우려 함입니다. 정성을 다 바쳤으니, 빛나는 상서祥瑞가 어찌 막히겠습니까.

삼가 원하옵건대, 【운운】 천지와 더불어 수명을 같이하고, 일월과 더불어 밝음을 함께 하소서. 나라는 오래되었어도 천명이 새로워져서, 백성들

---

122 주면周冕 : 주나라의 면류관冕旒冠을 말한다. 관冠의 제도가 주나라 때에 와서 제대로 정비되었다고 한다. 그래서 안연顔淵이 일찍이 나라 다스리는 방도를 물었을 때, 공자孔子가 "하나라의 시력을 쓰고, 은나라의 수레를 타고, 주나라의 면류관을 쓰고, 음악은 소무를 써야 한다.(行夏之時 乘殷之輅 服周之冕 樂則韶舞)"라고 말한 내용이 전한다. 『논어論語』「위령공衛靈公」.

123 한의漢儀 : 한관위의漢官威儀의 준말로, 한나라 관리의 복식과 제도 등을 말한다. 신망新莽 말년에 유수劉秀, 즉 광무제光武帝가 회양왕淮陽王 유현劉玄에 의해 사예교위司隸校尉에 발탁되었을 때, 한나라의 옛 제도를 모두 복구시키자, 늙은 관리들이 눈물을 흘리며 "오늘에 다시 한관의 위의를 보게 될 줄은 생각하지도 못하였다.(不圖今日復見漢官威儀)"라고 탄식한 고사가 전한다. 『후한서後漢書』「광무제기光武帝紀」.

이 오변於變[124]하는 것을 바로 보게 하시고, 하늘은 친한 자가 없고 덕 있는 이를 도와주니, 온 세상 사람들이 모두 귀순하게 해 주소서.

124 오변於變 : 백성들이 요순堯舜과 같은 성군의 덕에 힘입어 태평성대를 누리는 것을 뜻하는 말이다. 『서경書經』「요전堯典」의 "백성들이 성군의 덕에 크게 감화된 나머지 온 누리에 화평한 기운이 감돌았다.(黎民於變時雍)"라는 말에서 나온 것이다.

또又

자비의 구름이 널리 퍼지니 중생들이 각각 자기의 삶을 성취하고, 성덕聖德의 태양이 새벽 일찍 떠오르니 음침한 골짜기도 환히 밝아집니다. 이에 수승한 법연法筵에 의지하여 번창하는 복을 기원하는 바입니다.

삼가 생각건대, 황상 폐하께서는 거룩하고 신령스러우며 문무의 덕을 겸비하셨습니다. 몇 번이나 용사龍沙를 멀리 건너며 자신의 수고로움을 잊으셨으니, 마침내 접역(鰈域 : 우리나라)이 다시 소생한 것은 누구의 은덕이라고 하겠습니까. 동국의 귀한 금지金枝의 신분으로 상조上朝의 꽃다운 옥엽玉葉[125]을 접하였으니, 이는 전에 없던 총행寵幸으로서 아름다운 그 상서祥瑞를 비할 데가 없습니다.

급기야 선조(先朝 : 元宗)의 안가(晏駕 : 昇遐)를 당하여, 고국에 돌아와 왕위를 계승하셨습니다. 크게 드러내고 크게 계승하였으니,[126] 끝없이 이어질 주周나라의 복을 경축할 만하고, 지극히 아름답고 지극히 선하니,[127] 요堯 임금의 풍도는 넓고 넓어서 표현하기 어렵습니다. 기뻐서 부르짖는 것이 어찌 진신縉紳들만 그러하겠습니까. 뛰고 춤추는 것은 초목樵牧들도 모두 마찬가지입니다.

생각건대, 산중의 늙고 옹졸한 이 몸은 일찍부터 임금님의 은총과 위로를 받았으니, 어찌 환희歡喜하는 정성을 모두 바쳐서, 장수를 비는 축원

---

125 상조上朝의 꽃다운 옥엽玉葉 : 원 세조元世祖의 딸을 가리킴.

126 크게 …… 계승하였으니 : 『서경書經』「군아君牙」의 "아, 크게 드러내었도다 문왕의 계책이여, 크게 계승하였도다 무왕의 공렬이여. 우리 뒷사람의 앞길을 열어 주고 도와주기를, 모두 바르게 하고 결함이 없게 하였다.(嗚呼 丕顯哉 文王謨 丕承哉 武王烈 啓佑我後人 咸以正罔缺)"라는 말을 발췌한 것이다.

127 지극히 …… 선하니 : 『논어論語』「팔일八佾」의 "공자가 소의 음악을 평하면서, 지극히 아름답고 지극히 선하다고 하였다.(子謂韶盡美矣 又盡善也)"라는 말을 발췌한 것이다. 소韶는 요 임금을 계승한 우순虞舜의 음악이다.

을 갑절이나 더 올리지 않겠습니까. 이에 훈석熏席을 펴고 공경히 범과梵科를 마련하니, 한 가닥 전단향栴檀香의 연기는 제찰諸刹에 운대雲臺를 베풀고, 1천 등불의 난초 불꽃은 시방에 광망光網을 펼칩니다. 작위作爲 없는 이 불공佛供을 불가사의한 저 불감佛鑑은 조응해 주시리라 믿습니다.

삼가 원하옵건대, 【운운】 신명께서 다 함께 찬조하시고, 조불祖佛께서 똑같이 가지加持해 주소서. 그리하여 송죽松竹처럼 무성하게 중흥中興의 사업을 빛내게 하고, 춘계椿桂가 다하도록 불로不老의 수명을 누리게 해 주소서.

소재消災 · 인왕仁王 · 천수千手 · 지론智論 네 가지 법석을 베풀어 대가大駕를 축원한 소

부처님께 귀의하는 것은 일찍이 간단間斷이 없었던 일이지만 어찌 향화를 특별히 올리는 것에 비유할 수 있겠습니까. 임금님을 축원하는 것은 일상적인 일이지만, 승여乘輿가 멀리 떠나시는 때를 당했으니 더욱 특별히 행해야 하지 않겠습니까.

삼가 생각건대, 우리 임금님은 중국 조정을 공경히 섬겨, 이강釐降[128]의 남다른 은혜를 받고, 어루만져 보살피는(撫綏) 큰 은덕을 입었습니다. 그러나 산천이 멀리 가로막혀 조근朝覲하는 의례儀禮를 닦지 못한 채 세월이 여러 번 바뀌었으니, 어찌 그리워하는 생각이 끝이 있겠습니까. 이에 양궁(兩宮 : 왕과 왕비)께서 행차를 명하여 만 리 여행길에 올라 어린 금지옥엽(金枝玉葉 : 세자)을 데리고 험난한 사새철관沙塞鐵關을 지나게 되었습니다. 행재行在의 평안함을 기원하기 위해서는 부처님께 귀의하며 정진해야 할 것이기에 천사天使가 직접 내려와 조칙을 전하면서 공양할 양식을 내리기까지 하였으니, 더구나 복을 기원하는 일을 전담하는 산승의 입장에서 어찌 마음의 향불을 사르지 않을 수 있겠습니까.

이에 90일 동안 도량에서 안거安居하는 때를 당하여, 특별히 네 종류의 훈석熏席을 펼치게 되었습니다. 혹은 소재消災의 신묘한 다라니를 염송하기도 하고, 혹은 호국의 영전靈詮을 독송하기도 합니다. 별전別傳의 종지宗旨를 드날리노라면 입마다 침을 튀기고, 대비大悲의 심주心呪를 외우노라면 소리마다 우레가 진동합니다. 각각 7일을 기한으로 처음부터 끝까지 순환하면서 정근精勤할 것이요, 항상 육시六時에 따라 행하며 대가大駕

128 이강釐降 : 원나라 세조가 충렬왕에게 딸을 시집보낸 것을 말함. 요 임금이 딸을 순에게 시집보낸 『서경書經』 「요전堯典」의 고사에서 유래하여 왕녀王女를 신하에게 시집보내는 것을 가리킨다.

가 돌아온 뒤에야 그칠 것입니다. 이 수승한 공덕이 계속해서 쌓이는 동안 저 신묘한 불감佛鑒이 밝게 감응할 것입니다.

삼가 원하옵건대, 【운운】 중성衆聖이 가지加持해 주시고, 백령百靈이 익위翊衛해 주소서. 그리하여 가는 곳마다 이로움이 있어서, 매우 좋은 것을 보게 될 뿐만이 아니라 일마다 맞지 않는 것이 없어서 속히 돌아올 수 있도록 도와주소서.

원나라 황제에게 올린 표문

| 조계산 수선사修禪社의 토전土田을 돌려달라고 청한 표문이다 |

나라가 기운차게 흥성하며(其興也勃),[129] 천 년 만에 풍운風雲의 도유都兪[130]를 보이고 있으므로, 어찌 귀의하지 않겠느냐면서(盍歸乎來),[131] 제후들이 옥백玉帛을 지니고 줄달음질쳐서 오고 있습니다.[132] 태양이 비추는

129 나라가 기운차게 흥성하며 : 원나라 세조가 모든 잘못을 자신의 탓으로 돌려 세상을 포용함으로써 흥성한 운세를 맞게 되었다는 말이다. 『춘추좌씨전春秋左氏傳』 장공莊公 11년의 "하夏나라 우왕禹王과 상商나라 탕왕湯王은 모든 것을 자기의 죄로 돌려 나라가 기운차게 흥성하였고, 하나라 걸왕桀王과 은殷나라 주왕紂王은 남에게 죄를 덮어씌워 나라가 갑자기 망하고 말았다.(禹湯罪己 其興也勃焉 桀紂罪人 其亡也忽焉)"라는 말을 발췌한 것이다.

130 풍운風雲의 도유都兪 : 군신君臣이 의기투합하여 허심탄회하게 정사를 논의하는 태평성대를 비유하는 말이다. 풍운은 『주역周易』 「건괘乾卦」 〈문언文言〉의 "구름은 용을 따르고 바람은 범을 따른다.(雲從龍 風從虎)"는 말에서 나온 것으로, 용과 범은 임금을, 구름과 범은 신하를 가리킨다. 도유는 임금과 신하가 허심탄회하게 대화하며 나라의 정사를 논의하는 것을 말한다. 『서경書經』 「요전堯典」과 「익직益稷」 등에, 상대방의 의견에 찬성할 때에는 도都·유兪라고 하고, 반대할 때에는 우吁·불咈이라고 감탄사를 발한 것에서 유래한 것이다.

131 어찌 귀의하지 않겠느냐면서 : 『맹자孟子』 「이루 상離婁上」의 "태공이 주왕을 피하여 동해의 바닷가에 거주하다가, 문왕이 일어났다는 말을 듣고는 흥기하여 말하기를 '내가 어찌 그에게 귀의하지 않겠는가. 내가 듣건대 서백은 노인을 잘 봉양한다고 하였다'라고 하였다.(太公避紂 居東海之濱 聞文王作 興曰盍歸乎來 吾聞西伯善養老者)"라는 말에서 취한 것이다.

132 제후諸侯들이 …… 있습니다 : 옥백玉帛은 고대에 제사나 회맹會盟이나 조빙朝聘할 때 쓰던 예물이다. 『춘추좌씨전春秋左氏傳』 애공哀公 7년에 "우 임금이 도산에서 제후를

곳은 어디서나 똑같이 발을 구르며 춤을 추고 있습니다.

삼가 생각건대, 황제 폐하께서는 순舜 임금처럼 총명하시고 탕왕湯王처럼 제성齊聖[133]하십니다. 덕화가 만맥蠻貊에까지 흘러들어 사방이 모두 인仁으로 돌아오고, 믿음이 돈어豚魚에까지 미쳐서,[134] 만물이 각각 제자리를 얻었습니다. 그 공이 큰데도 주재主宰하지 않으니, 그 성대한 덕을 이름 붙이기 어렵습니다.[135]

삼가 생각건대, 신은 축토竺土의 일지一枝[136]에 지체支體를 연하고, 송만松巒의 오엽五葉의 맥을 이었습니다.[137] 마침 밝은 시대를 만난 것을 기뻐하며, 항상 중국의 문물을 관람하고 싶은 생각이 간절하였으나, 아득히 황량한 구석에 처해 있는 관계로, 부질없이 고개만 쳐들고서 바라볼 뿐입니다.

생각건대, 수선修禪하는 이 정사精舍는 보조普照 성사聖師 때에 창건되었는데, 소방小邦의 선불장選佛場으로서 선류禪流가 수천 명을 밑돌지 않았을 뿐만 아니라, 대국의 제왕을 축수祝壽하는 장소로서 12시 중 언제나 범석梵席이 비어 있는 때가 없었습니다.

그런데 임천林泉에 외따로 있고 성시城市와 멀리 떨어진 채, 봄에 씨 뿌

모을 적에, 옥백을 지닌 자들이 만 나라나 되었다.(禹合諸侯於塗山 執玉帛者萬國)"라는 말이 나온다.

133 제성齊聖 : 탕왕의 덕을 형용하는 말. 『서경』「미자지명微子之命」에 나옴.

134 믿음이 돈어豚魚에까지 미쳐서 : 『주역周易』「중부괘中孚卦」〈단사彖辭〉에 "괘사卦辭에서 돼지와 물고기에까지 미치게 되면 길하다고 한 것은, 성실함에서 우러나오는 믿음성을 돼지와 물고기까지도 알게 되기 때문이라는 말이다.(豚魚吉 信及豚魚也)"라는 내용이 나온다.

135 그 공이 …… 어렵습니다 : 참고로 『노자老子』 10장에 "생성해 주면서도 소유하지 않고, 일을 행하면서도 으스대지 않고, 길러 주면서도 주재하지 않으니, 이를 현묘한 덕이라고 한다.(生而不有 爲而不恃 長而不宰 是謂玄德)"라는 말이 나온다.

136 축토竺土의 일지一枝 : 서축西竺에서 일어난 불교의 한 갈래를 뜻한다.

137 송만松巒의 …… 이었습니다 : 수선사修禪社 5세인 원오 국사圓悟國師 천영天英의 뒤를 이어 6세가 된 것을 가리킨다.

리고 가을에 거두지도 못하는 형편이라서, 낮에 밥 먹고 새벽에 죽 먹는 것도 유지하기 어려웠으므로 예전에 국왕이 근읍近邑의 토전土田을 하사하여 길이 재齋 지내는 비용에 충당하게 하였습니다. 그런데 지금 천사天使가 별궁別宮의 판적版籍을 찾아서 군량軍糧을 비축하려고 하니, 그 형세는 물을 잃은 붕어가 호소하는 것[138]과 같고 그 정상은 하늘에 들리는 학의 울음[139]처럼 절박하기만 합니다.

만약에 황제 폐하께서 포용하는 도량을 넓히시고 덮어 기르는 사은私恩을 베푸시어, 아국에 파견된 달로화치達魯花赤 및 병량兵糧을 관장하는 사신에게 조서詔書를 내리시되, 칙령으로 특별히 우리 총림을 보호하고 우리에게 길이 토전土田을 주게 하여, 진리를 탐구하는 선림禪林으로 만들고 복을 기원하는 도량이 되게 해 주신다면, 신이 감히 훈공熏功에 더욱 힘을 쏟으면서 배전倍前의 충성을 바치지 않겠습니까. 오색 구름 그림자 속에 위궐魏闕에 대한 마음을 길이 걸어 놓고, 한 가닥 향 연기 속에 화봉華封의 축원[140]을 항상 다하겠습니다.

138 물을 …… 것 : 급히 구원을 요청할 때의 비유로 쓰이는 말. 주 51 참조.

139 하늘에 …… 울음 : 『시경詩經』「소아小雅」〈학명鶴鳴〉의 "학이 저 아래 깊은 곳에서 우니, 그 소리가 위로 하늘에까지 들리도다.(鶴鳴于九皐 聲聞于天)"라는 말을 인용한 것이다.

140 화봉華封의 축원 : 임금에게 복을 비는 것을 말함. 옛날 화봉인華封人, 즉 화華 땅을 지키는 사람이 요 임금에게 수壽와 부富와 다남多男을 기원하며 축도를 올렸다는 이야기가 『장자莊子』「천지天地」에 나온다.

토전土田을 돌려준 것에 대해 감사하며 원나라 황제에게 올린 표문

높은 하늘에서 은택이 내려와 마른 나무에 봄이 돌아왔습니다. 송구스러워 어찌 할 줄을 모른 채, 황공한 심정을 가누지 못하겠습니다.

삼가 생각건대, 황제 폐하는 덕이 백왕百王의 으뜸이시요, 공이 만세萬世에 드높으십니다. 차별 없이 똑같이 사랑하는 교화를 펼치시어 바다 모퉁이까지 크게 보살펴 주시고, 사방에서 귀순하는 마음을 얻어 천하를 널리 소유하고 계십니다. 그래서 칭송하는 노래가 중외中外의 지역에 온통 울려 퍼지고, 원근의 사람들이 모두 기뻐서 발로 구르며 춤을 추고 있습니다.

삼가 생각건대, 신은 성행性行이 오활하고 소루하며, 흉금이 천박하고 비루한데, 외람되게도 조문祖門의 뒤를 이어서 석원釋苑의 지남指南이 되었습니다. 이 사원은 5대를 내려온 총림이요, 육화六和[141]의 연수淵藪입니다. 대대로 선禪의 정수를 드날려서 항상 상석(象席 : 法席)에 빈 곳이 없게 하였으나, 본시 토전土田이 부족한 관계로 언제나 먹을 것을 조달하지 못하는 걱정을 하였습니다. 그러다가 전일에 선후先后께서 이를 안타깝게 여기시고, 공전公田을 떼어서 하사해 주셨으므로, 이로부터는 목숨을 부지하여 살아가며, 몸 편안히 도를 펼 수 있겠다고 생각하였습니다. 그런데 천사天使가 처음 와서 군수軍需를 변통하여 마련할 적에, 옛날부터 전해 오는 관적官籍을 찾아내어 전례대로 전세田稅를 징수하였으므로, 대중은 많고 먹을 것은 적어서 사세가 궁박해지게 되었습니다.

141 육화六和 : 육화경六和敬의 준말로, 불교에서 서로 함께 애경愛敬해야 할 여섯 가지 종류의 일을 말하는데, 구체적으로는 신화경身和敬·구화경口和敬·의화경意和敬·계화경戒和敬·견화경見和敬·이화경利和敬을 통해, 공주共住하고 무쟁無諍하고 동사同事하고 동수同修하고 동해同解하고 동균同均하는 것을 가리킨다.

그러나 황궁과 멀리 떨어진 외국의 처지에서, 하정下情을 상달上達하기 어려울까 걱정을 하였는데, 뜻밖에도 황제 폐하께서 더러움까지 포용하는 도량을 넓히시어, 멀리까지 밝게 살피는 관심을 보여 주셨습니다. 그리하여 신이 그동안 성수聖壽를 축원한 정성을 알아주시고, 신이 불법佛法을 전한 조그마한 공을 생각하시어, 조서를 우악하게 내려서 옛 토전을 돌려주도록 하셨습니다.

이미 보통이 아닌 은택을 입었으니, 감사하는 마음을 어찌 잠시라도 잊을 수 있겠습니까. 신이 어찌 감히 배전倍前의 정성을 바쳐 우러르면서, 더욱 대중을 격려하여 훈수熏修하지 않겠습니까. 맹세코 포류蒲柳와 같은 신의 여생을 모두 바쳐서, 삼가 춘령椿齡과 같은 폐하의 장수를 기원하겠습니다.

또 又

일월日月은 항상 떠올라 조그마한 틈 사이도 반드시 비춰 주며, 천지는 덮어 주고 실어 주면서 아무리 먼 곳이라도 포용하지 않음이 없습니다. 그래서 부모처럼 임하시는 곳 어디서나 모두 어린애처럼 사모하고 있습니다.

삼가 생각건대,【운운】세상의 위대한 것[142]을 차지하여, 천하의 종주宗主가 되셨습니다. 덕이 살리기를 좋아하시므로 백성이 모두 소생하고, 인仁이 멀리까지 보살펴 주므로 구주九州가 모두 심복합니다. 넓고 넓으며 높고 높은 성대한 그 왕업은 삼왕三王[143]에 이어 네 번째 왕이 되게 하고, 밝고 밝으며 빛나고 빛나는 아름다운 그 광채는 천고에 짝이 없습니다. 그래서 사람들마다 태평의 영역에 들어가고, 집마다 기취旣醉[144]의 노래가 울려 퍼집니다.

삼가 생각건대, 신은 불법의 바닷속의 미세한 물결 하나요, 선종禪宗의 수풀 속의 노쇠한 나무 하나입니다. 그런데 아득히 외국에 살면서도 일시동인一視同仁의 사은私恩을 입었으니, 아랫사람의 처지에서 어찌 감히 만세삼호萬歲三呼의 축원을 소홀히 하겠습니까.

삼가 바라옵건대, 포용하는 도량을 넓히시어, 두루 살피는 밝음을 비

142 세상의 위대한 것 : 제왕의 지위를 말한다. 『노자老子』 25장에 "도는 위대하다. 하늘도 위대하고 땅도 위대하고 왕 역시 위대하다. 세상에는 이 네 가지 위대함이 있는데, 왕도 그 중에 하나를 차지한다.(道大 天大 地大 王亦大 域中有四大 而王居其一)"라는 말이 나온다.

143 삼왕三王 : 하夏·은殷·주周 삼대三代의 성왕聖王, 즉 우왕禹王과 탕왕湯王과 문왕文王을 말한다.

144 기취旣醉 : 『시경詩經』 「대아大雅」의 작품명으로, 주연酒筵을 베풀며 태평시대의 기상을 노래한 시인데, 그 가사 중에 "이미 술에 흠뻑 취하였고 이미 덕에 배가 불렀도다. 군자께선 만년토록 큰 복을 누리시기를.(旣醉以酒 旣飽以德 君子萬年 介爾景福)"이라는 말이 나온다.

춰 주소서. 그리하여 신이 부지런히 복을 기원하는 마음을 생각하시고, 신이 덕화를 사모하는 정성을 양찰하시어, 이 사원을 원찰願刹로 삼는다는 덕음德音을 내려 주소서. 그러면 신이 어찌 감히 개미집의 흙으로 태산을 북돋우고, 반딧불로 태양의 빛을 보태는 것처럼, 미천한 정성이나마 향화에 더욱 바치면서, 강릉岡陵과 같은 큰 복을 우러러 기원하지 않겠습니까.

새로 보위寶位에 오른 것을 하례한 표문

| 본사本社 |

풍운風雲이 제회際會한 성대한 시대[145]에, 용이 천 년의 한때에 하늘로 날자, 옥백玉帛을 지니고 달려오면서 제후의 오복五服이 제비처럼 하례합니다.[146] 태양이 밝게 비치는 곳 어디서나 모두 똑같이 기쁨의 춤을 춥니다.

삼가 생각건대, 성왕成王의 태胎 속에서 가르침을 받고 태어나서 문후文后의 사부師傅를 수고롭게 하지 않으셨습니다. 누차 안막鴈漠을 지나 비로소 양梁·초楚 양국의 우호 관계를 이루었고, 마침내 봉점鳳占을 쳐서 당우唐虞의 이강釐降을 다시 보게 되었으니,[147] 양조兩朝의 성대한 일은 천고에 듣기 어려운 일입니다.

근래에 요대瑤臺의 준족駿足이 돌아오지 않은 때에, 정수鼎水의 호궁號弓이 홀연히 떨어졌습니다.[148] 그래서 여정輿情이 두려워하면서 대보大寶

---

145 풍운風雲이 …… 시대 : 성군聖君과 현신賢臣이 서로 만난 태평시대라는 말이다. 『주역周易』 「건괘乾卦」 〈문언文言〉의 "구름은 용을 따르고, 바람은 범을 따른다.(雲從龍風從虎)"라는 말에서 연유한 것이다.

146 옥백玉帛을 …… 하례합니다 : 원근의 제후들이 모두 예물을 가지고 축하하러 달려온다는 말이다. 오복五服은 고대에 왕기王畿를 중심으로 주위를 5백 리씩 차례로 나눈 다섯 구역으로, 후복侯服·전복甸服·수복綏服·요복要服·황복荒服을 가리킨다. 복服에는 천자에게 복종하여 섬긴다(服事天子)는 뜻이 들어 있다. 그리고 큰 집이 이루어지면 제비가 찾아와 축하한다는 연하燕賀의 고사가 전한다.

147 봉점鳳占을 …… 되었으니 : 원 세조元世祖가 딸을 충렬왕忠烈王에게 시집보낸 것을 말한다. 봉점은 딸을 시집보낼 때 길한 점괘를 얻었다는 말로, 춘추시대 제齊나라 의중懿仲이 자기 딸을 진경중陳敬仲에게 출가시키려 할 때 점을 쳐서 "봉황새가 날아오르며 서로 어울려 운다.(鳳皇于飛 和鳴鏘鏘)"라는 등의 길한 괘를 얻었던 고사에서 유래한 것이다. 봉복鳳卜 혹은 점봉占鳳이라고도 한다. 『춘추좌씨전春秋左氏傳』 장공莊公 22년. 당우唐虞의 이강釐降은 요堯 임금이 신하인 순舜에게 딸을 시집보낸 것을 가리킨다.

148 요대瑤臺의 …… 떨어졌습니다 : 세자 심諶, 즉 충렬왕이 원나라에 가 있는 동안, 부왕父王인 원종元宗이 세상을 떠났다는 말이다. 요대의 준족은 주 목왕周穆王의 팔준마八駿馬를 가리킨다. 그가 천하를 두루 유람하다가 요지瑤池에 이르러 서왕모西王母를

가 오래 비게 될까 걱정하였는데, 임금님의 행차가 돌아왔으므로 나라의 운세가 더욱 공고해진 것을 모두 기뻐하였습니다. 지금 사해가 한집안이 되어 밖이 없어지고, 백왕百王의 우두머리가 되어 앞에 계시니, 건곤乾坤이 재조再造의 신공神功을 돌리고 일월이 중흥의 서채瑞彩를 발합니다. 이에 경사가 온 누리에 흘러넘치고, 찬송이 온 천하에 넘쳐흐릅니다.

삼가 생각건대, 신은 일찍이 선조先朝의 은총을 받았는데, 오늘 성대盛代의 아름다운 빛을 보게 되었습니다. 임천林泉에 매인 몸이라서 직접 뵙고 귀의할 길이 없기에, 향화의 정성을 높이 받들어 속절없이 하늘을 바라보며 기쁨의 춤을 춥니다.

만났다는 이야기가 전한다. 『열자列子』「주목왕周穆王」. '정수鼎水의 호궁號弓이 떨어졌다'는 것은 왕의 죽음을 뜻함.

대가大駕의 환조還朝를 하례한 표문

청필淸蹕[149]이 꾀꼬리 소리와 함께 출발하여 북정(北庭 : 원나라)으로 떠나셨다가, 동륜彤輪[150]이 기러기 날개와 함께 날아 동토東土로 돌아오셨으므로, 태양이 비치는 곳에서는 모두 손뼉을 치면서 환호하고 있습니다.

삼가 생각건대, 황제 폐하께서는 천부적으로 영특한 자질을 품부 받고, 날로 성업盛業을 새롭게 하고 계십니다. 그리고 신하인 순舜의 훌륭한 덕이 위에 들리자, 그에게 딸을 시집보내는 요堯 임금의 은혜를 내렸습니다. 이에 황궁에 대한 그리움이 쌓이자, 양궁(兩宮 : 왕과 왕비)이 모두 가서 근친覲親을 하며, 척리戚里의 신분으로 영광스럽게 참여하였으니, 오복五服의 제후가 으레 조회하는 것과 어찌 같았겠습니까.

서로 만나 사랑하는 기쁨을 다하고 나서 고별하고 돌아오는 길에 오르셨나니, 노국魯國에서는 발걸음이 더디고 더딘 것[151]을 탄식하였고, 임안臨安에서는 천천히 돌아가는 노래[152]를 불렀습니다. 수레 먼지가 경기京畿에 미치자마자 서기가 벌써 온 누리에 휘황하였는데 더군다나 우악한 황제의 은혜를 선포하여 나라의 경계를 안정시켰으니 더 말할 나위가 있겠습니까. 환희하는 기운이 하늘에 떠오르고, 환호하는 소리가 땅을 휘감고 돕니다.

---

149 청필淸蹕 : 맑은 행차. 임금의 거둥을 가리킴.

150 동륜彤輪 : 붉은 수레바퀴. 임금의 거둥을 가리킴.

151 노국魯國에서는 …… 것 : 『맹자孟子』 「만장 하萬章下」의 "공자가 노魯나라를 떠날 때에, '더디고 더디도다 나의 이 걸음이여' 하셨으니, 이는 부모의 나라를 떠날 때의 도리이다.(孔子之去魯曰 遲遲吾行也 去父母國之道也)"라는 구절을 발췌한 것이다.

152 임안臨安에서는 …… 노래 : 오대五代 때 오월왕吳越王 전류錢鏐의 후비后妃가 매년 봄에 친정인 임안臨安으로 돌아가자, 왕이 후비에게 글을 주기를 "둑 위의 꽃이 피었으니, 천천히 돌아가도 좋으리다.(陌上花開 可緩緩歸矣)"라고 하였는데, 오나라 사람들이 이 내용을 토대로 맥상화陌上花의 노래를 만들어 불렀다는 기록이 소식蘇軾의 〈맥상화陌上花〉 3수의 서문에 나온다. 『소동파시집蘇東坡詩集』 권10.

삼가 생각건대, 신은 몸이 임학林壑에 있지만, 눈은 임금님이 계신 하늘을 끝까지 바라봅니다. 태양을 향하는 해바라기의 마음을 가지고 있으나, 직접 뵙고서 의지할 분수가 되지 못하기에, 그저 필설筆舌을 빌려서 발을 구르며 춤추는 정성을 대강 진달하는 바입니다.

조계산 제6세 증시 원감국사비명【병서】

曹溪山 第六世 贈諡 圓鑑國師碑銘【幷序】

봉록대부奉祿大夫 국학대사성國學大司成 문한학사승지文翰學士承旨 신臣 김훈金曛이 분부를 받들어 지었다.

국사의 휘諱는 법환法桓인데, 뒤에 충지冲止로 고쳤다. 자호自號는 복암宓庵이다. 속성俗姓은 위씨魏氏이며, 정안定安(현재 장흥) 출신이다.

부친 소紹는 호부 원외랑戶部員外郎이요, 모친 송씨宋氏는 이부 원외랑吏部員外郎 자옥子沃의 딸이다.

국사는 병술년(1226년) 고종 13년 11월 17일에 태어났는데, 남다르게 미목이 수려하였다. 9세에 공부를 시작하였는데, 경서와 자사子史를 한번 보면 바로 외웠으며 글도 잘 지었다. 19세에 과거에 응시하여 장원급제하였으며, 일본에 사신으로 건너가서 국위를 선양하기도 하였다.

국사는 소싯적부터 속세를 떠날 뜻을 지녔다. 당시에 원오 국사圓悟國師가 선원사禪源寺에서 불법을 주재하고 있었으므로, 곧장 당하堂下에 나아가서 삭발하고 구족계具足戒를 받았다. 그리고는 지팡이를 짚고 남쪽 지방을 돌아다니면서 강석講席을 차례로 두루 방문하였는데, 국사가 떠나고 머무는 것에 따라 총림의 경중이 정해졌다.

국사는 당초 주지가 되는 것을 원하지 않았으므로, 사람들이 대개 태원부太原孚[153]의 고풍高風이라고 사모하였다. 그러다가 나이 41세 때에 처음으로 김해현金海縣 감로사甘露社의 주지가 되었다. 어떤 선덕禪德 한 사람이 국사의 앞에 나와서 시를 간청하자, 국사가 "봄날 계원 속에 꽃이 피어서, 소림의 바람에 은은한 향기 떠돌더니,[154] 오늘 아침에 과일이 익어 감로에 젖으니, 끝없는 인천이 다 함께 한맛을 보는구나.(春日花開桂苑中 暗香浮動少林風 今朝果熟霑甘露 無限人天一味同)"라고 하였는데, 이 시가 사람들의 입에 회자되었다. 멀고 가까운 곳을 막론하고 사람들이 모두 국사의 명성을 듣고서 그 모습을 한번 보고 싶어 하였다. 그래서 국사가 주지가 되면서부터 숙덕宿德이 바람처럼 달려오고 후진後進이 구름처럼 모여들었다.

병술년(1286년) 충렬왕 12년 2월에 원오 국사圓悟國師가 세상을 떠나자, 대중이 국사를 천거하여 그 자리를 잇도록 위에 글을 올리니, 임금이 원외랑員外郎 김호담金浩淡에게 명하여 국사의 입원入院을 청하게 하였다. 이에 국사가 이 해 4월 16일에 입원하여 개당開堂하고 원오 국사의 뒤를 이어 제6세가 되었다. 7년 동안 수선사修禪社에 주석住錫하면서 보조 국사普照國師의 유궤遺軌를 다시 빛내었다.

그리고 황제에게 토전土田의 반환을 청하는 표문表文을 올려 예전과 같이 되돌려 받았는데, 그 표문의 대략에 "황제 폐하께서는 순舜 임금처럼 총명하시고 탕왕湯王처럼 제성齊聖하십니다. 성대한 그 왕업은 삼왕三王에 이어 네 번째 왕이 되게 하고, 아름다운 그 광채는 천고에 짝이 없습니

---

153 태원부太原孚 : 당말唐末 오대五代의 선사인 설봉 의존雪峰義存의 법사法嗣이다. 부상좌孚上座 혹은 부공孚公으로 더 많이 알려졌다. 제방諸方을 편력하여 명성을 떨쳤으며, 결코 세상에 나가는 일이 없었다고 한다. 또 설봉이 손가락으로 해를 가리키자 손을 흔들고 나가면서 문답을 나눠 깨달음의 경지를 보인 부공요두孚公搖頭의 공안公案이 유명하다. 『경덕전등록景德傳燈錄』 권19 「태원부상좌장太原孚上座章」.

154 소림의 …… 떠돌더니 : 원문에는 '暗香不動少林風'으로 되어 있으나, 不動을 浮動으로 바로잡아 번역하였다. 참고로 송宋나라의 고사高士 임포林逋가 매화를 읊은 「산원소매山園小梅」 시에 "맑고 얕은 물에 성긴 그림자 가로 비끼고, 황혼 녘 달빛 속에 은은한 향기 떠도누나.(疎影橫斜水淸淺 暗香浮動月黃昏)"라는 명구名句가 나온다.

다.”라고 하였다.

상국上國에서 국사의 풍도風度를 듣고 국사의 덕을 아름답게 여겨 궁사宮使를 파견해서 국사를 영접하였다. 이에 국사가 역마驛馬를 타고 중하中夏에 이르자, 황제가 친히 영접하며 빈주賓主의 예로 대우하고 사부의 은혜를 기렸으며, 온 나라가 국사의 덕을 앙모하고 만백성이 그 인에 귀의하였다. 금란가사金襴袈裟와 벽수장삼碧繡長衫과 백불白拂 1쌍을 수여하였으니, 이는 모두 불도佛道와 관련된 물건이었다.

임진년(1292년) 충렬왕 18년 8월 초순에 국사가 가벼운 질환을 앓았는데, 계사년 정월 7일에 이르러 병이 더욱 중해졌다. 10일 새벽에 일어나 머리를 감고 옷을 갈아입은 뒤에 문인門人에게 이르기를 “삶이 있으면 죽음이 있는 것은 인간 세상의 일이다. 나는 갈 것이니, 너희들은 잘 있거라.”라고 하였다. 문인이 게송을 청하자, 국사가 다음과 같이 읊었다.

지나온 세월 예순하고 일곱 해	閱過行年六十七
오늘에 이르러 모든 일이 끝났도다	及到今朝萬事畢
평탄하게 펼쳐진 고향 가는 길	故鄕歸路坦然平
통로가 분명하여 헤맬 일이 없도다	路頭分明曾未失
손 안에 그래도 지팡이 하나 있어	手中纔有一枝笻
다행히 도중에 발이 아프지 않으리라	且喜途中脚不倦

만호萬浩 장로가 그 말을 받아서 묻기를 “고향 가는 길이 어디 있습니까?”라고 하니, 국사가 “눈을 들어 바라보라.”라고 하였다. 장로가 또 묻기를 “어느 길을 바라보란 말입니까?”라고 하니, 국사가 “알았으면 됐다.”라고 하였다. 그리고 말을 끝내고는 조용히 입적하였는데, 안색이 산뜻하고 굴신屈伸하는 것이 마치 살아 있는 것 같았다. 이달 20일에 다비茶毗를

하고 뼈를 수습하니 뼈에 오색五色이 감돌면서 서로 밝게 비쳤으며, 서기가 하늘에 뻗쳐 한 달 동안이나 지속되었다.

상이 이 소식을 듣고 애도하며 칙서와 뇌서誄書를 내리고 문도門徒를 위로하였다. 그리고 원감 국사圓鑑國師라는 시호를 내리고, 탑호塔號를 보명寶明이라고 하였다. 조계산 북쪽 동구【지금의 감로암甘露庵이다】에 부도를 세웠다.

국사의 춘추는 67세요, 법랍法臘은 39세이다. 국사는 성품이 본래 관유寬裕하고 심정이 순박하였으며, 사람을 사랑하고 만물을 구제함은 천연적으로 품부 받은 것이었다. 국사의 평생의 대략을 살펴보건대, 세간과 출세간 모두 흠이 없이 구족具足해서 진정 대장부라고 할 만하였으니, 아, 얼마나 아름다운 일인가.

문인門人 등이 유적지에 비석을 세우려 하면서 행장行狀을 받들어 위에 아뢰니, 상이 신에게 글을 지으라고 명하였다. 신은 일찍이 자비로운 가르침을 받았고, 또 높은 도덕과 아름다운 행동에 대해서 귀와 눈으로 자세히 듣고 보았다. 그래서 문장 실력이 없다는 이유로 사양할 수 없기에, 억지로 글을 짓게 되었다.

명銘은 다음과 같다.

청정한 마니 구슬은	淸淨摩尼
원만하고 정결하여 흠이 없나니	圓潔無虧
방소에 따라 각각 비추어서	隨方各現
어떤 물건도 속일 수가 없다네.	物不能欺
여의라는 이름의 보배로운 이 구슬	名如意寶
움직이면 신령하고 기이하나니	動有靈奇
이와 비슷한 사람이 누구일까	誰其似也
우리 국사가 그런 분이라오.	惟我國師

유덕有德 석존[155]의 뒤를 따라서　　有德從釋
목우牧牛[156]의 정통 적자가 되었나니　　牧牛正嫡
여러 총림에 머물 때마다　　住諸叢林
모두 상객이 되었다네.　　俱爲上客
어디에 있어도 심신이 화락하여　　隨處養怡
한가로이 스스로 만족하며 지냈는데　　優遊自適
대중의 추앙을 받아　　爲衆所推
원오의 법석을 이은 뒤에는　　繼圓悟席
무거운 책임을 한 몸에 지고　　荷擔重器
종지를 널리 선양하였다오.　　闡揚宗旨
학자들이 구름처럼 모여들어　　學者雲從
높은 풍도를 흠앙하였고　　景仰高致
조야가 귀의하고 숭배하며 법문을 청했다네.　　朝野歸崇 丐以物理
멀리 내다보고 미리 방지하여　　慮遠防微
사람들을 재앙에서 벗어나게 하고　　脫人禍機
그 나머지로 보살펴 주자　　緒餘所庇
백성이 윤택하고 나라가 살졌다네.[157]　　民阜國肥
도가 높고 덕이 성대하였건만　　道尊德茂
오직 부족한 것은 수명이라서　　所嫌者壽

155 유덕有德 석존 : 석가모니에 대한 존칭이다. 여래如來 십호十號의 하나인 bhagavat를 음역音譯하여 바가바婆伽婆 혹은 박가범薄伽梵이라 하고, 이를 의역하여 세존 혹은 유덕有德이라고 한다.

156 목우牧牛 : 목우자牧牛子, 즉 조계산曹溪山 수선사修禪社를 창시한 보조 국사普照國師 지눌知訥의 호이다.

157 그 나머지로 …… 살졌다네 : 『장자莊子』「양왕讓王」에 "참된 도로 몸을 다스리고, 그 나머지로 나라와 집을 보살피며, 또 그 찌꺼기로 천하를 다스린다.(道之眞以治身 其緒餘以爲國家 其土苴以治天下)"라는 말이 나온다.

밝은 달이 허공에 지고 明月墜空
흰 해가 빛을 잃었어라. 白日沈照
도가 이제는 쇠미해졌나니 道隨而微
하늘이 우리를 돕지 않음인가. 天不我祐
아름다운 자취를 빗돌에 새겨 紀美鐫珉
후세에 썩지 않고 전해지게 하노라. 傳之不朽

원나라 연우延祐 원년 갑인 충숙왕 1년(1314년) 8월 일에
문인門人 대선사大禪師 정안靜眼 등은 비를 세우다

서언緖言

내가 조계曹溪 열조列祖의 아름다운 자취를 드러내 밝히려 하였으나 근거할 만한 것이 없기에, 자료를 찾아야 하겠다는 뜻을 세운 뒤로 거의 1년이 지났다. 그러다가 마침 이번에 봄철 휴가를 맞아 우연히 『동문선東文選』과 『동국여지승람東國輿地勝覽』 등 수십 권을 섭렵하며 사료史料를 많이 얻었다. 그리고 원감圓鑑 국로國老의 시와 문文·소疏·표表 등을 얻어서 얼마간 절구節句를 배독拜讀하였는데, 그 글은 파란이 일면서 풍요로웠고 그 뜻은 간이簡易하면서 심오하였으므로 용솟음치는 감동을 가눌 수가 없었다.

이에 천박한 식견이 부끄러운 것도 헤아리지 못한 채, 감히 제가諸家의 시문 더미 속에 뒤섞여 있는 것들을 수습해서 '원감집선圓鑑集選'이라고 이름 붙였다. 이것은 선사先師의 위광偉光을 드러내려 함일 뿐이요 감히 편집한 공로를 내세우려 함이 아니니, 제현諸賢께서는 처음 엮어 본 이 작업을 너무 꾸짖지 않으면 좋겠다. 누락된 것이 있으면 나중에 보충하여 이 문집을 완성함으로써 조사祖師의 도를 선양할 것이요, 이와 함께 엮은 것이 부족한 아쉬움을 보완하려 한다.

응화應化 2945년 무오(1918년) 음력 2월 하순에,
한성漢城 응봉鷹峯 아래 송엄실松嚴室에서 편자編者[158]가 삼가 쓰다

---

158 서문에 나오는 진珍 상인上人 임석진林錫珍.

복암화상잡저 보유*

* 『복암화상잡저宓庵和尙雜著』에는 64편의 산문이 실려 있는데 『원감국사가송』과 겹치지 않는 8편이 있어서 이어서 싣는다.

청주青州 현암사玄巖寺에 있으면서 충청도 지휘사指揮使 곽 상서郭尙書에게 부친 글

산야山野는 아룁니다. 근일에 웅천熊川의 심 사군沈使君이 서원(西原 : 청주)에 와서 균지鈞旨를 전하기에, 놀라운 마음으로 삼가 읽어 보고는 존체尊體의 기거起居에 만복을 누리고 계심을 잘 알았습니다. 기쁘고 경사스러운 마음을 어떻게 헤아릴 수 있겠습니까.

산야가 영남에서 이곳에 올 적에 바야흐로 납월臘月(12월)의 시절이라서 여행하기가 무척 어려웠으나, 각하閣下를 알현하려는 소망이 있었기 때문에, 풍설이 몰아치고 도로가 멀어도 꺼리지 않았습니다.

처음에 천호산天護山에 이르렀을 때에 뜻밖에도 위로해 주시는 각하의 서신을 홀연히 받고는 감격을 이기지 못했습니다. 그리고 이곳에 이르러서 다시 분부를 받드니, 이달 그믐에 이 고을을 순시하면서 산거山居에 들르시겠다고 하였으므로, 너무도 놀랍고 감격스러워 정신을 못 차리면서 행차가 이르기만을 고대하며 잠시도 잊은 적이 없었습니다.

그러다가 절차節次의 수교手教를 받들고 보니, 근래에 조지朝旨를 받고서 궐하闕下에 빨리 달려가야 하기 때문에 방문할 틈을 내지 못하고 행장을 서둘러 출발하게 되었다는 내용이었습니다. 그동안의 기대가 크게 무너졌으니 슬프고 아쉬운 심정을 어찌 말로 다할 수 있겠습니까.

지난번에 산야가 감로사甘露寺에 머물고 있을 적에, 각하가 북조北朝의 사자使者과 함께 금녕(金寧 : 金海)에서 의춘(宜春 : 宜寧)을 향하다가, 황산강黃山江 나루에 이르러서 산야가 있는 곳이 얼마나 떨어져 있는지 물어보고는, 절에 와서 한번 만나볼 목적으로 마침내 주인舟人에게 명하여 있는 힘껏 노를 젓도록 하였는데, 마침 풍랑 때문에 이르지 못한 채 중로에서 그만 길을 돌리고 말았다고 하였습니다.

며칠 뒤에야 이 사실을 전해 듣고는 회한과 감동이 함께 교차했는데,

지금까지도 그때의 심정이 가슴속에 그대로 남아 있습니다. 그런데 지금 또 이렇게 되었으니, 무슨 인연이 이렇게도 어긋난단 말입니까. 회한이 얼마나 지극한지는 천일天日이 내려다보고 계실 것입니다. 각하가 유영(柳營 : 군영)을 떠나기 전에 산야가 현암사를 나가지 않으면 서로 만나지 못할 줄 또 어떻게 알겠습니까.

또 목백牧伯 상서공尙書公으로부터 각하가 부친 산자山字 운의 시 한 통을 전해 받고는, 입으로 읊고 마음으로 음미하며 손에서 놓을 수가 없었습니다. 한편으로는 표현한 문사文辭가 호방하고 넉넉하여 7편 안에 시가詩家의 진부한 말이 조금도 없는 것을 아름답게 여겼고, 한편으로는 그 속에 내포한 의미가 정미하여 구절마다 원각圓覺의 심오한 뜻을 깊이 체득한 것을 감탄하였습니다. 그래서 즉시 화운和韻하여 기증함으로써 한번 웃으실 자료로 제공하려 하였으나, 운자韻字가 험하고 높아서 뇌문雷門 아래의 소리 나지 않는 포고布鼓가 될까 두려웠고,[1] 시절이 또 급박해서 우선 후일을 기다려 불민한 죄를 씻기로 하였습니다.

그리고 또 듣건대, 각하는 문서 더미 속에 항상 경산서답徑山書答[2]을 놔두고서 수경手鏡으로 삼고 있다 하니, 참으로 불 속의 연꽃[3]이라고 할 만

---

1 뇌문雷門 …… 두려웠고 : 충지 자신의 시는 곽 상서의 그것과는 아예 비교가 되지 않을 정도로 초라할 것이라는 뜻의 겸사謙辭이다. 한漢나라 왕존王尊이 동평왕東平王의 상相이 되었을 때, 왕 앞에서 태부太傅가 상서相鼠라는 시를 강론하는 것을 보고는, "소리도 안 나는 베 북을 가지고, 천지를 진동시키는 큰 북이 걸려 있는 뇌문 앞을 지나가지 말라.(毋持布鼓過雷門)"면서, 변변찮은 재주로 자기 앞에서 뽐내지 말라는 뜻으로 힐난했던 고사에서 유래한 것이다. 뇌문은 회계會稽의 성문城門을 가리키는데, 뇌문 위에 걸린 북은 소리가 커서 낙양洛陽에까지 들릴 정도였다고 한다. 『한서漢書』「왕존전王尊傳」.

2 경산서답徑山書答 : 대혜 종고大慧宗杲가 지은 서장書狀을 말한다. 그는 송대宋代 임제종臨濟宗 양기파楊岐派의 승려로, 소흥紹興 28년(1137년)에 고종高宗의 조칙을 받고 경산徑山 능인사能仁寺에 주석住錫하였으므로, 당시에 경산 종고徑山宗杲라고 일컬었다.

3 불 속의 연꽃 : 『유마경維摩經』「불도품佛道品」의 "불 속에서 연꽃이 피는 것은 희유한 일이라고 말할 만하다. 마찬가지로 욕망 속에서 선을 행한다는 것도 이와 같이 희유한 일이다.(火中生蓮花 是可謂稀有 在欲而行禪 稀有亦如是)"라는 말에서 나온 것으로, 번뇌 속에서 중생이 해탈을 이루는 것을 비유하는 말로 쓰인다.

합니다. 만약 그 글 속에서 제시한 방편에 의거하여, 시끄러움 속에서 고요할 때의 소식을 얻을 수만 있다면, 이는 그야말로 대장부만이 할 수 있는 일이라고 할 것입니다. 바라건대 부디 더 유의하시어, 이병李邴과 증개曾開[4]의 무리만이 전고前古에 아름다움을 독점하는 일이 없도록 하시기를 간절히 축원합니다.

봄추위가 아직 물러가지 않은 지금, 삼가 복 많이 받으시고 조천朝天하시어 간절히 기원하는 마음에 부응하시기 바랍니다.

이만 줄이면서 황공한 심정으로 머리를 조아립니다.

4 이병李邴과 증개曾開 : 송나라 사람으로 관직이 각각 참지정사參知政事와 예부시랑禮部侍郎에 이르렀는데, 모두 대혜 종고大慧宗杲에게 나아가서 간절히 가르침을 청했다. 『대혜서장大慧書狀』 권25.

진정眞靜 통오通奧 대선大禪에게 부친 글

아무개는 아룁니다. 요즈음 서늘한 바람이 불기 시작하는 때에, 법체法體의 기거起居에 편안하시어 병도 없고 번뇌도 없으시리라 생각합니다. 산야山野는 평소에 받은 은혜 덕분에 지금까지 아무 탈 없이 잠을 자고 밥을 먹고 있습니다.

장하丈下께서는 웅심하고 준위儁偉한 자질과 굉민宏敏하고 박흡博洽한 재능을 지니고서, 성명聖明한 시대를 만나 궁중에서 소요하고 계십니다. 그리하여 날마다 한묵翰墨의 즐거운 자리에 임금님을 모시고서 문명의 교화를 도와드리는 한편, 간간이 불법의 비를 내려 제왕의 사업을 윤택하게 하고 계시니, 이는 실로 천재일우千載一遇의 기회라고 할 것입니다. 안로安老[5]가 당 고종唐高宗에게 중한 대우를 받고, 연공璉公[6]이 송 인종宋仁宗에게 총애를 입었다고 할지라도, 이보다 더하지는 않았을 것입니다.

그리고 마침내 은총이 고당(高堂 : 부모)에까지 미쳐서, 90세인 학발鶴髮의 노친이 하루아침에 4품의 지위로 껑충 뛰어오르게 하였습니다. 이에 조서를 받들고 대궐로 향하자, 주상主上이 특별히 중사中使를 보내 중로에서 위로하며 정대鞓帶를 하사함으로써 표창하는 뜻을 보였으니, 이는 천

---

5 안로安老 : 혜안慧安 선사를 말한다. 그는 중국 선종사상 북종北宗 계열의 선사로서, 북종의 시각에서 저술한 『능가사자기楞伽師資記』에 의하면 신수神秀·현색玄賾과 함께 홍인弘忍의 의발衣鉢을 받은 것으로 되어 있다. 그는 당나라 고종高宗과 중종中宗의 극진한 예우를 받다가, 중종 경룡景龍 3년(709년)에 숭산嵩山 소림사로 돌아가 그해 3월 8일에 128세의 나이로 입적하였다. 노안老安·도안道安·대안大安이라고 칭하기도 한다. 『송고승전宋高僧傳』 권18, 『경덕전등록景德傳燈錄』 권4.

6 연공璉公 : 송나라 운문종雲門宗의 대각 회연大覺懷璉 선사를 말한다. 그는 늑담 회징泐潭懷澄의 법사法嗣로서, 육왕산育王山에서 주석하였으므로, 육왕 회연育王懷璉이라고도 한다. 인종仁宗 황우皇祐 2년(1050년) 정월에 조칙을 내려 동도東都 정인사淨因寺에 머물게 하고, 불법佛法에 관해 서로 문답을 나눈 기록이 『불조역대통재佛祖歷代通載』 권18에 보인다.

고 만고토록 있지 않았던 성대한 일입니다. 이 사실이 조야朝野에 떠들썩하게 전해지면서, 임하林下에 있는 나의 귀에까지 들리게 되었습니다.

산야山野는 어려서부터 지우知遇의 은혜를 받은 것이 원래 적지 않은 터라서, 이 소식을 듣고는 너무 기뻐서 어찌할 줄을 몰랐으니, 그지없이 경축하고 싶은 마음이 또한 보통 사람들과는 같지 않았습니다. 그러나 성품이 본래 거칠고 게으른 데다 남방의 궁벽한 골짜기에 외따로 살고 있는 관계로, 사람들과 편지를 주고받으면서도 답장만 하였을 뿐 감히 먼저 보내지는 못하였습니다. 이 때문에 글 한 통을 닦아서 장하丈下에 올리지 못한 나머지 끝내 불성실한 죄에 떨어지고 말았습니다. 하지만 이것은 납승衲僧의 집안의 본분이기도 하니, 이 일을 가지고 꼭 죄를 묻지는 않으시리라고 생각합니다.

삼가 듣건대, 당무唐武의 사태[7]가 일어나면서 불법이 거의 땅을 쓴 듯 없어졌다가, 선종宣宗이 즉위하고 나서 석교釋敎를 중흥하여 천하에 법륜이 다시 구르게 하였는데, 이는 실로 염관鹽官 안공安公[8]이 먼저 임금의 지우知遇를 받아서 그렇게 된 것이라고 합니다.

아, 광렬공匡烈公[9]이 세상을 떠나면서부터 오도吾道가 점차 쇠미해져서 근세 이래로 그 운명이 실낱같이 되었으므로, 식자識者들이 다 같이 가슴

7 당무唐武의 사태 : 당나라 무종武宗 회창會昌 3년(843년)에 조칙을 내려 대대적으로 불교를 혁파한 사건을 말한다. 이때 4만여 개의 사원이 파괴되고 승려 26만여 명이 환속되는 등 중국 역사상 가장 대규모의 폐불廢佛이 단행되었는데, 불교계에서는 이를 회창會昌의 법난法難이라고 한다.

8 염관鹽官 안공安公 : 항주杭州 염관현鹽官縣 진국鎭國 해창원海昌院에 주석했던 당나라의 제안齊安 선사를 말한다. 보통 염관 제안鹽官齊安이라고 칭한다. 마조 도일馬祖道一이 그를 한번 보고 그릇으로 여겨 정법正法을 은밀히 전했다고 하며, 신라 구산선문九山禪門 중 사굴산파闍崛山派의 개조開祖인 범일梵日이 그에게서 "평상심시도平常心是道"라는 한 마디를 듣고 대오大悟한 기연이 전한다. 당 선종唐宣宗이 조칙을 내려 그에게 오공 대사悟空大師라는 시호를 내렸다. 『송고승전宋高僧傳』 권10 등.

9 광렬공匡烈公 : 고려 고종高宗 때의 권신權臣 최이崔怡를 가리킨다. 광렬은 그의 시호이다.

을 치며 탄식하고 있습니다. 그런데 지금 장하丈下께서 아침저녁으로 용안龍顔을 가까이 모시며 직접 고문顧問에 응하고 계시는 만큼, 주상主上의 지우知遇를 받는 것이 염관鹽官보다도 천만 배나 많다고 할 것이니, 우리 도道의 부흥을 곧바로 기대할 만합니다. 삼가 바라옵건대, 장하께서는 이 점을 깊이 통찰하고 깊이 생각하여 힘써 주소서. 그리하여 항상 종풍宗風을 다시 떨칠 방도를 생각해 주신다면, 우리 도道를 위해 참으로 다행이겠습니다.

산야山野가 최근에 조계曹溪의 주실籌室에 나와서, 삼가 주상이 직접 짓고 써서 내려주신 보족寶簇을 보건대, 그 구격句格의 아름다움과 필법의 묘함을 도저히 말로 표현할 수가 없었습니다. 산야가 우러러보고는 두 눈이 아찔하고 마음이 도취되어, 마치 몸이 하늘 위로 뛰어오른 것 같고, 눈이 일월의 빛을 보는 것만 같았습니다. 그래서 차마 입을 다물고 가만히 있을 수 없기에, 삼가 어제御製의 운韻에 따라 억지로 절구 네 수를 지은 뒤에, 몸과 마음을 가다듬고서 멀리 장하丈下에 올리게 되었습니다.

삼가 바라옵건대, 장하께서 졸렬하다고 버리지 않으시고, 소간宵旰[10]의 틈을 살펴 주상 전하에게 전달함으로써, 천안天顔이 한번 펴지도록 일조를 해 주신다면, 이는 실로 산야에게 있어 평생토록 다행한 일이 되겠습니다.

삼복 더위가 물러나지 않은 때에 오직 불법을 위해 몸을 보중하시어 멀리서 기도하는 뜻에 부응해 주소서.

이만 줄이면서, 황공한 심정으로 머리를 조아립니다.

---

10 소간宵旰 : 날이 새기 전에 일어나 옷을 입고 해가 진 뒤에야 늦게 저녁을 먹는다는 소의간식宵衣旰食의 준말로, 임금이 정사政事에 부지런한 것을 말한다.

대조大朝 요동로안찰부사遼東路按察副使 홍공洪公 혁革에게 부친 글

아룁니다. 지금 때는 늦봄이라서 꽤나 따뜻한데, 멀리 생각건대 균후鈞候의 기거起居에 역시 많은 복을 받고 계시리라 여겨집니다. 산야山野는 성품이 본래 성글고 나태한 데다 나이도 노년에 접어들었는데, 회당 노인(晦堂老人 : 圓悟國師)에게 마치지 않은 공안(不了底公案)이 있는 인연으로, 조계曹溪의 빈자리를 이어서 뻔뻔스럽게 법석을 주관해 온 지 어언 5년이 되었습니다. 쇠잔한 목숨을 부지하며 죽는 날을 연장할 수 있었던 것은 대개 각하께서 비호해 주신 은혜 덕분이라고 할 것입니다.

지난 갑술년(1274년) 원종 15년 4월 14일에 계족산雞足山에 있을 적에, 각하가 영광스럽게 조계산을 방문하신다는 말을 듣고는, 곧바로 말을 치달려 찾아뵈었습니다. 그러자 각하가 한번 보시고는 흔연히 손을 잡으면서 평소 알고 지내는 사이처럼 대해 주시어 환희의 정을 만끽하였으니 실로 그런 행운이 없었습니다. 다만 제명帝命에 일정이 있어서 만류할 수 없는 것이 한스러울 따름이었는데, 그 이튿날 시내의 다리 위에서 송별하려니 마치 골육과 헤어지는 것처럼 아쉽기만 하였습니다. 그로부터 자나 깨나 북쪽 하늘을 바라보며 그리워하지 않은 때가 없었습니다.

무인년(충렬왕 4년, 1278년) 정월 16일에 대숙大叔 천호千戶 득중得中이 계족산雞足山 아래로 지나간다는 말을 듣고는, 삼가 그 편에 편지를 부치면서 와룡산臥龍山에 새로 세운 비문碑文의 인본印本을 올렸는데, 잘 받으셨는지 모르겠습니다. 그 뒤에 몸을 담은 곳이 외지고 먼 산속이라서, 돌아가는 사신을 만나기가 어려웠으므로 몇 년 동안이나 안부를 여쭙지도 못했으니, 불민한 죄를 피할 수 없습니다.

그렇긴 하지만 각하가 일찍이 회당 노인晦堂老人에게 부친 시 중에 "바다 물소가 속마음을 모두 허여하였으니, 변방 기러기가 굳이 소식 전할 필요 있으리요.(海犀已許通寥廓 塞雁何須問有無)"라는 한 구절이 있었는데, 참으로 이와 같이 서로 믿을 수만 있다면, 문안 편지가 드물었다고 해서 그 동안의 우호友好가 바뀔 리야 있겠습니까.

사제舍弟인 총랑摠郞 문경文卿이 전년에 안서安西의 수재守宰로 나갔다가 병에 걸려 죽어서 상심이 되기도 합니다. 양찰해 주십시오. 지역이 워낙 멀리 떨어져 있어서 다시 만날 길이 없는데, 천하를 위해 스스로 몸을 아끼시어 간절히 축원하는 마음에 부응해 주시기를 삼가 바라는 바입니다.

이만 줄입니다. 머리를 조아려 재배再拜합니다.

선월禪月에게 답한 글

| 연지衍之 |

노후(老朽 : 자기 겸칭)는 아룁니다. 근래에 천선天宣이 전한 글을 받아 보건대, 이달 초하루에 이 산을 향해 분향하고 멀리 노후老朽에게 예배하며 스승으로 삼았다고 하였으며, 이와 함께 재齋를 닦아 불승에게 밥을 대접하고 복을 빌면서 그 소두(疏頭 : 祝文)까지 보내어 보여 주었습니다. 이는 성의가 지극하다고 할 것이니, 어찌 감히 가슴에 깊이 간직하지 않겠습니까.

대저 동도자同道者가 서로 보는 것은 원래 근진根塵[11]의 사이에 있지 않으니, 어찌 꼭 눈과 눈을 마주해야만 서로 본다고 할 수 있겠습니까. 지금 서로 계합契合하는 것은 소疏에서 인용한 바 "고정高亭과 덕산德山이 강을 사이에 두고서 합장을 하고,[12] 불롱佛隴과 금릉金陵에서 손으로 부르고 머리를 끄덕였다.(招手點頭)[13]"는 말과 방불하다고 할 것이니, 어찌 작은 인연으로 이렇게 될 수가 있겠습니까.

---

11 근진根塵 : 육근六根과 육진六塵. 육근은 인식 주체인 인간의 안眼 · 이耳 · 비鼻 · 설舌 · 신身 · 의意, 육진은 인식 대상인 색色 · 성聲 · 향香 · 미味 · 촉觸 · 법法을 말한다.

12 고정高亭과 …… 하고 : 양주襄州 고정간高亭簡 선사가 처음에 강을 사이에 두고(隔江) 덕산 선감德山宣鑑을 보고는 멀리서 합장하며 모르겠다고 외치자, 덕산이 손에 쥔 부채를 가지고 다시 부르니, 고정간 선사가 홀연히 깨달았다는 덕산초선德山招扇의 고사가 전한다. 『경덕전등록景德傳燈錄』 권16 「전랑주덕산선감선사법사前朗州德山宣鑒禪師法嗣」.

13 불롱佛隴과 …… 끄덕였다 : 불롱은 불롱봉佛隴峯의 정광定光 선사를 가리키고, 금릉金陵은 금릉 영요사靈曜寺에 머물렀던 지의智顗 대사를 가리킨다. 불롱봉은 천태산天台山의 봉우리 이름인데, 정광이 이곳에 머물면서 제자들에게 "머지않아 훌륭한 선지식이 무리를 이끌고 이 산에 와서 불법을 펼칠 것이다."라고 예언하였는데, 과연 지의가 강을 건너 이곳에 와서 명성을 떨치며 천태종의 개조開祖가 된 고사가 전한다. 이와 관련하여 "정광이 금지에서 멀리 손으로 부르자, 지자가 강릉에서 남몰래 머리를 끄덕였다.(定光金地遙招手 智者江陵暗點頭)"라는 말이 불교계에 유행하였다. 지자智者는 지의의 별칭이다.

바라건대, 지금부터 앞으로 미래가 다하도록 태어나는 곳마다 서로 주반主伴의 관계가 되어 함께 불일佛日을 붙들어 일으키며 오늘의 이 한 생각을 저버리지 않는다면 매우 다행이겠습니다. 글로는 이 뜻을 다 표현할 수 없어서 두 수의 게송을 지어 보았는데, 그 게는 다음과 같습니다.

길고 긴 사문의 일척안[14]이여	沙門一隻眼長長
대감[15]도 당년에 육왕[16]의 예배를 받았었지	大鑑當年禮育王
선월과 조계가 원래 막히지 않았는데	禪月曹溪元不隔
어찌 꼭 얼굴을 봐야만 승당하리오	何須覿面始升堂

전생에 좋은 인연 맺지 않았다면	若非往劫結良因
함께 있어도 행인과 다름이 없으리라	共住猶同行路人
천 리의 두 마음이 절로 계합되었으니	千里兩心能自契
과거에 도반이었음을 확실히 알겠도다	信知曾作法中親

지원至元 27년(1290년) 충렬왕16 국월(菊月 : 9월) 일에 조계산 자인암慈忍庵 비구 충지沖止는 자취헌紫翠軒에서 써서 올립니다.

【소疏에 이르기를, 승당升堂 입실入室하여 상족上足 제자의 대열에 끼이고 싶다고 하였다.】

---

14 일척안一隻眼 : 범부의 육안肉眼이 아니라, 진실한 정견正見을 갖춘 혜안慧眼이라는 말이다. 정문안頂門眼 혹은 활안活眼이라고도 한다.

15 대감大鑑 : 육조 대사六祖大師 혜능慧能을 가리킨다. 당나라 헌종憲宗이 그에게 대감大鑑 선사라는 시호를 내렸다.

16 육왕育王 : 불교의 최대 후원자였던 인도 아육왕阿育王의 준말인데, 여기서는 혜능을 지극히 존경하며 귀의한 당나라 중종中宗을 가리킨다.

소감少監 김윤부金允富에게 답한 글

산야山野는 아룁니다. 저번에 보내신 글을 잘 받았습니다. 이와 함께 별도의 서간에서 말씀하기를 "근래에 풍질風疾을 얻어서 기거起居에 불편하니 다시 만나지 못할까 두렵다."라고 하였고, 또 한마디 말을 구해서 병중에 마음을 비춰 보는 방편으로 삼고 싶다고 하셨으므로, 이 글을 접하고는 놀랍기도 하고 두렵기도 해서 마음을 걷잡을 수가 없었습니다.

그러나 공은 대대로 장수長壽한 가문 출신인데다 적선한 공이 있으니, 신명이 보우하고 조불祖佛이 가지加持해 주실 것입니다. 지금 불편하신 것은 단지 음양의 기운이 조금 어그러져서 그런 것일 뿐이니, 머지않아 완전히 회복되어 다시 얼굴을 볼 날이 있을 것입니다. 모쪼록 걱정하지 마시고, 약물藥物을 열심히 드시어 간절히 축원하는 마음에 부응해 주십시오.

산야山野가 지난번에 어떤 사람의 요청으로 좌우명을 지었는데, 지금 이것을 써서 바침으로써 부탁하신 한마디에 대신할까 합니다.

잘 살펴주시기 바랍니다. 재배再拜.

판중추부사 정가신鄭可臣에게 답한 글

산야山野는 아룁니다. 이달 재생명哉生明[17]에 금성(錦城 : 羅州)의 관리가 와서 손수 쓴 편지 한 통을 전하면서, "이것은 염거廉車[18]께서 보내신 것입니다."라고 하기에, 놀랍고 기뻐서 무릎을 꿇고 받았습니다. 미처 봉함을 뜯기도 전에 한 줄의 빙함冰銜[19]이 눈부시게 빛났고, 봉함을 열고 한번 보니 화전花牋에 보묵寶墨으로 쓴 시문의 화려한 문사文辭가 또 찬란하게 눈앞에 전개되었습니다. 처음에는 원거爰居가 음악을 듣는 것[20]처럼 눈앞이 아찔하다가, 서서히 음미하며 읽다 보니 두 번 세 번 거듭하는 것도 깨닫지 못했습니다.

그 표현을 보면 힘이 있고 기발하였으며, 그 내용을 보면 자세하고 간곡하였으므로, 마치 설재雪齋 무온당無慍堂에 직접 찾아뵙고서 청안淸顔을 대하고 청담淸談을 듣는 것과 방불하였으니, 동도자同道者가 서로 보는 것은 원래 근진根塵의 사이에 있지 않다는 것을 참으로 알겠습니다.

또 예전부터 가슴속에 풀리지 않던 의심, 즉 부귀에 마음이 바뀌시어 임하林下에는 그다지 유의하지 않는 듯하다는 의심과, 산야山野는 꿈에도 모르는 일을 가지고 죄를 주시는 것 같다는 의심이, 얼음 녹듯 일시에 풀어졌으니, 달인達人의 감식鑑識은 진루秦樓의 거울[21]보다도 훌륭해서 사람

---

17 재생명哉生明 : 달빛이 처음 생기기 시작한다는 뜻으로, 음력 초사흘을 가리킨다. 참고로 재생백哉生魄은 음력 16일을 가리킨다.

18 염거廉車 : 염방사廉訪使의 수레라는 말로, 관찰사 등 지방 장관을 가리키는 말이다.

19 빙함冰銜 : 얼음처럼 맑은 직함이라는 뜻으로, 상대방의 관직에 대한 존칭이다.

20 원거爰居가 …… 것 : 원거라는 해조海鳥가 노魯나라 교외에 날아와 앉자, 임금이 그 새를 정중히 모셔다가 종묘에서 환영연을 베풀면서, 순舜 임금의 소악韶樂을 연주하고 진수성찬을 대접하니, 그 새는 눈이 부시고 근심과 슬픔이 교차하여 고기 한 점도 먹지 못하고 술 한 잔도 마시지 못한 채 3일 만에 죽고 말았다는 이야기가 『장자莊子』 「지락至樂」에 나온다.

21 진루秦樓의 거울 : 진시황秦始皇이 사람의 마음속을 환히 비추어 보았다는 전설의 거울

의 속마음을 빠짐없이 비춰 본다는 사실을 알 수 있었습니다. 그지없이 감사한 마음을 필설筆舌로 어떻게 다 표현하겠습니까.

보내온 시 두 절구의 사어辭語가 고상할 뿐만 아니라 순자荀字 운韻은 더더욱 어려웠기 때문에, 붓을 떨어뜨린 채 감히 화운和韻을 할 수 없었으니, 큰 도량으로 관대히 살펴 주십시오. 지금 날이 아직도 더우니, 나라를 위해 몸을 보중하시어 멀리서 기도하는 마음에 부응해 주시기를 삼가 바랍니다.

이만 줄이면서, 황공한 심정으로 두 번 절하고 올립니다.

을 가리킨다. 보통 진경秦鏡 혹은 진대경秦臺鏡이라고 한다.

감로사甘露社 기사년 동안거의 원문願文

| 化□正□ |

하늘을 머리에 이고 땅을 발로 밟으며 남의 신하가 된 자가 임금을 사랑하고 나라에 충성하는 마음이야 승려나 속인이나 무슨 차이가 있겠습니까. 속인이 조정에 벼슬하면 문관이나 무관으로서 각각 직책을 수행하며 왕의 교화를 돕고, 승려가 산림에 거하면 조석으로 향을 피우고 등을 켜면서 선정禪定에 들기도 하고 염송念誦하기도 하며 불사佛事를 정결하게 닦아 국가의 복리福利를 도모하니, 비록 사업은 같지 않을지라도 임금과 나라에 충성하는 것은 한가지라고 할 것입니다.

지금 북쪽 강물에 물결이 치솟고 동쪽 바다에 격랑이 일고 있으므로, 성군聖君은 밤낮으로 노심초사하고 중외中外는 잔뜩 두려워하고 있습니다. 이는 지모智謀나 힘을 가지고 제어할 수 있는 것이 아니고, 의지할 것은 오직 불법의 가피加被를 입는 길밖에 없다고 하겠습니다. 이러한 때를 당하여 부도浮屠가 되어 국가의 복리를 도모해야 할 자가, 불법을 펴며 복을 빌 생각은 하지 않고 깊이 임학林壑에 거하기만 하면서 국은國恩을 헛되이 한다면, 들짐승과 무슨 차이가 있겠습니까.

그리고 약의 종류가 매우 많지만 그 병맥病脈의 한열寒熱과 허실에 따라야만 각각 알맞게 되는 것이니, 알맞게 되는 것을 살피지 않고 베푼다면 좋은 약도 아무 효험이 없을 것입니다. 불법이 국가를 이롭게 하는 것도 이와 같습니다. 선禪과 교敎 등 그 문이 많이 있지만, 국토 산천의 감응에 따라야만 각각 알맞게 되는 것이니, 알맞게 되는 것을 살피지 않고 펼친다면 묘한 법도 아무 효험이 없을 것입니다.

삼가 생각건대, 본조本朝 산천의 감응과 관련하여 알맞은 것으로는 선법禪法보다 더 나은 것이 없습니다. 그래서 우리 성조(聖祖 : 王建)께서 의병을 처음 일으키면서부터 이 법을 극력 홍포弘布하셨고, 대통大統을 마침내 완수하고는 유훈(遺訓 : 訓要十條)을 남겨 후세에 밝게 보여 주신 것입니다. 그러므로 백악白岳의 정령精靈이 진단震旦을 향해 조회를 올리고, 황의黃衣의 승려가 거란 군대를 짓밟아 죽인 사실이 방책方冊에 기록되어 있고 사람들의 이목耳目에 남아 있으니, 이는 선종禪宗에 몸담은 자가 자기 종파를 위하여 억지로 말하는 것이 결코 아닙니다.

우리는 실로 (2字 缺) 가장 미천한 자이긴 합니다만, 충의의 마음만은 또한 천성적으로 지니고 있으므로, 요즈음 나라가 점점 어려워지는 것을 보고서 아침저녁으로 마음이 아팠습니다. 그래서 우리가 비록 형편없기는 하지만 그래도 법문法門의 숫자를 채우고 있는 만큼, 지금이야말로 있는 힘과 정성을 다해 불법을 펴고 복을 받들 때라고 생각하고는, 이에 간절히 발원하게 되었습니다.

왕께서 명년 겨울에 조계曹溪의 화상和尙을 감로사에 불러들여 90일 동안 (5字 缺) 법회를 개최하려 하십니다. 이에 우리도 선나禪那의 최상의 법륜으로, 황궁의 만복을 빌고, (3字 缺) 천세千歲를 축원함은 물론, 열후列侯의 장수를 기원하고, 백관의 정상(禎祥 : 福)을 청함으로써, 이웃과의 전쟁이 영원히 종식되고 국운이 중흥되는 동시에 법계의 중생들도 모두 똑같이 안락을 누릴 수 있게 하려 합니다.

그러나 힘이 미약해서 혼자서는 마련할 수가 없으므로, 시방十方의 단신(檀信 : 신도)과 우리 동지들이 각자 출연出捐해서 도와주시기를 간절히 청하게 되었습니다. 가령 우리들이 망령되게 불법을 펴고 복을 빈다는 핑계를 대고서 여러 단신을 유혹하여 우리의 사리私利를 꾀한다면 천지신명이 가만두지 않을 것입니다. 삼가 아룁니다.

규봉암圭峯庵 갑술년 동안거의 원문願文

곡식을 파종할 때에는 반드시 먼저 기름진 땅을 택해서 파종해야만 수확이 많아지는 법입니다. 복의 씨앗을 뿌리는 것도 이와 같으니, 반드시 먼저 좋은 밭을 택해서 뿌린 뒤에야 수확이 많아지는 법입니다.

서석산(瑞石山 : 광주 무등산)으로 말하면, 강남의 거진巨鎭으로서 모든 산천의 웅위하고 청숙淸淑한 기운이 이곳에 모여 있습니다. 그리고 규봉圭峯의 난야(蘭若 : 사원)가 그 정상에 자리하고 있는데, 암학巖壑의 기이함과 경지의 상쾌함은 이루 다 형언할 수가 없으며, 마치 귀신과 이물異物이 지키고 있는 것만 같으니, 참으로 도道를 도와주는 승지勝地라고 하겠습니다.

옛날 보소(普炤 : 普照) 고불古佛이 이 맑은 승경勝景을 너무도 좋아해서, 조계산의 겨울과 여름 안거安居가 끝나면 여기에 와서 거하였으며, 진각眞覺과 청진淸眞 두 국로國老 역시 서로 이어 왕래하면서 안선安禪하며 한가히 지내는 장소로 삼았습니다. 그런데 그 뒤로는 이러한 전통을 잇는 자가 나오지 않았으니, 이는 대개 그럴 만한 인물이 못 되면 그곳에 거할 수가 없었기 때문입니다.

생각건대 인공印公 선백禪伯은 바로 조계曹溪의 상족上足이요 총림叢林의 인각麟角으로서, 오재午齋의 시한이 지나면 밥을 먹지 않았고, 옆구리를 대고 드러눕지 않았으며 도운道韻과 문재文才가 우뚝 뛰어났습니다. (2字 缺) 그가 시끄러운 대중의 장소를 싫어하고 홀로 거하는 청한淸閑함을 좋아하여, 옷 한 벌과 발우 하나를 가지고 여기에 와서 거하였는데, 함께 노니는 자들도 모두 운치 있는 사람들이었습니다. 경치가 사람과 어울리고 사람이 경치와 합치되었으니, (3字 缺) 이것이 어찌 우연히 이루어진 일이겠습니까. 여기에 복의 씨앗을 뿌린다면 뿌리는 것마다 만 배의 수확을 얻을 것은 결단코 의심할 여지가 없습니다.

이에 모을某乙이 능력이 부족한 것도 헤아리지 않은 채, 진정으로 발원

하는 마음을 내어, (4字 缺) 올해 겨울에 이곳에서 안거 법회를 개설하려고 합니다. (이하 결락缺落)

원감국사집圓鑑國師集 원문 목차

28. 季弟樞院堂後 璇 聞前詩 次韻見寄 復用其韻答之

29. 前東閣舍人于公 亦次韻寄示 用其韻答之

30. 閑中偶書

31. 次圭峯印公贈月軒康博士詩韻

32. 予自始出家 誓不復蹈京師 越今年[乙亥年也]三月 伏蒙下詔 徵赴上都 事出非意 初欲無行 被官家敦逼 辭不獲已 遂乘傳上道 行至熊川 馳介抗書 牢辭以微疾 乃抵西原 西原牧伯尙書隴西公 是予平生友也 見之欣然 遽命州吏 洒掃州之華井寺 勉留之 其意勤至 不可違 因解包掛錫 而結夏焉 噫 方初發鷄峯也 曾不意度夏於西原華井寺 今其乃爾 凡人之一行一止 固不可自裁 而殆必有使之者歟 孟軻所謂行止非人之所能爲 乃今益信之矣 因作一絕 以答天意云

33. 遊元興寺林亭

34. 抵宿王巖 愛其境地淸幽 因書拙語

35. 西原牧伯尙書李公 送至布川慈氏院 臨別之際 不勝悒悒 强綴蕪辭 奉呈左右

36. 寄西原李尙書敖

37. 至元十三年十二月 受請重到西原 寓居玄巖蘭若 奉呈牧伯尙書李公

38. 夜大雪 都不覺知 曉起望城中 有作

39. 寄前西原半刺李直講

40. 次韻 答盧校書

41. 寄天安府守韓郞中

42. 惜花吟

43. 丁丑三月十三日遊眞覺寺

44. 罷玄巖席 將還 留一偈

45. 西原道俗出城泣送 感而有作

46. 發西原至懷德 追記西原城外之別 作詩 寄牧伯鈴閣

47. 懷德旅舍雨中

48. 三月二十四日抵宿天護山開泰寺 忠南連山郡

49. 偶閱晋人郭文傳 愛其能外身世 放情於山水間 因叙鄙懷 成二十八韻

50. 閒中偶書

51. 戊寅十一月六日 率衆出山 明日分負藏經迴 有偈

52. 過曹溪樓橋 見院主信公 修葺起廢 不勝嘉歎 作句以美之

53. 次定慧板上韻

54. 又

55. 次韻答採訪金侍郎

56. 和碧字韻詩 寄呈三藏丈室

57. 又

58. 絕句

59. 復次前韻 答採訪金侍郎

60. 雨中獨坐

61. 閑中偶書

62. 又

63. 聞金寧崔太守引罷如京 主上以州人之望 勑還州治 作句寄之

64. 次韻答採訪金侍郎

65. 有懷圭峯印禪伯

66. 追和宏紹禪人訪到山中見贈之什

67. 寄呈雲興丈室

68. 白雲菴儉禪客 寄示伽陁三首 略露近日靜中所得 讀之不勝嘉歎 次韻答之

69. 次韻答金察訪臨別見贈

70. 相國隴西公 有二千金之嗣 其一充宿衛之選 弱冠入朝 其一詣曹溪之空 十齡被剃 相國且喜且悲 作詩見寄 伏讀再三 不勝感歎 謹依元韻 和成二篇 寄呈閣下

71. 山中春日

72. 暑中示人

73. 按廉潘公 欲到山設齋 行至竹靑 雨甚川壯不得涉 便向平陽 聞之悔惋 作句寄之

74. 次韻寄呈三藏丈室

75. 聞三藏之公將移錫東行 作惡語三絕 寄呈

76. 按廉潘公再訪山中 作山語奉呈

77. 喜晴

78. 伏蒙隴西相國 辱示嘉什二絕并引一首 一以敍東征軍容之盛 一以敍支辦軍須之艱 奉玩忘斁 謹次元韻 强成山語 寄呈閣下 以資抵掌云

79. 即事

80. 作偈示諸德

81. 山語敍懷 寄呈丹陽相國閣下

82. 嶺南艱苦狀 二十四韻 庚辰年造東征戰艦時作

83. 寄呈都統洪相國幕下

84. 寄安集權侍御

85. 重九日 對花有感

86. 臘月念日 大風彌日 飛雪間之 閉閣燕居 自慶于懷 因書二絶

87. 又

88. 春初寄悅禪伯

89. 東征頌

90. 寄呈都巡問李紫樞行軒 以邀見訪

91. 聞寶林立公將如京 作句寄之

92. 病中聞洪相國返旆歸闕 不勝瞻戀 强成惡語 寄呈行幕

93. 聞師子岫之公 移錫江東白雲庵 歎美而作

94. 憫農 黑羊四月旦日 雨中作

95. 次韻答韓平陽 哭崔禪

96. 齋餘 偶作戱語一篇 寄示印禪伯

97. 偶書一絶

98. 酬萬淵之禪老二絶

99. 次韻答金侍郎

100. 寓居禪石庵 觀種竹

101. 庵主出山久不返 作句寄之

102. 禪餘得句 書示同袍

103. 秋日偶書

104. 睡起

105. 鼇山之頂 有坐禪巖行道石 盖先覺眞覺兩國老 宴坐修道之遺跡也 近者 社內名德盧公卜地於 坐禪巖下 化榛莽爲蘭若而居之 其地之絶奇勝 固不可形容也 遂乃請名于晦堂和尙 和尙以禪石名之 因有偈 盧公勸予以續貂 其意勤懇 辭不獲已 强綴蕪辭 仰賡法製 奉呈盧公丈下

106. 雪中 作苦寒詩 寄韓平陽

107. 書情

108. 頃蒙致政侍中河東令公 送花牋一幅 杜索山語 强成四絕 遙呈閣下

109. 喜聞李史舘 扈從還朝 作句寄之

110. 謝李相國寄惠柯山葉茂實所製佳墨一鋌

111. 仰賡法製 奉呈慈忍室

112. 寄知兵馬金尙書

113. 五月十五夜 登東樓 陰雲卷盡 月色如晝 松韻水聲 相和而起 坐久忘疲 意思蕭散 山中之樂 有不可形容者 思與韓平陽共之而不可得 詩以志之

114. 作偈 寄禪石禪老

115. 次韻奉酬萬淵之禪老

116. 次韻答燕谷禪師

117. 復次韻答燕谷禪師

118. 遊楞伽山

119. 又

120. 次韻答金侍郞

121. 寄韓小鄕三絕

122. 病脚自戱

123. 朝參後 縮頸危坐 不耐寒凜 作二月苦寒詩

124. 復次圭峯印公 贈月軒康博士詩韻

125. 閑居

126. 偶書

127. 寄羅漢栗林恒禪客

128. 次韻寄韓使君

129. 春初寄韓使君

130. 次韻拜呈洪相國幕下

131. 聞金小卿 謫守襄州 作句寄之

132. 復用前韻 寄賀金襄州 新除司業 被召赴闕

133. 伏見金侍郞 送松禪客詩 次韻寄之

134. 高陽道上 聞提壺鳥 有作

135. 伏聞主上陛下 利覲天朝 別承寵眷 穩迴鑾馭 誠歡誠抃 且倒且顚 謹賀盛德頌十八韻 以當王庭之蹈舞云

136. 試新筆 次信手書一偈 贈侍者

137. 秋山

138. 病中言志

139. 又

140. 寄謝冬席施主廣林禪老

141. 偶書

142. 圓玉上人到山中 告歸上國 記其所道之語 作一篇以贐行

143. 偶書 問諸禪者

144. 有一禪者答云

145. 自貽

146. 孤山大禪見訪 作詩似之

147. 閑居

148. 酬萬淵之公詩

149. 謝紹師弟見訪

150. 送後 復用前韻 寄之

151. 作野牛頌 示同志

152. 題信士朴公所創放光圓炤蘭若

153. 寄韓侍郎詩

154. 臘月十一日 風雪交作 送金公

155. 臘月十八日 微雪中作

156. 寄新月南印公 公自圭峰祖月庵 出世於寶月山之月南

157. 寄平陽韓太守

158. 至元二十一年五月下旬 聞鎭邊元帥金相國 來巡邊戍 作詩寄呈二絕

159. 又寄上金元帥詩

160. 元帥相國 特遣僚佐 諭其所以未訪之意 復用前韻寄呈

161. 偶書

162. 月夜登東樓

163. 示人

164. 賦月

165. 謝金藏大禪惠新茶

195. 山居
196. 秋日登眞樂臺
197. 圓炤庵壁上有舊題 見而錄之
198. 自叙
199. 送淵淑禪者歸覲京師
200. 開演圓覺疏次 有作
201. 曉起 聞鳥聲 有作
202. 辛卯首夏 因避亂抵佛臺寺 伏覩先國師所留寶偈 不勝感欷 謹再拜奉賡云
203. 夜坐
204. 尹使君 來訪山中 挽留之 不可一宿而行 送後作句寄之
205. 催飯語寄示眞行眞冏兩小師
206. 小師心璇 自鷲峯迴 持鷲峯老人所贈古調詩一篇來示 讀之嘉嘆 病中强次其韻 奉寄老人座下
207. 鷲峯禪老來訪 贈詩三絕 次韻答之
208. 閒中詠懷
209. 四聖讚
210. 圓炤塔院 秋日雨中作
211. 酬甘露長老
212. 侍者求偈 書以贈之
213. 雨中睡起
214. 偶吟
215. 暮春即事
216. 惜春吟
217. 閒中偶書
218. 長松
219. 曾有擬古之作 追而錄之
220. 誡人
221. 予素聞楓岳奇勝 引領東望久矣 近與人有同往之約 不幸一夕脚跌而傷足 寸步不得行 東遊計 墮於杳茫 此豈多生障濃垢重所致然歟 深有悔責 乃作一篇 以自慰云
222. 國隴西公 伴上朝中使 監督嶺南東征兵艦 夜半躬訪山居 不勝感荷 作惡詩一篇 寄呈

원감시圓鑑詩 보유補遺

245. 錦江津吟

문편文篇

1. 冲鏡王師祭文
2. 慧炤國師祭文
3. 泊良崔禪師祭文
4. 李敖尚書祭文
5. 祖師禮懺兼發願文

소편疏篇

1. 契丹本大藏慶讃疏
2. 甘露入院祝法壽疏
3. 定慧入院祝法壽疏
4. 法壽齋疏
5. 大元皇帝祝壽齋疏
6. 又
7. 又
8. 又
9. 祝壽疏
10. 又
11. 又
12. 又
13. 祝聖疏
14. 又
15. 又
16. 又

17. 又

18. 又

19. 又

20. 又

21. 又

22. 又

23. 又

24. 又

25. 又

26. 又

27. 又

28. 大駕還國祝壽疏

29. 彌陁齋疏

30. 都元帥金侍中祝壽疏

31. 冲鏡王師薦度疏

32. 冲鏡王師小祥齋䟽

33. 薦崔社立疏

34. 薦泊良崔禪師疏

35. 薦亡友李敖尙書疏

36. 謝御製書簇子祝聖疏

37. 祝令壽疏

38. 恩門二相許祝壽疏

39. 請上堂疏

40. 祝聖冬安居起始疏

41. 又

42. 大元皇帝節日疏

43. 定慧入院祝聖夏安居起始疏

44. 賀新登寶位祝聖疏

45. 又

46. 祝大駕消災仁王千手智論四種法席疏

표편表篇

1. 上大元皇帝表
2. 上大元皇帝謝賜復土田表
3. 又
4. 賀新登寶位表
5. 賀大駕還朝表

부록附錄

1. 曹溪山第六世贈諡圓鑑國師碑銘 并序
2. 緒言

복암화상잡저

1. 在青州玄巖寺寄忠清道指揮使郭尙書書
2. 寄眞靜通奧大禪書
3. 寄大朝遼東東路按察副使洪公革書
4. 答禪月書
5. 答金少監允富書
6. 答鄭判樞可臣書
7. 甘露社己巳年冬安居願文
8. 圭峯庵甲戌年冬安居願文

해동 조계 복암화상잡저海東曹溪宓庵和尙雜著 원문 목차

表 5편

疏 47편

祝聖疏(九篇)

祝令壽疏

恩門二相許祝壽疏

請上堂疏

祝聖冬安居起始疏(二篇)

大元皇帝祝壽疏

祝聖疏

書答 6편

在青州玄巖寺寄忠淸道指揮使郭尙書書

寄眞靜通奧大禪書

寄大朝遼東東路按察副使洪公革書

答禪月書

答金少監允富書

答鄭判樞可臣書

祭文 4편

冲鏡王師祭文

慧炤國師祭文

泊良崔禪師祭文

李敖尙書祭文

願文 2편

甘露社己巳年冬安居願文

圭峯庵甲戌年冬安居願文